山东省国外语言学学会2015年年会论文集
哈尔滨工业大学(威海)建校30周年纪念文集

多维视角下的语言学研究

Studies on Linguistics from Multidimensional Perspectives

史光孝　齐桂芹　主编

山东大学出版社

图书在版编目(CIP)数据

多维视角下的语言学研究 / 史光孝,齐桂芹主编．—济南:山东大学出版社,2016.6
ISBN 978-7-5607-5581-6

Ⅰ.①多… Ⅱ.①史… ②齐… Ⅲ.①语言学—文集 Ⅳ.①H0-53

中国版本图书馆 CIP 数据核字(2016)第 163346 号

责任策划:赵 岩
责任编辑:郑琳琳
封面设计:张 荔

出版发行:山东大学出版社
社 址 山东省济南市山大南路 20 号
邮 编 250100
电 话 市场部(0531)88364466
经 销:山东省新华书店
印 刷:山东华鑫天成印刷有限公司
规 格:720 毫米×1000 毫米 1/16
19 印张 350 千字
版 次:2016 年 6 月第 1 版
印 次:2016 年 6 月第 1 次印刷
定 价:39.00 元

前 言

《多维视角下的语言学研究》是山东省国外语言学学会2015年年会的智慧结晶和学术成果，现在她承载着齐鲁大地国外语言学学者的期望即将付梓。

在日新月异的全球化背景下，语言学研究发生了深刻变化。在语言本体研究依然是语言学重要研究内容的同时，近年来语言学研究领域出现了若干新课题，比如积极对接国家战略的语言政策与规划研究、“互联网＋”新常态下的语言教育、语言教学测试与评价体系改革以及“中国文化走出去”背景下的语言教学与研究等。语言已经跨越了作为交际工具的功能，多维视角下的语言学研究已成为时代发展的必然要求。

在此背景下，适逢山东省国外语言学学会2015年会召开之际，我们酝酿和组织了《多维视角下的语言学研究》论文集的出版工作，该论文集收录了提交山东省国外语言学学会2015年会并经学会常务理事会专家遴选出来的37篇学术研究论文。正如论文集名称中所体现的，“多维视角”是这37篇论文的一个重要特点。人类语言在人的精神活动和社会生活中的重要作用需要我们从不同视角来对它进行认识，从多维视角对语言进行多角度、多方位和多重目的的研究不仅符合语言学的历史发展过程，也能使我们以更加开阔的视野来理解语言学研究在当代的新进展。这37篇论文的多维视角体现在研究内容、研究方法和论文作者等诸多方面：从研究内容上看，其中既有从宏观层面上讨论语言教育政策与教育公平性的论文，也有从中观层面上讨论信息技术与外语课程进行整合的论文，还有从微观层面上进行语言本体研究的论文，涵盖了语言教育政策、通识教育、学术英语、信息技术与外语教学、出国考试英语教学、翻转课堂、翻译研究、语言学理论研究、文化生态等诸多方面；从研究方法上看，论文在注重传统研究方法的同时，引入了社会学、生态学以及信息技术等新兴交叉学科的视角；从论文作者上看，这37篇论文的作者来自山东省内不同的学校，他们虽然研究兴趣各有不同，而且既有中青年学者，也有刚刚进入学术研究领域的在校研究生，但他们的研究视角和目的始终都没有离开语言学研究的初衷。我们希望编撰这样的论文集可以对当代语言学研究产生一定的启发，通过多维视角的研究扩展和深化语言学的外延与内涵。我们希望通过这样的文字，让读者在了解语言学研究进展的同时，可以进一步体会到教师和学者的内在精神，触摸到语言学应用中的实际问题。我们希望所有从事语言学研究的学者心中都有希望，永葆努力的“四季风”。也许我们现在迈开的第一步是蹒跚的，但只要坚定地走下去，收获就在前方。

本次年会的成功举办和论文集的出版还具有一个特别的意义：2015 年是哈尔滨工业大学（威海）建校 30 周年，本次年会是校区建校 30 周年系列纪念活动的一部分。30 年来，威海校区办学成就斐然，为国家培养了大批优秀人才，语言文学学科也得到了长足的发展，在语言教学和语言研究等方面取得了一系列令人瞩目的成绩。《多维视角下的语言学研究》收录了威海校区多位教师的研究论文，从这个角度上讲，论文集也可以看作是献给校区建校 30 周年的一份礼物。

衷心感谢山东大学出版社的赵岩女士在本论文集出版过程中给予的大力支持和帮助，同时感谢哈尔滨工业大学（威海）语言文学学院刘倩女士细致的文字编辑整理工作。

在论文集的编辑过程中，我们得到了所有作者的积极配合，同时也得到了审稿专家的指点，在此深表谢意。我们力求观点新颖、文字通顺，文中难免有文字上的疏漏之处，敬请读者指正。

史光孝　齐桂芹

2015 年 12 月

序 言

金秋十月，山东省国外语言学学会2015年年会在最适合人类居住的美丽城市——山东威海成功召开。会议承办方哈尔滨工业大学(威海)语言文学学院组织精干力量参与了会议的筹备和服务工作，会议组织得力有序，与会学者畅所欲言，为广大教师和学者奉上了一场语言学研究的学术盛宴，给大家留下了深刻而美好的印象。即将付梓出版的《多维视角下的语言学研究》就汇集了本次年会的主要学术成果，呈现了山东省国外语言学研究的繁荣景象。

山东省国外语言学学会于1996年设立，今年恰逢学会成立20周年。在人类历史上，20年可谓弹指一挥间，但对学会来说，就像一个人的20岁，已是成年，却还年轻。本次年会在这样一个重要的时间节点召开，承上启下，继往开来，是一次具有里程碑意义的学术盛会。学会成立以来，一直致力于发展和繁荣山东省国外语言学的研究和教育事业，积极为省内外语言学研究搭建交流和合作的平台，为山东省乃至全国语言学研究的发展与进步都做出了突出的贡献。近年来，山东省的国外语言学研究取得了可喜的进步，国家级、省部级科研项目数量和质量稳步上升，代表性的科研成果不断涌现，许多德高望重的资深学者宝刀不老，力作不断，一大批中青年学者迅速成长，成为国内语言学研究领域值得期许的新生力量，真可谓八仙过海，各显神通。

本次年会，我们非常荣幸地邀请到了来自国内各大名校、在学界有重要影响的诸多优秀学者专家和学术精英莅会，围绕当代语言学理论研究、二语习得研究、外语教学理论与实践研究、英汉对比与翻译研究、商务英语学科相关研究及语言测试与评价研究、现代教育技术应用研究、语言政策与语言规划研究等诸多议题开展了广泛而深入的探讨。《多维视角下的语言学研究》收录的37篇论文就是这些研究中的佼佼者，凝聚着学者们多年来在教学和科研园地上辛勤耕耘的心血和汗水，展示了齐鲁大地上山东省国外语言学界的研究实力、发展势头和崭新面貌。

综观本论文集中收录的37篇论文，在研究范畴、思想内容、研究方法、论文作者等诸多方面均充分体现了"多维视角"这一特点。首先是研究视角多元，涵盖了理论语言学研究、应用语言学研究、翻译与文化研究等领域，内容涉及话语分析、语料库语言学、通识教育、学术英语、信息技术与语言教学、翻转课堂、英汉对比与翻译等诸多方面，体现了国外语言学研究的最新发展趋势和代表成果。其次，研究方法多元，既有文献分析，又有实证分析；既有定性探究，又有量化分析，更有两者结合的综合分析。另外，这37篇论文的作者构成多元，既有多年坚持理论研究的资深学者，也有积淀深厚的中年学术骨干；既有从教近30年的一线教师，亦有成长于大数据时代的后起之秀。这些作者全部来自于教学和科研一线，对现代语言学理论的发展趋势、语言教学的现状以及学习者的特点均有深入的了解和切身的体会。他们的研究不仅"高大上"，而且"接地气"，便于我们了解当代语言学研究的新进展，也为更好地解决语言教学中的实际问题提供了很好的借鉴和思路。

能够以论文集的形式展示山东省国外语言学研究成果对学会来说是个突破和创新，也是学会首任会长李延福教授多年来的心愿。如今，《多维视角下的语言学研究》的编辑出版不仅实现了老会长的愿望，也为山东省语言学界的研究成果提供了一个很好的展示平台。在此，衷心感谢哈尔滨工业大学(威海)语言文学学院所做的开创性工作，也衷心感谢史光孝院长和他带领的团队为会议筹备所做的大量细致的工作，以及在论文征集、审稿、修改过程中所付出的艰辛努力！

衷心希望学会未来会有越来越多的展示平台！衷心祝愿山东省国外语言学学会的研究力量不断发展壮大！祝愿山东省国外语言学学会的明天更美好！

王俊菊

山东省国外语言学学会会长

山东大学外国语学院院长

2015年12月于山东济南

目 录

契诃夫小说《敌人》的不礼貌话语与故事冲突

曹　菁

[摘要]　短篇小说《敌人》是俄国作家安东·契诃夫的代表作之一，讲述了一个正经历丧子之痛的医生因一位富人的苦苦哀求，扔下自己的妻子和刚去世的孩子到富人家中为其妻子诊病的故事。小说中医生和富人的对话构成了故事的主要情节，故事的冲突以不礼貌对话的形式表现出来。本文运用 Culpeper 的不礼貌策略理论对小说的对话进行了分析，阐释了不礼貌话语是如何制造故事冲突、推动情节发展、刻画人物性格及揭示人性黑暗的。

[关键词]　《敌人》；不礼貌话语；故事冲突

1. 引言

"礼貌"是说话人在会话交流中采取的策略，目的是维持和增进交际双方和谐的社会关系（何自然等，2001）。该语用现象广泛存在于日常交际的言语行为中，是语用学研究的重点。因此，众多语言学家自 20 世纪 70 年代起就从不同角度对其进行了研究，如 Grice（1975）的合作原则、Leech（1983）的礼貌原则和 Brown 和 Levinson（1987）的面子理论等。

然而，在日常会话中，由于交际双方在认识、立场、观点等方面的差异，人们难以避免不礼貌现象，说话人有时会故意采取不礼貌策略，以达到羞辱挑衅对方、使其丢脸、制造矛盾、引起争端等目的。由此，Culpeper（1996，1998）在 Brown 和 Levinson 的面子理论的基础上提出了不礼貌策略（Impoliteness），认为不礼貌是说话人运用交际策略攻击听话人的面子，从而造成社会矛盾和不和谐。

由于不礼貌现象会加大双方的语用距离，损害对方的面子，进而引发言语冲突升级、双方对立加剧以及人际和谐破坏等负面影响，因此人们在日常生活中会尽量避免采取不礼貌策略，或者对不礼貌行为采取补救措施。但是，在文学作品中，不礼貌策略却常常是被作家用来表现故事冲突的有效手段。

在戏剧人物塑造方面，Culpeper（2001）认为戏剧对话不仅是人物之间信息交流的渠道，更是剧作家将人物性格呈现给受众的桥梁。他将社会学的研究成果（尤其是归因理论与会话分析、认知图式理论和语用推理等）结合起来，尝试把话语分析与人物性格刻画直接挂钩，探讨语言与戏剧人物的关系。他强调，人们具有因果图式的认知机制，他们的言语行为主要是由各自的性格决定的，戏剧对话完全可以动态展示人物与众不同的性情，即性格决定语言，同时语言表现性格。

俄国作家安东·契诃夫的短篇小说《敌人》描述的是一个为自己病危妻子求医的有钱人和一个刚刚经历了丧子之痛的医生之间的冲突。两人是故事中仅有的有声角色，其对话构成了故事的主要情节。由于不礼貌策略对于阐释文学作品中对话冲突的契合，本文选取《敌人》为语料，从分析微观的话轮入手，尝试发现契诃夫如何以不礼貌对话的形式将冲突表现出来，用冲突推动故事情节发展，用情节展示人物个性，揭示人性的自私冷漠。

2. Culpeper 的不礼貌策略

根据 Culpeper 的理论（1996：350），不礼貌是“旨在引起社会负面影响并造成社会不和谐的话语或行为，主要通过攻击或威胁对方的面子而造成的不和谐”。本文运用 Culpeper 的不礼貌策略理论对小说《敌人》进行分析，主要涉及其框架、程度等级和回应策略。

2.1 不礼貌策略框架

根据 Culpeper 的理论（1996：356-358），不礼貌策略框架主要由以下五种策略构成：

（1）直接不礼貌策略（bald on record impoliteness）：说话人直截了当地向听话人施行面子威胁。

（2）积极不礼貌策略（positive impoliteness）：说话人损伤听话人积极面子需求时采取的语言策略，如：故意冷落对方、忽略对方的合作请求、使用含糊语句、表达不赞同等，甚至是使用咒骂和禁忌语等令对方难堪的话语。

（3）消极不礼貌策略（negative impoliteness）：说话人损伤听话人消极面子需求、攻击听话人的消极面子时使用的不礼貌策略，具体可表现为恐吓、讥讽、侵犯对方隐私、明示对方所受的恩惠，从语言上甚至是动作上阻止对方的行为。

（4）虚假或讽刺性不礼貌（sarcasm or mock impoliteness）：在明显的冲突性语境下做出的表面上有礼貌的讽刺性话语。

(5)拒绝执行礼貌策略(withhold politeness):在应该执行礼貌原则时故意不执行或保持沉默。

在以上五种策略的基础上,Culpeper(2005: 44)又对这一理论做了补充,提出:

(6)间接不礼貌策略(off-record impoliteness):通过弦外之音或暗示等间接方法把说话人的意图强加于听话人来施行面子威胁行为。

Culpeper(2005: 42)和 Lachenicht(1980: 635)都认为,以上几种不礼貌策略极少"孤军作战",说话人更多的是在同一话轮中综合运用各种策略以同时威胁听话人的各种面子。同时,Culpeper 等(2003: 1549)认为不礼貌方式越间接,其对面子的杀伤力越大。

2.2 不礼貌程度等级

英语的不礼貌表达有程度上的差别,不同的语言表达方式会体现不同的不礼貌程度。高燕(2009: 274)将不礼貌程度分为以下四种语用等级:

(1)损害程度等级:不礼貌言语的核心就是通过损害对方的利益而使自己得益。听话人受损程度越高就意味着不礼貌言语的级别越高。

(2)强迫程度等级:强迫程度是指说话人所说话语的直接程度和听话人接受该话语的强迫程度。说话人在强迫听话人的过程中,言语越直接,听话人选择的自由度就越小,言语就越不礼貌。

(3)褒贬程度等级:说话人对听话人的褒扬程度越低,则贬低程度越高,不礼貌等级就越高。

(4)直接程度等级:话语说得越间接就越客气;相反,越直接、越带强求的语气就越不客气。如果是伤害对方利益的话,那么说得越直接、越不客气,就越不礼貌;反之,如果是对对方有利的话,那么说得越含糊、越间接,就越不礼貌。

2.3 不礼貌回应策略

除了不礼貌框架和程度等级,Culpeper 等(2003: 1563)还提出了一个对不礼貌话语回应策略的框架,如下图所示:

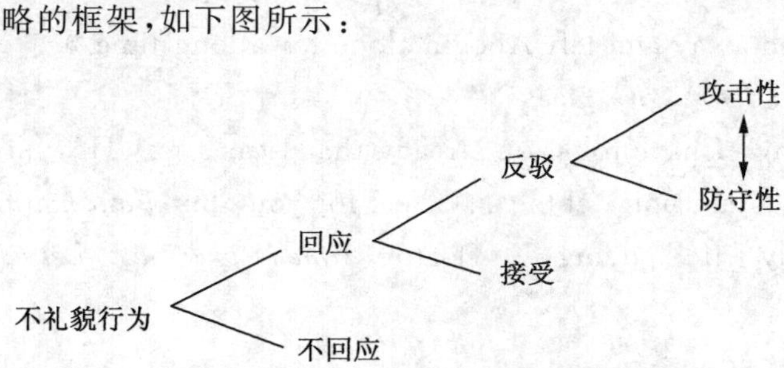

Culpeper 的不礼貌回应策略框架

当遭遇不礼貌言语或行为时，听话者可选择回应或不回应(沉默)。选择回应包括接受不礼貌言行和进行反驳，其中反驳又包括攻击性反驳和防守性反驳：前者是以牙还牙，直接攻击对方的面子；后者是通过维护自己的面子来反驳对方。

3. 小说《敌人》对话分析

小说《敌人》根据场景的不同可分为三个部分：医生 Kirilov 家里、去 Abogin 家的路上和 Abogin 家里。

为直观起见，本文将小说中的三个场景的对话摘取出来，并省略对话中的重复等与不礼貌话语无关的信息。下文的“K”和“A”分别表示医生 Kirilov 和富人 Abogin，“T＋数字”表示话轮，斜体字表示不礼貌话语。

3.1 场景一：医生 Kirilov 家

T1 A：Is the doctor at home?

K：I am at home, what do you want?

T2 A：Oh, it's you? I am very glad! ... We are acquainted... My name is Abogin, and I had the honour of meeting you in the summer at Gnutchev's... For God's sake *don't refuse to come back with me at once*. My wife has been taken dangerously ill... And *the carriage is waiting*... I was afraid I might not find you in... *Put on your things and let us go*, my wife suddenly fell back on chair, lay as though she were dead ... *Come along*...

K：... *Excuse me*, *I cannot come* ... my son died... five minutes ago!

T3 A：Is it possible! ... *at what an unlucky moment I have come*! *What a coincidence... It's as though it were on purpose*! Listen, I well understand your position! ... But what am I to do? For God's sake come! I am not asking you for myself...

K：(Walked away and left Abogin alone for a long time.)

T4 A：At last, *let us go*, please.

K：... Why, I have told you already that I can't go! How strange!

T5 A：Doctor, I am not a stone... I feel for you, but *I am not asking you for myself*. My wife is dying ... Doctor, *time is precious*. *Let us go*, *I entreat you*.

K：*I cannot go*.

T6 A：You are in sorrow, I understand... But life comes before any personal sorrow! *Come, I ask for courage, for heroism! For the love of humanity!* ...

K: Humanity... In the name of humanity I beg you not to take me ... and I can't leave my wife alone ... By No. XIII of the regulations *I am obliged to go ... but... I can't even speak... excuse me.*

T7 A: There is no need to take that tone to me... To force you against your will I have no right. *If you will, come; if you will not—God forgive you;* I am *appealing*... to your feelings. A young woman is dying. You were just speaking of the death of your son...

K: ... Is it far?

T8 A: Something like eight or nine miles... I will get you there and back in an hour ... Very well, let us go!

故事始于医生 Kirilov 及其妻子因 6 岁的儿子刚刚去世而陷入悲伤之时。这种悲伤的气氛被突然慌慌张张闯进来的富人 Abogin 打破。Abogin 来医生家的目的是请医生去他家救他患了重病的妻子。在 Abogin 说明来意后,由于自己正处于悲痛之中,妻子也需要陪伴,因此医生直接拒绝了 Abogin。为了达到目的,Abogin 三番五次地哀求,最终说服了医生。

在场景一中,Abogin 采用的四个不礼貌策略分别为直接不礼貌策略、积极不礼貌策略、消极不礼貌策略和间接不礼貌策略。在该场景的八个话轮中,有六个话轮是 Abogin 哀求医生,其中五次遭到拒绝,直到最后才说服医生。Abogin 在哀求医生时所采用的策略多为直接不礼貌策略。通常,人们在相互不熟悉的情况下请求对方时,一般比较婉转礼貌。但 Abogin 却一见面就告诉医生"车在外面等着",让他"收拾下药箱""我们走""走啊"。这些请求明显是命令式的,而命令意味着说话人有支配权而听话人应当服从。显然,Abogin 把医生当成了自己的仆人,强迫他去救自己的妻子,这种强迫对于正处于悲痛之中的医生而言无疑是不合时宜的。当他得知医生的儿子 5 分钟前刚去世时,虽然他很诚恳地表示理解医生的处境,但他并没有真正同情医生,反而站在自己的立场上抱怨自己倒霉,认为医生的儿子死的不是时候,"好像是故意的"。这句话明显伤害了医生的积极面子。当医生对他的攻击性话语不理不睬,直接离开无视他的存在时,Abogin 转而采用消极不礼貌策略对医生进行威胁:"生命要比悲伤重要!我以勇气请求你!以英雄主义请求你!以人道主义请求你!你愿意就来;如果你不愿意,上帝会原谅你。"弦外之音是暗示医生:"如果你见死不救,上帝都不会原谅你。"Abogin 通过运用间接不礼貌策略,最终迫使医生答应去救他的妻子。

与 Abogin 不同,医生在该场景中使用了拒绝执行礼貌策略和积极不礼貌策略。从第一个话轮开始医生就处于被动地位，只能迫于面子勉强回应。对 Abogin 的六次请求，医生有五次加以拒绝，其回应策略是防御性应答和沉默。心理学家认为，表达对一个人的厌恶情绪的最高程度通常是沉默。在第二个话轮中，当 Abogin 说他们曾经见过面时，医生并没有显示出熟人见面时所应有的热情；当 Abogin 请医生去救他病重的妻子时，医生显得好像听不懂俄语，故意忽略 Abogin 的愿望，伤害了 Abogin 的积极面子。在第三个话轮中，面对 Abogin 的再次哀求，医生转身离开走廊，直到再次回来听到说话声，才想起被冷落在走廊里的 Abogin。在接下来的话轮中，医生不但拒绝了 Abogin 的请求，而且认为对方简直是不可理喻。至此可以看出，医生排斥冷落 Abogin，目的是让其主动放弃请求。医生与 Abogin 没有区别，都是以自我为中心，自私自利。医生在最后一个话轮中妥协让步，既不是因为他善良地对 Abogin 表示同情，也不是他出于医生的职责，而是因为 Abogin 对他的尊严、勇气和人性的诬蔑和威胁。因此，医生不但自闭冷漠，还软弱好面子。

在不礼貌程度等级方面，Abogin 刚见医生就不管其处境，直接要求医生给他妻子治病，哀求的方式一次比一次直接，咄咄逼人；在遭到拒绝时，甚至采用威胁的手段强迫医生，表现出极端的不礼貌程度。同样，医生在实施拒绝时，甚至连解释都没有，非常不客气。两人都从自身的利益出发攻击对方，伤害对方的面子，最终为后面的直接冲突埋下了伏笔。

3.2 场景二:去 Abogin 家的路上

T9 A: Believe me; I know how to *appreciate your generosity* ... We shall get there quickly. Drive as fast as you can... (Both were silent almost all the way.)

T10 A: (muttered) It's an agonizing state! One never loves those who are near one so much as when one is in danger of losing them.

K: Listen—let me go. I'll come to you later. I must just send my assistant to my wife ...

在场景二中，Abogin 使用了消极不礼貌和拒绝使用礼貌策略。Abogin 在第一场“博弈”中虽然获胜，但还没有达到最终目的。因此在回家的路上，他在行为上小心翼翼，处处为医生提供方便；在言语上，他表示出了对医生处境的理解，并虚伪地赞赏了医生的大度。Abogin 在此采取的是消极不礼貌策略，他反复提到理解医生的处境，言外之意是我理解你，你也要理解我的感受，让医生领情，以此把医生尽快带回家。但当心情低落、心事重重的医生中途反悔要回家找人照顾好妻子再回来时，Abogin 采取拒绝使用礼貌策略，用沉默拒绝，再也没有表现出对医生的理解，任由医生担心妻子而无动于衷，其自私的本性暴露无遗。比较 Abogin 采取的两个不礼貌策略等级，在伤害医生的面子的前提下，沉默策略比消极不礼貌策略更直接、更不礼貌、更没有人情味，伤害程度也更大。

与 Abogin 不同，医生的回应策略正好相反，先是拒绝使用礼貌策略，沉默不语，再是反悔，伤害 Abogin 的积极面子。当 Abogin 念叨“人只有在即将失去自己的亲人时才会更爱他们”时，路上沉默不语的医生想到了妻子需要人照顾，又痛恨自己意志不坚定，于是出尔反尔，要中途回家，任由 Abogin 漠视而不采取任何行动，表现出了他的软弱和对病人的冷漠。

3.3 场景三：富人 Abogin 家

T11 A：*If anything happens ... I shall not survive it*. There is nobody and no sound... sit down here, doctor, and I ... will be back directly...

T12 A：She has deceived me... gone away. She fell ill and sent me for the doctor only to run away... But why this deception? ... What have I done to her? ...

K：*Excuse me, where is the patient*?

T13 A：... She is not ill, but accursed! *The baseness... vileness ... loathsome*! ... *better she had died*! I cannot bear it! ...

K：*Allow me to ask what's the meaning of this*? ... My child is dead ... And here I am forced to play a part in some *vulgar farce*... I don't ... understand it!

T14 A：... I didn't see ... that he came every day...

K：I don't understand ... what's the meaning of it? ... a mockery of human suffering! ... *incredible*... It's the first time in my life I have had such an experience!

T15 A：If you have ceased to love me and love another ... why this deceit, why this *vulgar, treacherous trick*? ... I swear that I loved the woman... like a slave! ...

K：What are you telling me all this for? I have no desire to hear... your *vulgar secrets*! ... *Do you consider that I have not been insulted enough already*? ... *What have I to do with your love affairs*? ... *Go on squeezing money out of the poor in your gentlemanly way*. Make a display of humane ideas, play the *bassoon and the trombone*, *grow as fat as capons*, but don't dare to insult personal dignity! If you cannot respect it, you might at least spare it your attention!

T16 A：Excuse me，what does all this mean?

K：It means that it's *base and low* to play with people like this! I am a doctor; you look upon doctors and people generally who work and don't stink of perfume and *prostitution as your menials* ... no one has given you the right to treat a man who is suffering as *a stage property*!

T17 A：*How dare you say that to me*! ...

K：No，how dared you，knowing of my sorrow，bring me here to listen to these *vulgarities*!... Who has given you the right to make a *mockery* of another man's sorrow?

T18 A：*You have taken leave of your senses* ... It is *ungenerous*. I am intensely unhappy myself and ...

K：Contempt. *Unhappy*! Don't utter that word，it does not concern you. The *spendthrift* who cannot raise a loan calls himself unhappy，too. The *capon*，*sluggish from over-feeding*，is unhappy，too. *Worthless people*!

T19 A：Sir，you forget yourself. For saying things like that ... people are thrashed! Do you understand? ... Here is the fee for your visit. *You are paid*.

K：How dare you offer me money? An insult cannot be paid for in money! ... Kindly let me go home!

T20 A：(To his footman) Where the devil take you? I won't have a single *traitor* in the house by tomorrow! Away with you all! ... *Reptiles*!

小说的高潮发生在Abogin家中，该场景共有10个话轮。当Abogin带着医生回到家后发现，妻子与他所谓的“朋友”私奔，故事情节由此发生逆转：Abogin因妻子背叛而感到羞辱气愤；医生则觉得自己成了这场闹剧中的道具。他们头脑中全都想着自己的悲惨遭遇，悲痛、屈辱、气愤在这一时刻彻底爆发。于是两人开始争吵、抱怨并指责对方不能理解自己的痛苦。为了诋毁对方，挽回自己的面子，两人采用了诸多不礼貌策略。

Abogin在这场冲突中使用了消极不礼貌策略、直接不礼貌策略、积极不礼貌策略和拒绝礼貌策略。首先是消极不礼貌策略：当他带着医生回到家时，感觉家里异乎寻常地安静，一种不祥的预感让他非常恐慌，于是他威胁医生：“要是家里出了什么事，我就不活了。”当发现妻子与自己的朋友私奔后，耻辱和气愤让他变成了与出门时完全不一样的人，之前的焦急表情和优雅姿态荡然无存，那个傲慢无礼的新贵男人变得像女人一样软弱无能，出言不逊。愤怒让他不顾颜面地采用了积极不礼貌策略，当着医生的面咒骂背叛自己的妻子肮脏、卑鄙、下贱，咒骂朋友是小丑、笨蛋、粗俗、无耻，诅咒他们下地狱，并借此以挽回自己的尊严。妻子的背叛让他丧失了理智，他没有道歉，也没有安排情绪低落的医生马上回家，而是不顾医生的冷漠，贸然向医生敞开心扉，发泄对妻子的不满，期望得到医生的理解和同情。让他失望的是，医生对他的遭遇竟没有丝毫的同情，于是他开始歇斯底里地斥责医生不理解他，认为“我理解你，照顾你的情绪，你却在我遭受打击时对我冷酷无情、心胸狭窄，简直是疯了，你这样的人真是欠揍”。原本是 Abogin 强迫医生救他的妻子，结果却让医生白跑一趟。为此，他应该表达歉意，但 Abogin 在盛怒之下采用了积极不礼貌的咒骂和直接不礼貌的痛斥，伤害了医生的积极面子。最后他还不忘扔出 200 块钱给医生作为出诊费来羞辱医生。除此之外，在对待仆人时，他采用了拒绝礼貌策略，直接在医生面前对仆人破口大骂，骂他们是卑躬屈膝的小人，威胁要解雇他们，其自私、傲慢、毫无修养的品行赤裸裸地暴露在读者面前。

Abogin 虽令人讨厌，但他遭到了其挚爱的妻子和亲密的朋友的背叛，也是受害者。类似的遭遇原本可以使两人团结在一起，但为什么两人却在最后一个场景中相互咒骂，视对方为敌人？

医生在前两个场景中的言语行为比较被动，很多时候保持沉默，采用拒绝执行礼貌策略，漠视 Abogin 的存在。但在最后一个场景中，医生却分别采用了消极、积极不礼貌和虚假讽刺不礼貌三个策略，让对方颜面尽失。首先是消极不礼貌策略：Abogin 因痛苦而发疯的举动非但没有激起他的同情，反而引发了他的不耐烦，于是在接下来的三个话轮中，医生连续反问 Abogin：“病人呢？你让我来干什么？到底什么意思？”医生的讥讽羞辱让 Abogin 哑口无言，处于被嘲笑地位。故事在此发生转折：医生由被动回应变为主动进攻。当 Abogin 真诚地向他敞开心扉诉说委屈不幸时，医生积聚已久的怨恨终于爆发：“……简直是笑柄！我的孩子刚死，你凭什么让我给你这场闹剧做道具？凭什么？难道你对我的羞辱还不够吗！”他不但拒绝同情和安慰 Abogin，反而采用了积极不礼貌策略痛斥 Abogin，伤害他的积极面子，最终导致两人毫无顾忌地对骂起来。Abogin 认为医生应该同情他的不幸，医生认为 Abogin 无视他的悲痛并强迫他参与了一场闹剧；Abogin 认为医生应在自己很痛苦时对他宽容大度，医生认为像 Abogin 这样挥霍无度、胖得像阉鸡一样的男人毫无价值，不配拥有幸福。在该话轮中，医生反问的“不幸福”一词极具嘲讽，属于虚假讽刺不礼貌策略。至此，两人的本性在争吵对骂中回到原点，Abogin 又变回了原来那个自私傲慢的富人，医生也回到了那个冷漠、怀疑一切、偏执的悲惨世界。这正好验证了契诃夫在小说中的话：“不开心的人是自私的、邪恶的、不公平的，在理解别人的时候比傻子都不如。”两个角色的经历非但没有让他们成长，反而让他们更悲惨。

在不礼貌程度等级方面，首先是医生的连续发问极具攻击性。Leech(1983：108)认为连续发问式的消极不礼貌策略更间接、更不礼貌、更具杀伤力，导致的冲突也更大。其次,“Abogin 与医生面对面地站着,用不悦耳的咒骂打击对方”,他们相互痛斥、相互贬损,最终将对方变成自己的敌人,可见两人对待对方的不礼貌程度等级在该场景中达到了顶峰。

综合三个场景的对话,从 Abogin 的哀求、强迫到后来与医生的对骂,以及医生的沉默、偏执的回应可以看出,两人所采取的不礼貌策略源于各自性格的缺陷;同时,两人相互攻击和伤害对方的话语也表现出了富人 Abogin 自私傲慢和医生 Kirilov 冷漠偏执的性格。

4. 结语

本文通过运用 Culpeper 的不礼貌策略理论,从微观的话轮入手,分析了契诃夫小说《敌人》中 Abogin 和医生在三个场景中的不礼貌言语行为,探究了两个悲剧人物如何通过相互攻击对方的面子而制造冲突、加剧矛盾。分析发现,不礼貌策略下的冲突性话语可以从语篇的角度反映说话人的意图、心理动态、性格以及听话人不礼貌的回应;另外,听话人的不礼貌配合程度也会影响不礼貌策略的选择以及不礼貌行为的进一步发展。以上就是不礼貌话语制造故事冲突、推动情节发展和刻画人物性格的主要机制。虽然本文选取的语料为文学作品,其对话经过反复斟酌修改,不能绝对真实地反映现实生活,但运用 Culpeper 的不礼貌策略理论分析文学作品,可以为解读文学作品的戏剧冲突和悲剧性人物的性格提供一个新的视角。

参考文献

[1] Brown, P. & S. Levinson. *Politeness: Some Universals in Language Usage*. Cambridge: Cambridge University Press, 1987.

[2] Chekhov, A. Enemies. In Limin Yang & Yiling Hou(eds.), *Contemporary College English*. Beijing: Foreign Language Teaching and Research Press, 2010: 171-185.

[3] Culpeper, J. Towards an anatomy of impoliteness . *Journal of Pragmatics*, 1996, 25: 349-367.

[4] Culpeper, J. (Im) politeness in drama. In J. Culpeper, M. Short & P. Verdonk (eds.), *Studying Drama: From Text to Context*. London: Routledge, 1998: 83-95.

[5] Culpeper, J. *Language and Characterization: People in Plays and Other Texts*. Harlow, England: Longman, 2001.

[6] Culpeper, J. Impoliteness and entertainment in the television quiz show: The weakest link. *Journal of Politeness Research: Language, Behaviour, Culture*, 2005, 1: 35-72.

[7] Culpeper, J. Conventionalised impoliteness formulae. *Journal of Pragmatics*, 2010, 42: 3232-3245.

[8] Culpeper, J., D. Bousfield & A. Wichmann. Impoliteness revisited: With special reference to dynamic and prosodic aspects. *Journal of Pragmatics*, 2003, 35: 1545-1579.

[9] Lachenicht, L. G. Aggravating language: A study of abusive and insulting language. *International Journal of Human Communication*, 1980, 13 (4): 607-688.

[10] Leech, G. N. *Principles of Pragmatics*. London: Longman, 1983.

[11] Limberg, H. Impoliteness and threat responses. *Journal of Pragmatics*, 2009, 41: 1376-1394.

[12] 高燕:《不礼貌原则》,《山西财经大学学报》2009 年第 1 期。

[13] 何自然、冉永平:《语用学概论》,湖南教育出版社 2001 年版。

作者简介:

曹菁(1965～),女,汉族,山东济宁人,哈尔滨工业大学(威海)语言文学学院副教授。研究方向:应用语言学。

论字母词及其他外来语的汉化

陈　莹

［摘要］“英语热”正在中国流行，随之而来的是大量外来语涌入汉语，导致外来语滥用现象的发生。“汉语消亡论”代表了当今一些中国人对待外来语的消极和悲观态度。本文认为，以和谐为特征的汉语文化具有很强的包容性，字母词进入词典顺应了时代潮流，对外来语的汉化不应“一刀切”，而是应该尽快成立一个专门的机构，负责指导、审定外来语专名的翻译。

［关键词］外语热；外来语；字母词；外来语汉化

1. 引言

“外来语”是指从异族语言中吸收、借用的语汇，是各民族语言中的一个重要组成部分。从广义上来讲，外来语包括外来单词、短语、句子和缩略词，它是文化交流和语言融合的产物。全球化和互联网技术的普及加快了信息的传播和语言的流动，因此在全世界各国语言中均出现了大量的外来语。经济实力与军事力量往往会影响语言输出的数量，而经济状况、开放程度、民族心理、地理位置以及文化包容性等因素也会直接或间接地影响外来语的输入数量。在过去的几百年间，英语一直是最大的外来语输出语言。本文主要讨论包容性极强的汉语文化应如何对待字母词以及其他外来语。

2.“英语热”唯独在中国存在吗？

英语是一种世界性语言，互联网上85％以上的信息是用英语来传播的。在当今的中国，英语成了从幼儿园到高校的必修课，成了出国留学、进入新兴精英阶层的通行证。在电视里,人们常可以看到以“达人秀”“快乐大 PK”“我是 No. 1”等以外来语冠名的节目,常可以听到主持人和嘉宾们嘴里不时冒出几个英语单词,对此人们早已见怪不怪了。至于商店里种类繁多的电子产品上的英文名、报纸杂志上醒目的字母词,人们也早就习以为常了。这些现象都是我国“英语热”的表现。

如果我们把视野放宽些,就会看到“英语热”不仅出现在中国,而且早已成了一个世界现象。我们周边的几个国家,像俄罗斯、日本、韩国、越南等也都面临着英语的强烈冲击。由于这些国家的文字都是拼音文字(日语中除了汉字还有自己的拼音文字,称为“片假名”),因此在借用外来语时不需政府的干预,只要使用本国文字音译过来即可,这比用表意文字的汉字表达引进的外来语要容易得多。这也可以解释为何出现了这些国家外来语数量都要比中国多的现象。

3. 汉语会消亡吗?

面对外来语的泛滥,上述各国不断传出反对的声音,如“英语入侵破坏了俄语的纯洁性”,“英语会导致韩国语在未来逐渐消失”,“西文外来语在日语中泛滥”,等等。有些国家(如俄罗斯和波兰)的政府甚至被迫立法对外来语在本国的使用加以限制。

中国的外来语虽然在数量上远比上述国家和地区少,但滥用现象也是比较严重的,不少有识之士对此深感忧虑也在情理之中。最近两年,有些极端、片面的言论在网上被恶炒,造成了不良的影响,这不能不引起我们的注意。比如,有人在报纸上放言,用不了三百年的时间,一百年后汉语将会消亡。这种论调代表了现在一些人对待外来语的消极和悲观态度,给人一种杞人忧天的感觉。其实“汉语消亡论”并不新鲜,早在 2006 年香港就曾出现过“中文消亡论”,只不过那是几个无聊文人为吸引眼球在作秀而已。

2012 年,由商务印书馆出版的《现代汉语词典(第六版)》(以下简称为《现汉》)已收入字母词 239 个,这引起了“汉语消亡论”者的恐慌。他们提出:“以这个速度发展下去,那以后的汉语还能叫汉语吗?”这完全是管窥之见。近几年进入汉语的外来语数量纵向看虽然很多,但横向看就显得很少了。英语在过去 1500 多年中总共吸收了 50 多万个外来语,占其总词汇量的一半还多(黄河清,1989);日本最早没有自己的文字,全部使用汉字,公元 10 世纪才创造自己的拼音文字(片假名),日语中现在至少有 5 万多个汉字(日本人不把汉字看作外来语),还有 25000 多个西语源自外来语;而汉语在 5000 多年的时间里总共吸收了 1 万余条外来语,相比之下,中国吸收外来语的速度反倒显得有点慢了。举例来说,仅引进几个像“NBA”这样的字母词就要经过全国上下反反复复讨论几年,还定不下来;iPhone 进入中国市场已有若干年了,其主创人乔布斯也已离世,可迄今为止还没有得到一个“合法”的译名。

“汉语消亡论”者还指出:我们没有将外来语完全汉化,部分英语楔入了汉语。这个口子一开,犹如蚂蚁钻进长堤,泛滥蔓延,大有不可收拾的势头(邵敬敏、吴立红,2005)。这里的“英语楔入汉语”指的是汉英词汇混搭的现象。例如:“Erin Manning是一位居住在美国洛杉矶的专业摄影师、教师和电视工作者。电视观众将Erin视为The Whole Picture的最佳主持人,The Whole Picture是HGTV-HD和DIY网络推出的、获得TELLY大奖的数码摄影秀。”这个句子起初来自一本名为《人像摄影》的书,句中的几个英文词均是专有名词。可以肯定地说,本书的读者群是有限的——从事专业摄影的业内人士。显然,句中的英文对这些读者来说并不陌生。因此,这个例子不具有说服力。

两种文字在一起混搭使用的现象在美国是很常见的。人们在日常交流中或某些报刊中英法混搭、英德混搭或英西(班牙)混搭的现象与美国是移民国家有莫大的关系。近几年来,由于中国在世界上的影响力越来越大,“汉语热”也开始在美国盛行起来。美国人不管有没有华裔人在场,说上几个中文式用语已成为时髦,如“Long time no see”“Give you some color see see”等Chinglish,很多美国人都知道其含义,不过这些中式英语多在调侃、搞笑的情况下使用。尽管这些现代洋泾浜英语在国内受到了学者和英语教师们一致的口诛笔伐,被说成是“病态英语”“畸形英语”“严重违反英语语法规则”,但不可思议的是,美国人(甚至英国人)却照收不误,照用不误。这说明了两个问题:一是英语的包容性确实很大;二是汉语越来越流行。

近年来在中文里裸用外来语这一现象的原因有很多,其中翻译滞后是最主要的原因。我们不能一味责怪书籍杂志的编者和作者们都是为了赶时髦,或为了炫耀自己的英语水平高而汉英混搭使用。其实,他们在很多情况下也是出于无奈,因为找不到现成和满意的译文。我们还应看到,汉英混搭现象在某些专业书刊或时尚杂志上比较流行,却并非是主流媒体的普遍现象。因此我们可以肯定地说,针对目前流行的汉英混搭现象,如果加以整治,是会逐渐好转起来的。我们的汉语是十分强大的,任何外来力量都无法摧毁它,这类例子在历史上并不鲜见。现在某些报刊上裸用的一些外来语,也多是些专有名词或字母词,并没有改变汉语的语法规则和句子结构。作个比喻:假如一大片森林里飞来了几只外国鸟筑巢,我们何必担心它们会把整个森林毁掉?

4.《现代汉语词典》收录字母词是否违法?

不赞同“汉语消亡论”,并不等于说当前中国在吸收、翻译和使用外来语几个环节上不存在问题。我们应该摆脱那种狭隘的民族自闭心理，开阔眼界，面对现实，解决现存的问题。

前不久，百余名学者联名上书，举报《现汉》收录“NBA”等字母词违法，这立刻在社会上引起了热议。众所周知，词典是语言文字的宝库。一部编得好的词典，应该兼备多种特点，包括知识性、趣味性、时代性、全面性、准确性、编排美观性、装帧便携性，等等。词典是工具书，也是语言文化的结晶。《现汉》从1000多个字母词中选出239个高频词收录在附录中，恰恰表明了这部词典的与时俱进。如果《现汉》对当前在中国社会生活中长期使用的高频字母词视而不见、置若罔闻，那么《现汉》恐怕就应更名为《旧汉》了。

“NBA”一词自从2002年姚明加入美国火箭队后在中国更加流行，使用的频率非常高，范围也非常广。这三个字母在人们的心目中早已根深蒂固，成为美国篮球文化的代号。但2010年央视突然停止使用“NBA”，取而代之的是“美职篮”，立刻引起争议。次年，《现汉》再版重新收录“NBA”，于是该词又重返荧屏。2012年8月，百位学者又质疑这类字母词在汉语中的合法性，再一次掀起了热烈的讨论。质疑者的代表性观点是：字母词不是汉字，它破坏了汉语的纯洁性，给国人学习运用汉语带来了混乱，危及中华文化的安全。

字母词的确不是汉字，但因此就不能借来在汉语中使用吗？阿拉伯数字也不是汉字，早在13～14世纪就已传入中国，但直到20世纪初才慢慢融入汉语中。现在，这种非汉字语码早已被国人接受并使用了。鲁迅的《阿Q正传》是大众喜爱的文学名著，他用字母Q生动地描绘出了一个穷苦农民光秃着脑门，后面留着一根长辫子的形象。此外，在鲁迅所译的《死魂灵》中，第一部第一章的开篇语是：“省会N市的一家旅馆的大门口，跑进了一辆讲究的，软垫子的小小的篷车……”至今还没听说有谁指责鲁迅使用了西文字母，破坏了汉语的纯洁性。我们现在的词典，所有的条目都是以拉丁字母为序排列的，我们的汉语拼音方案使用的也是26个拉丁字母，国人早已把拉丁字母看成是汉语的一部分，因为它们与26个英文字母完全相同，凡是有小学以上文化水平的中国人对英文字母词都能念出来、写出来。而且，字母词书写起来远比笔画繁多的汉字容易，这也是人们喜欢字母词的原因之一。此外还有一个原因是，人们可以用字母词来表示一些象形意义，如T形钢、A字裙、V字领、T台等，还有人用“大S”“小S”来称呼某两位富有女性曲线美的演员。如果将这些字母词统统禁用，我们用什么替代它们？汉字是表意文字，在记录国外科技术语时不像其他国家的拼音文字那样方便，这也是导致字母词出现的一个原因。从文字改革的角度来看，字母词的适量使用会弥补汉字的不足，符合汉字改革的大方向（刘涌泉，1994）。

近些年来，有不少学者关心字母词在汉语中的使用情况，并为此做了大量的社会调查，还有人在台湾地区也做了调查。所有这些调查得出的结论如出一辙：大多数人支持使用字母词，只有少数人持反对态度。应该说，这些调查研究结果客观地反映出了两岸广大人民群众的心声。有人担心口子一开，字母词会“泛滥蔓延”“不可收拾”，这是多虑了。众所周知，世界上流行的字母缩略词为数不多，能够进入汉语成为高频词的更是数量有限。另外，字母词在汉语中的使用会遵循优胜劣汰的自然法则，那些好的高频字母词会不断地融入汉语，而那些不好的低频字母词会逐渐被淘汰。而且，必要时我们还可以对字母词的使用进行引导，避免滥用的现象蔓延。

由此看来，像“NBA”这样的字母词在中国早已深入人心了，不妨给它们一个应得的名分，也算顺应了民意。

5. 所有外来语都需要汉化吗？

有人认为，所有的外来语进入汉语前都必须经过汉化才可以使用。其理由是，英语中的汉借词都是以拼音的形式出现的，我们也理所当然地要汉化外来语。其实这种观点具有很大的片面性：以英语为母语的国家只将来自东方语言（如俄语、日语、韩语、越语、泰语等）的外来语和来自阿拉伯语、捷克语等语言的外来语用英语音译后使用，而汉借词则是采用汉语拼音；但汉语在借用西文外来语时则直接使用原文。这其中的原因不难理解：东方文字对于西方人来说十分陌生，因而采用音译；而西文字母与英文字母大体相似，就没有必要再音译了。

大量外来语在英语中混搭使用并没有破坏英语的纯洁性，汉英混搭也不会破坏汉语的纯洁性。外来语使得英汉两种语言都变得更丰富、更具表达力。我们还应澄清一个概念：纯洁不等于完美。“纯洁”一词常被一些卫道士们用作抵御外来新事物的盾牌，或在捍卫自己的伪论时用作大旗，但在真理面前，“纯洁”有时是不堪一击的。

因为有了汉语拼音方案，英文字母对于中国人来说并不陌生。因此，对于那些外来语高频词，特别是那些在中国使用时间已久的，如“NBA”“OPEC”“WTO”“DNA”等，就没有必要再给它们“穿上中国马甲”。同样，对于那些长难科技术语，如“mp3”“PM2.5”等，也没有必要再予以汉化。还有一类外来语不宜进行汉化，如“hold”“high”“KO(Knock Out)”“PS (Photoshop)”等不够规范的外来语。

既然英语对汉借词进行了“英化”，我们也必须对英语词进行汉化，这听起来似乎很爱国。不过，世界上不存在什么“语言借用对等原则”。随着汉语热在全球的盛行，随着孔子学院在世界各地变得愈来愈红火，谁敢说在不久的将来方块字不会出现在英文报刊中？

当然了，对于多数专有名词还是应该汉化的，如使用频率较高的人名、地名、物名、机构名、奖项名、节目名和专栏名等，以方便大众使用。有些十分重要的人名和地名翻译时要格外慎重，严格遵循“名从主人”的原则，以杜绝以讹传讹现象的发生。例如，“Obama”和“Kinssinger”本应译为“欧巴马”和“基辛杰”，却被误译成了“奥巴马”和“基辛格”而沿用至今。明知译错，却无法更改，饱受外人的诟病，这是一个不小的教训。还有一位美国白宫实习生名叫 Monica Lewinsky，因与美国前总统克林顿有过绯闻而声名大噪，导致克林顿成了美国历史上第二位遭到弹劾的总统，也因此登上了全世界各大媒体的头条。而那位实习生的姓氏在各大中文媒体上被译得五花八门：大陆媒体多用“莱温斯基”；而港台、新加坡、马来西亚等地的媒体采用的译名多达十多个，如“李文斯基”“李雯斯基”“卢茵斯基”“露文斯基”“陆雯斯基”“露温斯基”“萝恩斯基”，甚至“柳斯基”“露斯基”等。实际上，该女士的姓氏读音为/luːˈinski/，如准确按此读音应译为“鲁茚斯基”，这才在读音上最接近原名。

6. 结束语

随着全球化的加快，英语正在以前所未有的速度融入世界各国的语言中。生活在包容性极强的汉语文化中的我们每天都能看到和听到英语外来语。我们应该意识到，目前中国的外来语翻译机制还不够健全，其使用缺乏监管，汉化也缺乏统一的标准。针对这些问题，笔者认为目前的当务之急是要做好下述工作：

(1)成立专门机构。过去我国外来语的引进、翻译和使用基本上处于无政府状态。由于用汉字去音译外来语有一定的困难，因此不十分专业的人往往会把外来语译得不准确或容易产生歧义。如果某个媒体首译一个专有名词时忙中出错，其他媒体又不能识别而承袭原译，就可能造成上文提到的以讹传讹的现象。所以，有必要成立一个专门机构为此把关。该机构负责随时关注和监测世界最新的时事发展和科技动态，在第一时间确定那些“准外来语”的译文，规范经由各种渠道进入媒体的外来语的不当译文，及时将标准译文在官方网站上向社会公布。近几年，中国翻译协会的会刊《中国翻译》每期都刊登时政汉译英译文选编，为规范时政词汇汉英翻译做了一件好事。

(2)明确译名审定范围。该机构负责审定的外来语包括以各种形式出现的高频外来生活用语、重要科技术语及人名、地名等。对于一些不太重要的专有名词，可放权由各媒体自行翻译和使用。

(3)保证时效性。为保证新闻的时效性，该机构在双休日和节假日期间也应安排专家值班，并在第一时间确定有关译名。

(4)对重要外来语的确定。各媒体不经允许不得随意翻译和使用重要外来语。所谓的“重要外来语”包括新当选的国家元首姓名、重要新闻人物姓名、重要新闻发生地地名、有世界影响的重要科技产品名称和技术术语等。

(5)网上征集好译文。对一时定不下来的专名,可由该机构组织在网上征集译名或通过民意调查等方式了解民意,最后由专家来定夺。

倘若上述措施得以实施,则外来语滥用的现象将会得到有效的控制,汉语也会像其他语言一样吸纳更多的外来语,焕发出勃勃生机。

参考文献

[1] 黄河清:《试析外来词在英汉两种语言中数量悬殊的原因》,《现代外语》1989 年第 2 期。

[2] 刘涌泉:《谈谈字母词》,《语文建设》1994 年第 10 期。

[3] 邵敬敏、吴立红:《香港社区英文词语夹用现象剖析》,《语言文字应用》2005 年第 4 期。

作者简介:

陈莹(1974～),女,汉族,吉林省梅河口市人,哈尔滨工业大学(威海)语言文学学院讲师。研究方向:教学法与翻译学。

数量级差系统的语篇实例化研究

陈玉娟

[摘要]　本文通过对汉英对应评价意义语料库中的数量级差实例进行分析,考察了数量级差系统语篇实例化的体现方式和识别方法。研究发现,语篇中的数量级差常用数量语表达,包括表非确切数量的数量词、表确切数量的数量词和顺序词。数量语并非总有数量级差义,只有在语境中引发评价特征的数量语才是数量级差。数量级差还可通过表总括数量的形容词、副词、助词、小句和复句体现。此外,数量级差的某些体现方式也能表达跨度级差和过程效力级差,本文提出了对其进行辨别的方法。

[关键词]　数量级差;实例化;数量语;数量与跨度;数量与过程效力

1. 引言

澳大利亚著名功能语言学家 Martin 教授创立的语言评价理论在语篇语义学层面建立了以词汇为基础的语言评价系统。该理论自问世以来,在各种体裁的语篇分析中得到了广泛的应用(如王振华,2004;杨汝福、曲春玲,2014)。评价理论把评价系统的实例渐进体分为评价(appraisal)、基调(key)、立场(stance)、评估(evaluation)和反应(reaction)五个阶段。对不同类型语篇的评价基调、立场、评估等特点进行考察是评价理论的重要应用方式,该过程往往涉及评价意义在语篇中的识别或范畴化,即评价系统的语篇实例化。评价系统的实例是读者对文本选择的评价意义进行主观解读的结果,此过程受语域、语篇类型、读者的阅读立场等诸多因素制约,具有高度的复杂性。此外,评价系统各范畴的表达形式多样,给评价成分的理解和识别带来了极大的困难(王振华、马玉蕾,2007;彭宣维等,2012)。然而,现有研究尚未对这些制约因素的处理方式提出可供参考的标准,从而导致评价意义在语篇中的实例化受到研究者主观因素的影响，不利于评价理论在语篇分析中的有效应用。

语言评价系统由态度、介入和级差三个子系统组成。其中，级差系统是评价系统的核心，贯穿整个评价体系，“态度和介入均系级差工作范围，只是意义分级的性质不同”(Martin & White, 2005: 136)。根据分级方式的差异，级差系统分为语势(force)和聚焦(focus)两个子系统。语势又进一步分为量化(quantification)和强化(intensification)两个子范畴。评价系统中的级差意义与广义上表达等级意义的“级差语义”在名称上容易混淆，在语言资源上二者也有重合之处(张作功, 2008)，导致级差意义在语篇中的识别难度加大。受篇幅所限，本文无法对级差系统各子系统的语篇实例化特征一一描述，仅选取其重要的子系统之一——数量级差(number)系统，通过分析大量中英文语料中的数量级差意义，找出其在语篇实例化阶段的典型表达形式和识别方法，以及如何辨别容易与其他级差范畴混淆的数量级差。

本研究所选语料以及对语料的分析形成于“汉英对应评价意义语料库”的编制过程。该语料库是北京师范大学功能语言学研究中心承担的国家社科基金项目，其结构与编制过程都能保证量化级差系统实例化研究的需要。首先，语料以 20 世纪书面语为主，包括 11 种不同体裁的 118 个英汉对应文本(汉译英或英译汉)[①]，共 100 万个字词，具体构成如下表所示。其次，为了最大限度地完善评价意义的识别标准，避免个人主观因素的影响，评价语料库的研究人员在评价意义的标注过程中经过了“分组标注→交叉检查→全体讨论→分组标注”的多次循环。

汉英对应评价意义语料库的语料构成

语类	文本字词数		文本数量
	汉语	英语	
小说	253943	156962	14
历史	32310	17850	13
文明史	22830	12715	14
民俗	17871	10044	8
科技史	13993	7917	7

① 本文不涉及英汉数量级差的对比研究。为了节省篇幅，若例句的对应译文没有数量级差或数量级差不用于观点论证，则仅给出原文，省略译文。

续表

语类	文本字词数		文本数量
	汉语	英语	
科技	19454	11196	11
散文	37182	23401	17
政府文件	215697	137214	14
新闻报道	11679	6251	9
百科	9084	4875	6
科幻	15958	8468	5
总计	650001	396893	118

2. 数量级差在语篇实例中的体现形式

数量级差是对实体数目的估量。它既可以通过修饰态度词来调节态度义的强弱,也能通过语境引发某种态度义。无论是具体事物还是抽象概念,都可以被数量级差量化(Martin & White, 2005)。从语料上看,语篇中的数量级差常常用数量语(numerative)表达,其次是表总括数量的词,还有其他词类和小句,下面分别阐述。

2.1 数量语

数量语在名词词组中表示某一数量特征,要么是数量,要么是顺序;要么精确,要么不精确。表示数量的数量语称为"数量词"(quantitative),表示序列的数量语称为"顺序词"(ordinative)(Halliday, 1999: 183)。数量词和顺序词都能体现级差义,但精确与非精确数量体现的级差义不同。汉语语法中没有与数量语相对应的说法,从语义上看,汉语数词相当于英语表达确切数量的数量词,汉语的数量形容词相当于英语表达非确切数量的数量词(吕叔湘, 1999: 14)。以下三小节将分别讨论表非确切数量的数量词、表确切数量的数量词以及顺序词。

2.1.1 表非确切数量的数量词

表示非确切数量的数量词(即数量形容词)根据语义可以分为两类:一类有"多"或"少"的意义,如"许多""大量""无数""若干""各种""大批""广大""一个接一个""少数""一点""零星""稀少"等,另一类仅表示不确切的数量,如"一些""一部分""有些"等。第一类表非确切数量的数量词本身不仅体现经验义,还表达说话者的主观判断，表明说话者的立场和态度。例如：

(1)不但他们俩同时从长毛营盘里逃了出来，而且偷得了长毛的许多金元宝——人家到现在还是这么说。(茅盾:《春蚕》)

(2) A brilliant and worldly scholar, Augustine had considered various philosophies before turning to Christianity in his thirties. (*The Pope Crowns Charlemagne*)

例(1)中的“许多金元宝”表示老通宝的祖父和陈老爷运气好，不仅能够从长毛营盘里逃出来，还得到了发家的资本；例(2)用“various”表示 Augustine 学识渊博。由此可见，表示非确切数量的数量词是典型的数量级差词，它们并非真表数目；同一个数量词表示的数目多少因人而异。实际上，这些词的重点不是经验义，而是说话人的态度。

第二类表非确切数量的数量词有时仅有经验义，有时则兼有态度义或调节态度义，具体情况与语境相关。例如：

(3)有几个“慈祥”的老板到菜场去收集一些菜叶，用盐一浸，这就是她们难得的佳肴。(夏衍:《包身工》)

(4) At a pond he stopped and shot some reflections on the water made by an odd-shaped tree branch. (R. J. Waller, *The Bridge of Madison County*)

例(3)中的“慈祥”“菜叶”“难得”“佳肴”都具态度义，在文中呈韵律状分布。在它们的影响下，“几个”“一些”可以用来调节态度义，说明包身工饮食条件的恶劣，具有数量级差义，这也符合 Martin 等(Martin & White, 2005: 19)提出的评价饱和韵律结构(saturating prosody structure)。例(4)中的“some”(一些)则没有数量级差义，只有经验义。

2.1.2　表确切数量的数量词

Martin(1992: 372)只把对数量的非确切评估归入数量级差，涉及精确测量和计算的数量不在该框架中。在《评估语言:英语评价系统》中，他进一步强调了这一观点(Martin & White, 2005: 150)。不过，Martin 在依据自己的理论框架进行例证分析时却把确切数量词归入了数量级差。笔者认为，表确切数量的数量词能否体现数量级差要视具体情况而定，不能一概而论。

Sapir(1949: 122)认为“分级”(grading)是一个先于测量和计算的心理过程。换言之，用测量单位或具体数字表示的数量判断总是意味着初步的分级判断，这种分级判断可能是隐性的，也可能是显性的。例如，“四”这个数字只有在显示出比“五、六、七”少和比“一、二、三”多时才有意义。“五、六、七”和“一、二、三”都是按相对多少排列的一个有序序列，因此“四”的意义就体现在与有序序列中的其他成员的比较中。同理，“一英尺”是一个长度，表示比“一英寸”长，比“一码”短，如果没有类似于“一英寸”和“一码”这样的长度做对比，“一英尺”就没有任何意义。Sapir 认为所有可量化和被量化的说法都牵涉到分级概念，根据显著性的不同，分级概念有四种情况：①隐性可分级但未分级，如 house，houses；②数量表示的隐性分级，如 half of the house，a house 20 feet wide，ten houses；③隐性分级表示数量，如 much of the house，a large house，many houses；④显性分级含有隐性数量，如 more of the house (than)，a larger house，more houses (than)。(Sapir，1949：123-124)

Sapir 的分析表明，确切数量词是对实体数量的隐性分级。然而，“分级”(grading)与“级差”(graduation)不是完全等同的概念。分级包含涉及“比较”的所有语义范畴，而评价系统中的级差指对态度和介入进行分级的语义资源。从这一点看，分级包含级差(张作功，2008)。不过，并非所有表示确切数量的数量词都是数量级差。要结合所在语境做具体分析。试对比下面两个例句：

(5)那情欲之火的巢穴——那两只灼闪的眼睛，不正在宣布他除了可鄙的浅薄的需要，别的一切都不知道吗？(丁玲：《莎菲女士的日记》)

(6)但两只眼睛不能分明的，他一只眼睛却办到了。(沈从文：《丈夫》)

人有“两只”眼睛是一种默认的正常状态，眼睛数量不能成为人物的特征，除非某人眼睛的数量不属于这种正常状态。例(5)描述的是一个正常人的眼睛，虽然作者写出了数量，但“两只”这个数字并没有传达态度义。例(6)描写的水保在打架中失去了一只眼睛，在这种特殊情况下，眼睛的数量会影响分辨能力，但例句中的数量对比增强了能力性这一判断义。所以(5)中的“两只”不具有数量级差义，而(6)中的“两只”和“一只”均是数量级差。又如：

(7)穷人是一条命，有钱人也是一条命。(茅盾：《林家铺子》)

(8) The vast armada comprised 4,000 merchant vessels and 700 warships. (*World War II*：*Global Repercussions*)

这两个例句中的确切数量词都是数量级差，其评价意义要通过结合语境和话语参与者的相关知识才能产生。文本中出现的数字只是数量系统中的一个实例，它与系统中的其他数字形成对比。如果对比能引发评价意义或影响态度意义的强弱，那么该数量词就属于数量级差。与文本中的数字形成对比的其他数字来自于上下文或话语参与者的相关知识。例(7)数字的对比由上下文提供，对比表明穷人和有钱人的生命同样珍贵。例(8)的对比则需要相关知识的参与：对历史和军事有所了解的人能判断出例句中的数字所表明的登陆舰队的规模的庞大。

有些表确切数量的数量词不是说话者主动选择的结果，而是在一定语境中唯一可选的项。在这种情况下，数量词没有分级义，不具有评价特征。此外，有些表确切数量的数量词虽然能与其他数量词构成对比，但对比不能产生评价义，因此也不能体现数量级差义。例如：

(9)二诸葛摸了摸脸，取出三个制钱占了一卦，占出之后吓得他面色如土。(赵树理:《小二黑结婚》)

(10) When he finished he sat on the running board... smoking a Camel, and listening to the wind in the birch trees. (R. J. Waller, *The Bridge of Madison County*)

(11)今年是特地全家少吃一餐饭，省下钱来买了“糊箪纸”来了。(茅盾:《春蚕》)

例(9)中，“制钱”是占卦用的工具，“三个”是占卦的要求，不是说话者有意的选择，而且说话者没有把“三个”与其他数字作对比。例(10)中“a Camel”(一支香烟)虽然可以与“两支”“三支”等形成对比，但是无论选择哪一个数字都没有评价性。例(11)中“少吃一餐饭”指全家只吃两顿。“一餐”单独出现并无评价特征，而“少吃一餐饭”作为一个整体可以体现全家人吃苦耐劳的可靠性。

2.1.3　顺序词

顺序词也可以引发评价义，处理原则和表确切数量的数量词一样。例如：

(12)太阳照到纸窗上时，我是在煨第三次的牛奶。昨天煨了四次。(丁玲:《莎菲女士的日记》)

(13) He unwrapped his pack and the first thing he did was to count his matches. (Jack London, *Love of Life*)

例(12)中的顺序词“第三次”与数量词“四次”一样，都突显莎菲寂寞无聊的生活。例(13)中的顺序词则增强了火柴的“重要性”这一鉴赏义。

2.2　表示总括的数量

表示总括意义的词限制名词数量时也可以体现评价意义。汉语中表总括意义的词是一些副词和数量形容词如“都”“全”“全部”“一切”“所有”“各”“各个”“每”等；英语中则是一些限定词和不定代词如“all”“whole”“every”“each”“both”“neither”“everyone”“everything”等。这些词是封闭词类，数量不多，但在语料中出现的频率很高。例如：

(14)我在几家估衣铺里，问了些夹衫的价钱，还了他们一个我所出的数目，几个估衣铺的店员，好像是一个师父教出的样子，都摆下了脸面，嘲弄着说……(郁达夫:《春风沉醉的晚上》)

(15) These five covered almost every skill in the training for war given a Greek citizen of that time. (*The Glory of the Olympic Games*)

这五项运动几乎包括了当时希腊公民所接受的军事训练的全部技能。

(16) Someday every patient who needs a new heart may be able to get one

from a hospital supply room. (*Human Hearts as Spare Parts*)

总有一天,需要新心脏的每一个病人,都有可能从医院供应室里得到一颗所需的心脏。

例(14)中的"都"表明叙述者屡屡遭受店员奚落,增强了"叙述者处境窘迫"这一判断义。例(15)中的"every"(全部)表明早期奥运会和战争之间存在密切关系。例(16)中的"every"与汉译中的"每一个"和"都"均表明体外备用心脏制造技术的发展对人类生命健康具有重大意义。因此,三个例句中的总括词都可以体现数量级差义。

某些名词及数量词重叠有"每+[名词]"之义,如"人人""个个"指"每人""每一个"等,也有表总括性的数量义。例如:

(17)在此满街人人为了上海的战事而没有心思想到生意的时候,林先生始终在筹虑他的正事。(茅盾:《林家铺子》)

Because of the war in Shanghai, the whole town had lost all interest in business, but Mr. Lin was busy pondering his affairs.

(18)"大眠"以后的"宝宝"第一天就吃了七担叶,个个是生青滚壮,然而老通宝全家都瘦了一圈,失眠的眼睛上充满了红丝。(茅盾:《春蚕》)

例(17)中的"人人"可以替换为"每个人",译文则直接使用表示总括性的"whole"。例(18)中的"个个"可以替换为"每一个"或"都"。这几个词都表数量多,有数量级差潜势。

2.3 数量级差的其他体现方式

除了数量语和表示总括的数量,数量级差还可以通过其他词类体现。如动词、形容词、副词甚至助词。当这些词有多个语义特征且其中一个特征与数量有关时,它们就可以体现数量级差义。例如:

(19)女性作家、表演艺术家、画家、导演和音乐家不断涌现。(《中国妇女的状况》)

(20) Because of excessive litigation, everybody pays more for health care, and many parts of America are losing fine doctors. (George Bush, *State of the Union Message*)

法律诉讼泛滥造成所有人的医疗费用高涨,美国有许多地方正在失去优秀的医生。

(21) "He's found fish," he said aloud. No flying fish broke the surface and there was no scattering of bait fish. (Ernest Hemingway, *The Old Man and the Sea*)

"它找到鱼啦,"他说出声来,这时没有一条飞鱼冲出海面,也没有小鱼纷纷四处逃窜。

(22)殴打之外还有饿饭、吊起、关黑房间等等方法。(夏衍:《包身工》)

例(19)的"涌现"和(20)的"泛滥"都是动词,除了表过程,均有"数量多"之意。"泛滥"表某物过多或流行到无法节制的地步;"涌现"指事物或人在同一时期大量出现。其他副词、形容词如"纷纷""excessive""scattering"也有类似功能。例(22)的助词"等等"除了含列举之义,还有"列举未尽,还有很多"的意思。

数量级差不仅可以通过词语体现,还可以通过小句或复句体现。从词汇-语法的关系来看,它们可进一步分为两种情况。第一种情况在汉语中更为常见,即用否定或疑问的形式表数量的夸张。例如:

(23)蜀中山水,不知迷醉了多少古人和今人……(《神话世界九寨沟》)

(24)三张蚕种,该可以采多少茧子呢?(茅盾:《春蚕》)

(25) She wondered how many times he had read it over the years, far from the hills along Middle River. (Robert James Waller, *The Bridge of Madison County*)

她寻思,这些年来在远离中央河边的丘陵地带的地方,他不知拿出来读过多少次。

例(23)和(25)译文都用否定体现数量多的含义,例(24)和(25)则用疑问句的形式来体现。

小句体现数量级差的第二种情况是通过重复某些成分来达到表示"总括、没有例外"意义的目的。例如:

(26)这也是东洋货,那也是东洋货,呃!(茅盾:《林家铺子》)

(27)我们的寿生一回来,有多少付多少,我要是藏落半个钱,不是人!"(茅盾:《林家铺子》)

3. 容易与其他级差范畴混淆的数量级差

有时数量级差在语篇中具有与其他级差义相同的体现形式,导致两种级差义容易混淆,给数量级差的识别带来干扰。其中,最常见的干扰来自跨度级差(extent)和过程效力级差(vigor of process)的某些体现形式。下文阐释此种情况下如何辨别数量级差。

3.1 数量级差与跨度级差

任何实体、动作和事件都以一定的空间和时间形态存在或发生,其体现方式有两种:跨度(extent)和处所(location)。跨度和处所是可分级的语义系统,Martin(Martin, 2000;Martin & White, 2005;Martin & Rose, 2007)把表评价意义的跨度和处所统称为"跨度"级差。

数量和跨度级差都可以用"都""全""各""每""all""whole""each""every"等体现。这些词含有"总括全部"之意。两者区分的基本原则还是基于各自的定义:如果总括对象是群体或成员,那么这些词是实体数量;如果总括对象是范围或范围内的个体分布情况,那么这些词就是跨度成分。数量和跨度都可以用于量化具体实体和抽象实体,下面将分别举例说明这两种级差义在量化实体方面的区别。首先,我们来看量化具体实体的情况:

(28)他声明他并不怕吃苦,在抗战时期大家都应当苦一点。(张天翼:《华威先生》)

He explained that he was not at all afraid of hardship: everybody had to suffer a little during the Anti-Japanese War.

(29)想起这些困难,就整个身子都在发颤起来。(艾芜:《石青嫂子》)

She shuddered from head to foot at the thought of the difficulties confronting her.

在例(28)中,"都"总括的是大家,即为抗战而奋斗的人们,只能从数量方面分级,英译则采用人称代词"everybody"表示总括。例(29)"整个"和"都"总括的是身体,属于空间范围,英译"from head to foot"体现得更为明确,因此体现跨度级差义。

以下是一些难以辨别的例子:

(30)各级干部带头实行计划生育,在全体人民中形成了极大的影响力。(《中国的计划生育》)

Cadres at all levels taking the lead in practising family planning have exerted great influences among the people all over the country.

(31) 中国的宗教坚持独立自主自办,同时在平等友好的基础上积极与世界各国宗教组织进行交往和联系。(《中国的宗教信仰自由状况》)

While adhering to the principle of independence and self-administration, Chinese religions are active in making exchanges and contacts with their counterparts all over the world on the basis of equality and friendship.

例(30)"各级干部"表明干部分为高、中、基层等不同层次。这些层次把干部划分成不同的群体,而不是范围。因此,"各级"体现数量级差而不是跨度,英译"at all levels"同此。例(31)原文"世界各国"既体现跨度又体现数量,"世界"属于范围,体现跨度义,而"各国"体现数量义。例(30)和(31)英译"all"总括"the country"和

“the world”，而“the country”和“the world”表范围，所以“all”是跨度级差。

量化抽象实体的情况更为复杂，比如“全”“all”等词用于量化抽象实体时，很难区分它们体现数量义还是跨度义。这种现象在政府文件中常常出现。例如：

(32)全社会全民族

the whole society and the entire nation

(33)全民族

the whole people

(34)全民健身和医疗卫生体系

nationwide fitness and medical and health systems

(35)整个社会

the whole society

(36)树立全民环保意识

to help the whole nation see the importance of environmental protection

(37)引导全社会转变就业观念

help the general public to change their mentality about employment(十六大报告)

以上例句中标出的词虽然能够体现级差义，但它们都不是典型的数量或跨度。一个可行的区分方法是：用较典型的跨度或数量替代这些词，它们与哪种典型级差更接近，就处理为哪种级差。例如，“全民族”与“全民”一样，都指“所有人”，体现数量；“全社会”指社会的各个行业、各个范围以及来自各个行业和范围的人，则应该体现跨度。英译虽与原文在词汇层面不对应，但该方法仍适用：“whole”修饰“people”和“nation”时体现数量，修饰“society”时则体现跨度。此外，“nationwide”和“general”分别体现跨度和数量。

3.2 数量级差与过程效力级差

Halliday(1994)把人类的经验分成物质、心理、关系、行为、言语和存在六种过程类别。评价理论把对过程力度进行分级的语义资源称为过程效力级差，包括动作本身的力度、动作方式、产生的效果、难易程度、发生频率等(Martin & White, 2005)。与动作相关的数量词既能体现数量级差，也能表达过程效力级差，在语篇中不容易辨别其范畴归属。

与动作相关的数量词可能仅表明动作发生的次数，体现数量级差；也可能通过动作的次数说明动作的频率，反映动作的力度，体现过程效力级差。辨别这两种情况的方法有两种：一是看数量词能不能替换成表示动作频率或力度的副词，例如：

(38)Twice they met cars, but it was nobody Francesca knew. (R. J. Waller, *The Bridge of Madison County*)

他们两次遇到别的汽车,不过都不是弗朗西斯卡认识的人。

(39)She'd been around—two marriages, worked as a waitress in several bars while attending college. (R. J. Waller, *The Bridge of Madison County*)

她一直住在当地,结过两次婚,上大学时曾在几家酒吧间当过侍者。

(40)He swung it once and twice and again. (Ernest Hemingway, *The Old Man and the Sea*)

他抡了一次,两次,又一次。

(41)He wished *for the thousandth time* in his life that he had a dog, a golden retriever, maybe, for travels like this and to keep him company at home. (R. J. Waller, *The Bridge of Madison County*)

他一生中曾千百次私心窃望有一条狗,或许是一条金色的猎狗,可以伴他作这样的旅行并且在家里同他做伴。

以上四个例句中的数量词都描述动作发生的次数,但前两个例句中的数量词与动作的关系和后两个例句有差别:(38)和(39)中的数量词仅表动作发生的次数,对动作力度没有任何影响;(40)和(41)中的数量词虽然也表动作发生的次数,但是数量级差并不是作者的表达意图,它们完全可以换成表示动作频率或力度的副词,如"不停地抡""经常私心窃望",前两个例句的数量词则不能这样替换。为了反映这种区别,前两例的数量词应视作数量级差,后两例则为过程效力级差。

动作频率也可能是一段时间内动作发生的次数,所以第二种辨别方法是看动作的次数有没有时间参照范围:如果没有时间参照范围就是数量级差,否则就是过程效力级差。两者可以通过提问的方式辨别:如果既可以用"多少次"(how many times)提问,也可以用"多长时间一次"(how often)提问,那么体现的是过程效力级差;如果仅能用"多少次"提问,那么体现的就是数量级差。例如:

(42)听说白石老人是教授,每月到学校一次,画一张画给学生看,作示范表演。有学生提出要把他的工资停掉。(艾青:《忆白石老人》)

I was told that Baishi was a professor there and that he came to the academy once a month. Every time he came he would paint a picture as an example for the students to imitate, but some of them proposed that his salary should be stopped.

(43)我看见他一天要两次往云霖处跑,我发笑,我准断定他以前一定不会同云霖如此亲密的。(丁玲:《莎菲女士的日记》)

It amuses me to find him going to Yunlin's one or twice each day now for I'm sure they weren't so intimate before.

(44)And now he has jumped more than a dozen times and filled the sacks along his back with air and he cannot go down deep to die where I cannot bring him up.（Ernest Hemingway，*The Old Man and the Sea*）

到这时它已经跳了不止十二次，把沿着背脊的那些液囊装满了空气，所以没法沉到深水中，在那儿死去，使我没法把它捞上来。

(45)The fish hit the wire several times more and each time he shook his head the old man gave up a little line.（Ernest Hemingway，*The Old Man and the Sea*）

鱼又撞击了铁丝导线好几次，它每次一甩头，老人就放出一些钓索。

例(42)和(43)表示动作频率，体现过程效力，例(42)英译文中的"infrequently"也体现了这一点；例(44)和(45)不能用"多长时间一次"提问，但可以用"多少次"提问，因此属于数量级差。

4. 结语

依据评价理论进行语篇分析的研究往往涉及评价意义在语篇中的识别或范畴化，即评价系统的语篇实例化。评价系统各范畴表达形式的多样性及体裁、读者立场等因素会使语篇评价成分的识别难度加大，容易在不同分析者中出现分歧，不利于评价理论的应用。本文选取评价系统的子系统——数量级差，以汉英对应评价意义语料库为语料，全面分析了数量级差系统在语篇实例化阶段的典型体现方式、识别手段以及与其他级差系统的区别方法，能提高识别语篇中数量级差意义的准确性和一致性。进一步考察评价系统其他子系统的语篇实例化将更加有助于提高评价理论应用的可靠性和使用范围。

参考文献

[1] Halliday，M. A. K. *An Introduction to Functional Grammar*（2nd edn.）. London：Arnold，1994.

[2] Martin，J. R. Macro-proposals：Meaning by degree . In W. C. Mann & S. A. Thompson（eds.），*Discourse Description*：*Diverse Analyses of a Fund Raising Text*. Amsterdam：Benjamins，1992：359-395.

[3] Martin，J. R. Beyond exchange：Appraisal systems in English. In S. Hunston & G. Thompson (eds.)，*Evaluation in Text*：*Authorial Stance and the Construction of Discourse*. Oxford：Oxford University Press，2000：142-175.

[4] Martin，J. R. & D. Rose. *Working with Discourse*：*Meaning Beyond*

the Clause (2nd edn.). London: Continuum, 2007.

[5] Martin, J. R. & P. R. R. White. *The Language of Evaluation: Appraisal in English*. London: Continuum, 2005.

[6] Sapir, E. Grading: A study in Semantics. In D. G. Mandelbaum (ed.), *Selected Writings of Edward Sapir in Language, Culture and Personality*. Berkeley, Los Angeles, London: University of California Press, 1949: 122-149.

[7] 吕叔湘:《现代汉语八百词》(增订本),商务印书馆1999年版。

[8] 彭宣维、杨晓军、何中清:《汉英对应评价意义语料库》,《外语电化教学》2012年第9期。

[9] 王振华:《"硬新闻"的态度研究——"评价系统"应用研究之二》,《外语教学》2004年第5期。

[10] 王振华、马玉蕾:《评价理论:魅力与困惑》,《外语教学》2007年第6期。

[11] 杨汝福、曲春玲:《态度系统视角下小说〈手斧男孩〉的评价意义研究》,《山东外语教学》2014年第5期。

[12] 张作功:《语义级差——语言等级意义的综合研究》,上海外国语大学博士学位论文,2008年。

基金项目:

本研究得到山东理工大学博士科研启动基金项目"语言评价语义系统实例化的功能-认知研究"(713013)的资助。

作者简介:

陈玉娟(1982~),女,汉族,山东淄博人,山东理工大学外国语学院讲师。研究方向:功能语言学。

论萨丕尔的语言普遍性

丛晓芳　芮晓松

［摘要］　爱德华·萨丕尔是20世纪美国著名的人类语言学家，他通过对多种语言进行广泛而深入的研究，探讨了语言所具有的特征。语言普遍性的存在是萨丕尔语言研究的基本观点之一，也是他进行语言研究的基础。本文从语言的存在、语言的系统性以及语言的心理特征三个方面探讨了萨丕尔语言研究中体现的人类语言的共同特征：首先，语言是人类群体内部进行交际的工具，所有的语言都具有同等的价值，不存在优劣之分；其次，人类语言众多，貌似迥异，却在语音和语言形式方面享有系统性和完整性的共性；再次，语言具有心理特征，该特征通过语言使用者在语音层面、语法层面的心理判断和心理需求以及语义层面的心理过程得以呈现。

［关键词］　语言普遍性；语言存在；系统性；心理特征

爱德华·萨丕尔(Edward Sapir，1884～1939)是20世纪初期美国著名的人类学家、语言学家，其研究深入人类社会科学的各个方面。随着对语言研究的逐步深入，萨丕尔在这一方面的成就引起了广泛的关注。萨丕尔从人类学的视角研究多种语言，包括美洲诸多语种、闪族语、印欧语、汉语等等。通过对众多语言广泛而深刻的研究，萨丕尔从纷繁复杂的语言中发现了不同语言之间的普遍性。语言的普遍性指人类语言内部不同语言之间存在的“共通或普遍的特性”(林明东，2007：121)。萨丕尔认为，语言的普遍性包括语言存在的普遍性、语言系统性的普遍性及语言心理特征的普遍性。

1. 语言存在的普遍性

世界上的生物都用自己特定的方式在其群体内部保持一定程度的交际和联

系，例如昆虫用翅膀的振动或独特的“舞蹈”来传递信息；动物用声音的曲折变化来示警传情，等等。然而，人类却不同。人类用以交际的工具是“语言”。语言通常是以“口语”的形式来传达思想和感情的。据统计，世界上现存的人类语言有三千多种（Asher，1994：5189）。作为语言学家的萨丕尔自己就通晓多国文字。在其《语言论》一书中，萨丕尔提及了六十多种语言，并从语言的定义、语言的成分、语言的发音、语言的形式、语言的结构等方面深入讨论了诸多有关语言的问题。我们从《语言论》一书中可以看出，虽然语言在语音、语义、语法等方面存在巨大的差异，但“没有任何一个部落没有语言，任何认为人可以没有语言的说法都只不过是民间传说”（萨丕尔，1933：155-169）[①]。

被誉为“人类学之父”的德国哥廷根大学教授布鲁门·马赫将现生人类分为五大人种，虽然不同的种族在肤色、发型和发色、眼色、身高、头型等体质特征方面存在差异，但是其共有的特征之一就是掌握各自的语言并用之进行种族内部和群体之间的交流。无论是内部结构还是外部形式，人类掌握的语言可谓千差万别、简或繁不一，但“某个部落是否有足以称为宗教或艺术的东西，那是可以争论的，但是就我们所知，没有一个民族没有充分发展的语言。最落后的南非布须曼人（Bushman）用丰富的符号系统来说话，实质上完全可以和有教养的法国人的言语相比”（萨丕尔，1921：19）。人类的每种语言都形式丰富，有巨大的表达潜力，从自身逻辑和结构的观点来看自成体系，没有高低贵贱、落后优等之分。由此我们可以断定，从全人类的角度来看，掌握具有同等价值的语言是人类共有的特征，而语言的存在是语言普遍性的一个重要体现。

2. 语言系统性的普遍性

2.1 语音层面的系统性

语言的基础是语音。人类语音的产生是由一整套“言语器官”协调合作、共同来完成的，这些言语器官包括喉部、鼻、舌、硬腭、软腭、牙齿、唇等。不同的语言虽然存在听起来类似的语音，但这些类似的语音之间却存在“巨大的差异性”（萨丕尔，1921：38）。这种“巨大的差异性”源自人类对发音器官运用方式的不同。在发音的过程中，人类对于各个言语器官的肌肉的调节是不同的，或者说，对其他民族的发音感到奇特和陌生是因为不习惯该民族言语器官肌肉的运动。

幼童由于习惯于某种使用“言语器官”的方法，即某些器官的协调合作及肌肉

① 本文正文中引用的萨丕尔的文献均出自[2]和[3]两本文集，其中3.3部分引用的文献出自文集[2]，其余部分引用的文献出自文集[3]。正文中的年代为原文献出版年代，页码为该文献在文集中的页码。

运动方式而容易造成"僵化"现象——那些常用的被保留或固定下来,那些不经常使用的则被逐渐隐藏或淘汰。这就解释了人类学习外语的过程中在发音方面遇到的困难:因为从生理的角度来看,每一种语言在语音方面都有自己的特征,自成体系。

2.2 语言形式的完整性

萨丕尔断言,任何语言都具有"形式上的完整性"(萨丕尔, 1924: 149-155)。所谓"形式上的完整"是指"不管一个人想通过其语言表达什么内容,不管他的念头和幻想如何独特或怪诞,语言自身的结构都可以帮助他完成表达"(萨丕尔, 1924: 149-155)。任何语言都有能力实现完美的表达,而其本身的"形式"是完美表达实现的基础。对于一种语言的使用者的整体而言,他们不需要创造新的形式来满足他们表达的需要。萨丕尔对语言形式系统和数字系统做了类比:数字系统是个完整的指称系统,在既定空间中的任何一个点都可以用几何坐标轴来指称;跟数字系统类似,语言形式可以描述表达语言环境中的任何元素,而不同的语言就像是既定空间中不同的参照系,语言环境没有任何变化,只是用于描述表达它的语言形式不同。

萨丕尔也提出过"形式上的完整性跟词汇的丰富或缺乏毫无关联"的观点(萨丕尔, 1924: 149-155)。萨丕尔认为,一些原始部落没有抽象而高深的哲学论著,不是由于其语言形式的局限性使其不能清晰地表达深刻的概念,而是他们的文化还没有对如此高深的理论产生兴趣。当语言的使用者需要表达全新的陌生的概念时,其往往采用借用新词汇、扩展旧词汇等手段来扩充自己的词汇量,但这种行为对语言的形式不会产生任何影响,就好比向既定的空间引入新的事物并不会影响其中的参照系统一样。

在语音和语言形式方面,语言体现了自身的系统性和完整性,这是任何一种语言都具有的共性,无论它的使用者在文化方面是落后还是先进。

3. 语言心理特征的普遍性

3.1 语音层面心理特征

从一种语言的语音结构内部来看,语音结构内部的每一个语音都是不同于人类器官为实现某种"功能性价值"(萨丕尔, 1925: 29)而发出来的音,如吹蜡烛、哼哼声或是清嗓子等。萨丕尔以吹蜡烛声为例对此作了说明:由于其功能性的要求,因此只要能达到吹灭蜡烛的目的,发声器官的动作可以有多种选择,如可以突出上唇、突出下唇、突出双唇或双唇都不突出，发音没有标准的要求，各种方式都可容忍，只以向外吹气为目标。然而，语音结构中的每一个语音都有其各自的发音方式和声学特征，当出现有别于各自发音方式和声学特征的变体时，就会被认为“不正宗”(萨丕尔，1925：30)，遭到持有该语言群体心理上的排斥。另外，吹蜡烛的声音是独立的，完全不需要考虑与其他声音之间的区别和联系，而语音则不同。单个语音与音群中的其他语音有着密切的联系，说话者会根据不同的语音选择不同的心理趋势。例如，/f/音在单词“fight”“fit”中有强烈地将唇音浊化的心理趋势，/k/音在单词“keep”中有强烈送气的心理趋势。

其次，语音结构内部的每个成员之间都具有“区别于该系统成员的心理独立性”(萨丕尔，1925：31)。萨丕尔用“舞步”来类比语音在结构内部的定位：每个语音成员都通过结构中其他成员的位置来定位自己本身，而这种定位是无意识的心理活动，与发音部位和方式无关。

再次，语音系统背后还存在完整的心理格局。萨丕尔提出，语音背后还有“一个更有限制的、内部的或理想的系统”(萨丕尔，1921：48)。语音的“内部结构”强调语音的心理价值，不同语言对于影响其音响效果的因素，如语音的长短、音势、音调等都有不同的心理价值。例如，英语中有长短音，而长短音对于汉语则没什么价值，而汉语中的语调区分极为细致，而在英语中语调区分并不影响词义。也就是说，同一客观差异，在持不同语言人的主观意识中的价值不等。每种语言都存在语音系统背后的心理特征，语音的心理特征隐藏在语言外在的语音结构之下，即使语言在语音方面发生变化，也仍然会保持其系统的稳定性。

3.2 语法层面的心理特征

词是语法结构的重要元素，是“一个概念的符号性的语言对应物……是最小的具有孤立意义的功能单位”(萨丕尔，1921：28-30)。表面上看，词只是一个符号形式，但从词的内容上看，词有自己的心理存在。词表达的是概念，是不同类型、不同层次的概念，包括具体的、抽象的、关系性的或是完整的思想。概念是人类用推理、直觉、象征等心理认知方式对经验进行的简化和一般化。由此可见，“词”这种语言的形式单位具有普遍的心理特征。

句子是另一种较大的功能单位，是词和词按照语法程序联结起来的统一的思想体现，是完整思维的语言符号对应物。语法程序是呈现句子整体意义的复杂的形式程序领域(萨丕尔，1921)。在《语言论》一书中，萨丕尔系统地区分了六种语法程序，包括词序、复合、附加、涉及元音或辅音的根本成分或语法成分的内部变化、重叠和重音区别。

首先，语法程序必须有其存在的功能价值(萨丕尔，1921)。所谓“功能价值”

是指语法程序能够满足语言使用者在言语过程中概念表达在逻辑和结构上的需求。以“词序”这种语法程序为例,不同的词序在语言使用者心理上产生的联结是不同的。在这两个句子“the boy chased the dog”和“the dog chased the boy”中,“boy”和“dog”的顺序进行了调换,使其表达的概念顺序发生了变化。两个句子在整体思想的呈现上出现了逻辑上的差异,从而满足了语言使用者在表达上的心理需求。

其次,萨丕尔用大量多种语言中的实例证明了语言的形式和功能是相对独立的。对于概念的表达,不同的语言通常采用不同的形式。即使在同一种语言内部,对概念的表达形式也不是单一的,例如英语中“复数”的表达形式。复数的概念可以用“-s”来表达,如“dogs”;也可以用元音的变化,如“teeth”。以变换元音的方式来表示“复数”的概念在英语中是不太普遍的语法程序,但是“英语有(或早已有)一种内在的趋势把元音变换成有意义的语法手段”(萨丕尔,1921)。因此,对于“tooth”到“teeth”的特殊变换,英语的使用者在心理上能够接受,并且由于这种对于形式本身的情感,使形式能够在语法格局的抑制之下得以扩展。

3.3 语义层面的心理特征

在1936~1937年的研究中,萨丕尔提出了“符号化”(symbolism)的理论。他认为:

(1)如果一种指定行为可以被更为直接的表达方式替代,那么“符号”就产生了(Sapir, 1933: 220)。

在此,萨丕尔指出了符号与其指代行为之间的关系,即可以互相替代。单个符号与符号体系不同。符号系统不是成员单纯的集合,而是完型结构,内部各成员之间相互分离,而所有成员又组成一个有机整体。语言是典型的符号系统,语言用与客观经验分离的语言符号来表达客观经验。语言中最小的意义单位是词素,英语中的词由词素组成,如“unrespectable”是由“un-”“respect”“-able”三个词素组成的。各词素与其所表达的意义完全分离,但是这些与意义完全分离的符号又组成了众多用以指代客观经验的词。这些符号各自独立,但又以自己的逻辑组成完整的、有机的语言符号体系。

然而,语义的获取具有心理特征。萨丕尔认为:

(2)你一旦对某个行为或事件进行了合理化解释,那么你就承认了符号的存在(Sapir, 1933: 220)。

(3)当经验成分——外部世界的客观事物、观点、时间甚至人格或一种行为模式——引发信念、想法、情感、情绪或行为方式,而这些指称的都是经验的意义而不是其客观特征,这时人的思维就被认为是做出符号化的反映(Edward Sapir, 1933:

219)。

萨丕尔的上述观点是针对所有符号而言的,那么,对语言来说,要想获取语言符号的意义,就必须有对之进行合理化解释的心理过程。

从语音、语法程序和语义获取的心理特征来看,语言“从属于一个巨大的、自我完善的心理过程网络”(Spair, 1924: 149-155)。语言的心理特征具有普遍存在的意义,这也是语言研究中不可忽略的一点。

4. 结语

语言是人类共有的特征,其普遍性存在于语言本身、外部形式和内部结构等各个方面。只有认识到语言没有价值上的优劣,才能够对语言研究的对象采取正确的态度。语言的形式(无论是语音还是语法所具有的心理特征)使语言能够在其整体格局之下有所调整和发展,同时捍卫语言的系统性。因此,萨丕尔针对语言普遍性的观点具有很高的价值,不应被人们忽视。

参考文献

[1] Asher, R. E. (ed.). *The Encyclopedia of Language and Linguistics*. Oxford: Pergamon Press, 1994.

[2] Sapir, E. *The Psychology of Culture—A Course of Lectures*. Reconstructed and edited by Judith T. Irvin. Berlin/New York: Mouton de Gruyter, 1994.

[3] 爱德华·萨丕尔:《萨丕尔论语言、文化与人格》,商务印书馆 2011 年版。

[4] 爱德华·萨丕尔:《语言论》,商务印书馆 2000 年版。

[5] 林明东:《论语言普遍性的多维度存在》,载《重庆交通大学学报(社会科学版)》2007 年第 4 期。

作者简介:

丛晓芳(1981～),女,汉族,山东威海人,哈尔滨工业大学(威海)语言文学学院讲师。研究方向:语言学及应用语言学。

芮晓松(1975～),女,汉族,黑龙江肇东人,哈尔滨工业大学(威海)语言文学学院讲师。研究方向:社会语言学、语言与文化。

商务漫画中多模态隐喻的分类与构建

——以《经济学人》为例

纪　静

[**摘要**]　本研究基于认知语言学的多模态隐喻理论，从映射的角度对50期以商务为主题的《经济学人》封面漫画进行了多模态隐喻分析，力图回答三个问题：①商务漫画中的多模态隐喻有哪些类型？②其中的多模态隐喻是如何构建的？③其中的多模态隐喻呈现出哪些语类特征？通过研究笔者发现，商务漫画中的多模态隐喻类型可以分为静态和动态两大类，前者提供事件场景，后者则完整描述整个事件过程，体现出了商务漫画叙事性和动态性的特点；语料中的静态多模态隐喻共发现有三种类型、四种映射方式，而动态多模态隐喻只涉及"A-ING is B-ING"型合成式隐喻，主要涵盖"实物状态变化是抽象事物发展"等三类隐喻内容；商务漫画中的多模态隐喻存在鲜明的语类特点。

[**关键词**]　商务漫画；多模态隐喻；映射

1. 引言

概念隐喻理论将隐喻的实质定义为"一种思维和行为方式"(Lakoff, 1980: 3)，为隐喻的认知语言学研究开辟了新的方向，而 Forceville(1996)对图像隐喻的研究则突破了概念隐喻只关注隐喻文字表征的限制，为隐喻研究提供了全新的视角。随着《多模态隐喻》(Forceville & Urios-Aparisi, 2009)的出版，多模态隐喻理论正式形成。多模态隐喻研究是"在人文学术界出现的多模态转向语境下产生的一种新的研究范式，该研究范式源自于认知语言学与多模态语篇研究的融合，标志着概念隐喻研究步入一个新的阶段"(赵秀凤, 2011: 1)。然而，目前的多模态隐喻研究多数是基于语类的个案研究，很少有就某一语类的大量语料进行定量考查的研究。本文尝试采用定量和定性相结合的方式,对商务漫画中的多模态隐喻进行考察,以期揭示商务漫画中多模态隐喻的构建特点,对加深认识特定语类中的多模态隐喻构建提供启示。

2. 多模态隐喻及其研究现状

由 Lakoff 创立并发展的概念隐喻理论认为,隐喻"不但渗透在语言里,也渗透在思维和活动中,我们借以思维和行动的普通概念系统在本质上基本上是隐喻的"(Lakoff & Johnson, 1980: 3)。也就是说,隐喻是人类的思维和活动方式,它的体现形式既可以是文字,也可以是其他的普通概念系统(如图像、声音等),这就为多模态隐喻的研究提供了理论依据。

2.1 多模态隐喻

多模态隐喻是相对于单模态隐喻而言的。单模态隐喻是指"源域与目标域只用或主要用一种模态来呈现的隐喻"(Forceville & Urios-Aparisi, 2009: 23);而多模态隐喻是"源域和目标域独占不同符号资源或在不同符号资源中占支配地位的隐喻映射"(Forceville & Urios-Aparisi, 2009: 24)。但在实际语篇中,源域和目标域可能有几种模态同时呈现,故此定义并不能涵盖所有的多模态隐喻。赵秀凤主张对多模态隐喻进行广义界定,即"由两种以上模态符号协同作用传递的隐喻为多模态隐喻"(2013: 3)。本文采用的是赵秀凤的广义定义,即如果隐喻的源域和目标域由同一种模态构成,但又通过另一种模态对该隐喻进行一定的补充或渲染的隐喻等也视为多模态隐喻。本文主要考察由图像和文字协同作用构成的多模态隐喻。

2.2 研究现状

2.2.1 国外研究

认知视角下对多模态隐喻全面系统化的研究始于 Forceville(1996)在其博士论文《广告中的图画隐喻》中对图像隐喻的阐述。Forceville(1996)首次将概念隐喻理论应用到图像理解上,并用互动理论对图像隐喻的组成、分类及解读策略进行了全面系统的阐述,由此将图像隐喻由修辞层面提升到了概念层面,为认知语言学多模态隐喻的研究奠定了基础。2006 年,Forceville 在《认知主义框架中的非语言隐喻和多模态隐喻:研究议题》一文中正式倡导开展"多模态隐喻"研究。2009 年,Forceville 和 Urios-Aparisi《多模态隐喻》的出版标志着多模态隐喻理论的正式诞生。此后,多模态隐喻的研究领域逐渐拓宽,涉及的语类也从平面广告扩展到漫画

(El Refaie, 2003; Yus, 2009)、手势语(Muller & Cienki, 2009)、电视广告及电影(Eggertsson & Forceville, 2009)等。

然而,国外对平面语料中的多模态隐喻的研究主要集中于图像隐喻方面,如Forceville(1996)将图像隐喻分为源域替代目标域(MP1)、源域与目标域融为一体(MP2)以及源域与目标域并置(图像明喻)三种类型,而把图文互动的隐喻单独作为一类称为图-文隐喻,这是目前平面广告隐喻类型研究中最具影响力的成果。Forceville(2008)后又提出图像隐喻四分法,去掉了图文隐喻,把关注的焦点集中在图像隐喻上。因此,对于图像-文字所构成的多模态隐喻研究(尤其是其分类与实现形式)尚不够全面、系统。

2.2.2 国内研究

多模态隐喻研究也引起了国内学者的关注,但国内研究起步较晚。本文作者以"多模态""隐喻""多模态隐喻"等为关键词对中国期刊全文数据库收录的核心论文和 CSSCI 论文进行了检索与筛选。统计结果显示,2010 年以前国内较有学术价值的多模态隐喻研究尚为空白;2010～2015 年撰文之日前共发表 56 篇期刊论文,其中 15 篇(占 26.8%)为理论研究,包括多模态隐喻理论评述、多模态隐喻分类及构建方式等;4 篇(占 7.1%)为多模态隐喻理论在教学上的应用;其余 37 篇(占 66.1%)均为基于语类的案例研究,如表 1 所示。

表 1　国内多模态隐喻研究中基于语类的案例研究统计

	语类	语料形态	语料来源	论文数量	所占比例(%)
1	影视	静态	影视图像	1	35.1
		动态	美剧、电影、宣传片、形象片、动画片、讲坛节目、新闻	12	
2	广告	静态	公益广告、平面广告	7	24.3
		动态	网络视频广告、电视广告	2	
3	漫画	静态	政治漫画、新闻漫画	5	13.5
4	海报	静态	足球、电影、新闻	3	8.1
5	手势	动态	手势、手语	2	5.4
6	小说	静态	日本小说、美国小说	2	5.4
7	其他	静态	校徽、指示符号、画册	3	8.1
	总计			37	100

从上表可以看出,在语类上,国内多模态隐喻研究最关注的语类为与大众生活

关系较为密切的影视剧(王林海、刘秀云,2013)、广告(张辉、展伟伟,2011)和漫画(潘艳艳,2011);而且,越来越多的研究开始关注较为冷门的语类,如手势(江桂英、王容花,2013)、小说(苏萍,2012)等。从语料形态上来看还是以静态语料为主,尤其是涉及图像和文字两种模态的语料,如广告、漫画、海报等。从研究方式上来看,以基于语类的描述性个案研究为主,较少基于大量案例或语料库的研究。

从研究内容上看,较为突出的研究成果有对多模态隐喻理论的述评论证,也有对其的拓展和创新。例如,在理论上,赵秀凤(2013)在对多模态隐喻的界定、分类等进行完善的基础上提出了多模态隐喻构建的整合模型,并将其用于一则政治漫画的分析;在静态语料研究方面,俞燕明(2013)对新闻漫画中的多模态隐喻表征方式进行了研究;在动态语料研究方面,蓝纯、蔡颖(2013)分析了海飞丝洗发水广告中多模态隐喻的特征。总体来看,多模态隐喻研究还处于探索阶段,无论是涉及图像、文字两种模态的隐喻还是涉及声音、手势等更多模态的隐喻,都还未形成较有影响力的理论体系,在语类拓展、模态扩展和应用研究上都有广阔的发展空间。

本文选择以商务漫画为语料,希望能通过较多案例的研究,发现在该语类下图像—文字所构成的多模态隐喻的类型、构建方式及特点。

3. 研究问题与语料

3.1 研究问题

本文主要回答三个问题:①商务漫画中的多模态隐喻有哪些类型?②商务漫画中的多模态隐喻是如何构建的?③商务漫画中的多模态隐喻有哪些语类特征?

3.2 语料选取

本文所选语料为2011～2015年上半年间出版的《经济学人》杂志上以商务为主题的封面漫画,共50期。《经济学人》被公认为全球最权威的国际性新闻和商业周刊之一,其文章专业、机智、幽默,其封面漫画既有创意感又具专业性。

3.3 研究方法

本研究以定量和定性相结合的方式考察了商务漫画中多模态隐喻的构建,客观全面地分析了商务漫画中多模态隐喻的构建。

4. 商务漫画中多模态隐喻的分类与构建

对商务漫画中的多模态隐喻进行分类的前提是对图像-文字关系的认识。国内对图文关系的研究成果以曾立(2004)和冯德正(2011)的最为突出。曾立(2004)区分了广告隐喻的三种类型:①偏正式图文隐喻,即单由图或文构成隐喻,另一种模态仅起补充、解释或渲染作用;②并列式图文隐喻,指图文同时运用意义相同的隐喻;③合成式图文隐喻,即隐喻由图文有机组合为一体。冯德正(2011)则从映射的角度构建了不同隐喻类型表征系统,区分了跨模态映射(即合成式图文隐喻)、同模态映射(即偏正式图文隐喻)以及多模态映射(即并列式图文隐喻),并借助映射示意图更加全面地阐释了这三种映射里的不同情况,如图 1 所示。图中的 A1 和 B1 为文字中的目标域和源域,A2 和 B2 为图像中的目标域和源域,箭头代表映射,实线代表辅助关系。

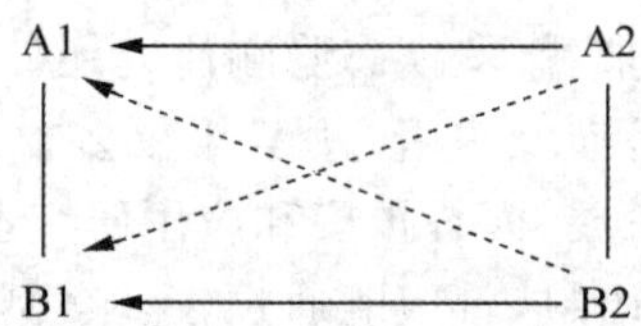

图 1　多模态隐喻映射示意图(冯德正,2011)

本文以上述两种分类方式为依据对商务漫画中的多模态隐喻进行了梳理归类,如表 2 所示。我们可以看出,商务漫画语篇所涉及的多模态隐喻有两大类:一类是静态型,即"A is B",类似于语言中的名词性隐喻;另一类是动态型,可以用"A-ING is B-ING"(Forceville & Urios-Aparisi, 2009: 12)的形式以显示其动作特性。

表 2　　商务漫画中多模态隐喻的分类与构建

类型		映射	源域文字	源域图像	目标域文字	目标域图像	漫画数量	比例(%)①
静态	合成式	A1B2		具体	具体		12	24
				具体	抽象		21	42
				具体	隐含		1	2
静态	偏正式	B1B2A1		具体	抽象	具体	1	2
				具体	具体	具体	1	2
		A1A2B1	具体		具体	具体	2	4

① 同一幅漫画可能因包含多种隐喻映射而被多次统计,因此表 2 所列比例总值超过 100%。

续表

类型		映射	源域文字	源域图像	目标域文字	目标域图像	漫画数量	比例(%)
静态	并列式	A1A2B1B2	具体	具体	具体	具体	1	2
			隐含	具体	具体	具体	1	2
动态	合成式	(A1-ING)-(B2-ING)		具体	抽象		13	26
				具体	隐含		3	6

4.1 商务漫画中的静态多模态隐喻

4.1.1 合成式隐喻

如表 2 所示，所选语料中的静态多模态隐喻主要涉及三种类型、四种映射方式，其中以 A1B2 型合成式隐喻为主，即图像为源域，文字为目标域，隐喻的构建是通过文字赋予图像某一特定身份或属性实现的。以图 2 为例，图像源域以“购物车和手形鼠标指针”的形式映射了文字标题中的“阿里巴巴(Alibaba)”这一电子商务平台，构建了“具体[①]→具体”的 A1B2 型映射。此外，还有“具体→抽象”的合成型隐喻，例如图 3 所示的“金融危机(A1)是龙(B2)”“世界(A1)是战士(B2)”等多模态隐喻映射。

图 2 2015 年 3 月 23 日出版的《经济学人》杂志封面[②]

图 3 2015 年 6 月 31 日出版的《经济学人》杂志封面

此外，该类型下还有一种特殊的映射形式，即从具体图像源域到隐含的文字目标域的映射。例如，图 4 所示的这期杂志封面上的文字标题为“Bamboo Capitalism”(竹节型资本主义)，图像为一片竹林和骑着蝴蝶的人。具备相关商业知识的

① 图 2 中的购物车和鼠标的手形指针均以具象符号的形式出现，但本文仍将其归入具体形式的图像模态符号中。

② 图片下载地址：http://www.ecocn.org/portal.php。本文所引用的杂志封面下载地址均与图 2 所列下载地址相同。

人会理解竹节型资本主义是指经济活力来源于民营企业而非国有企业的经济形式，因此，文字标题中隐含了国有企业和民营企业两个概念，由此该漫画语篇建立起了“（民营企业）[①]是竹子”“（国有企业）是蝴蝶”这样的隐喻映射，喻指竹子生长茂盛却不能动，只能汲取根部有限的资源；蝴蝶可以自由飞翔，广泛利用资源但数量却很少，而且已经有人从蝴蝶上摔下来了。该漫画通过图像生动地描述了外国人眼中的中国经济发展模式。

在合成型隐喻中，另一种映射类型为 B1A2 型，即图像为目标域，文字为源域，本研究由于语料有限故未发现此种类型的隐喻。然而这也说明，在商务漫画中，多以图像为源域以便更生动形象地解释或描述复杂现象。

4.1.2 偏正式隐喻

本文中的偏正式隐喻涵盖了两种映射类型：B1B2A1 型和 A1A2B1 型。B1B2A1 型隐喻指隐喻的源域和目标域皆由图像单独构成，文字目标域则对图像目标域作进一步的阐述。本研究所识别出的 B1B2A1 型多模态隐喻中，图像源域和目标域皆为具体的人或事物，且源域和目标域通过并置或融合的方式呈现，文字目标域则有具体、抽象和隐含三类。例如在图 5 中，图像模态里表现的是四只乌贼在打架，乌贼身上是四个公司的 LOGO（苹果、谷歌、脸书和亚马逊）。由此可以建立“公司 LOGO（转喻各大企业）是乌贼”的映射，乌贼的触角形象则进一步喻指这些公司为互联网企业，即“大互联网企业是乌贼”。而文字小标题中的“Internet's warring giants”则更加明确了乌贼互联网巨头的形象，对图像目标域进行了界定。图像将互联网巨头之间的竞争以生动、形象的方式展现了出来。

图 4　2011 年 3 月 12 日出版的《经济学人》杂志封面

图 5　2012 年 12 月 1 日出版的《经济学人》杂志封面

① 映射描述中的括号表示该概念为隐含概念，在文字或图像中没有明确表示，但通过对文字或图像的理解可以很轻易地推断出来。

A1A2B1 型隐喻是指隐喻的源域和目标域皆由文字构成，图像对文字的目标域起示例作用。以图 6 为例，大标题为“The magician”（魔术师），大标题下的红色小字是“Steve Jobs and the world he created”（乔布斯和他创造的世界），由此建立起了“乔布斯（A1）是魔术师（A2）”的映射。图像是乔布斯本人的照片，对文字目标域起示例作用。作为一名成功的企业家，乔布斯的身份与魔术师这一职业看似冲突，实际上两者在能力上却具有某种相似性，即都具有非凡的创造力，乔布斯的个人能力与魅力由此而得以凸显。

图 6　2011 年 12 月 8 日出版的《经济学人》杂志封面

图 7　2012 年 5 月 19 日出版的《经济学人》杂志封面

4.1.3　并列式隐喻

第三类为并列式，即 A1B1A2B2 型，它包括 A1A2、B1B2 映射，以及图文之间的关系。以图 7 为例，文字内容为“The endangered public company”（岌岌可危的上市公司），根据读者的生活经验，“endanger”一词常用来指动物濒临灭绝，因此，根据文字可以得出一个 A1A2 型文字隐喻“上市公司是（一种濒临灭绝的生物）”，但 A2 是隐含的。再看图像，猛犸象被原始人追赶到悬崖边，大象身上有 Facebook 的公司 LOGO，还有 Inc（股份公司）、SA（股份公司）、plc（上市公司）等图标。如果读者具备一定的商业常识，就能理解猛犸象身上标志的意思，由此得出一个 B1B2 型图像隐喻“上市公司/股份公司是猛犸象”；此外图像源域“猛犸象”对文字源域“濒临灭绝的生物”进行了示例，而文字目标域“上市公司”则对图像目标域进行了明确的界定。由此，A1B1、A2B2 映射及图文辅助关系即被建立起来。

4.2　商务漫画中的动态多模态隐喻

动态多模态隐喻在所选语料中所占比例也较大，这主要是由于漫画语类具有寓言性叙事的特点，而通过动态多模态隐喻的呈现可以更加完整、连贯、系统地描述整个漫画语篇的事件场景。动态多模态隐喻一般建立在静态多模态隐喻的基础上，即通过静态多模态隐喻提供的背景知识构建一个事件场景，来明确 A-ING 到

B-ING 的映射，由此实现对事件更为完整的描述。本研究语料中涉及的动态多模态隐喻主要涉及以下三类内容：①实物状态变化是抽象事物的发展；②实物对比是价值对比；③外力是动因。

4.2.1　实物状态变化是抽象事物的发展

涉及此类动态型隐喻的漫画多通过实物的上升下降、速度变化等来喻指抽象事物的发展情况。以图 8 为例，通过船下沉的动作以及船上的文字“THE WORLD ECONOMY”（世界经济），读者可以得出动态多模态隐喻“世界经济（衰退）是船下沉”，而且这一隐喻是建立在“世界经济是船”这一静态多模态隐喻构所构建的事件背景基础上的，“衰退”一词虽然没有通过文字模态呈现出来，但在已有的文字和语境下，这一含义是不言而喻的。再来看图 9，“油桶阶梯式减少是油价下降”是建立在“石油价格是油桶数量”这一 A1B2 型合成式静态多模态隐喻之上的。

图 8　2012 年 6 月 9 日出版的《经济学人》杂志封面

图 9　2015 年 1 月 17 日出版的《经济学人》杂志封面

4.2.2　实物对比是价值变化

此类型中的动态多模态隐喻主要通过实物大小、高矮、多少、远近等的对比来映射抽象事物的价值变化。仍以图 4 为例，动态隐喻“（民营企业）比（国有企业）（有发展力）是竹子比蝴蝶多”是建立在对“Bamboo capitalism”的理解以及“（民营企业）是竹子”“（国有企业）是蝴蝶”的 A1B2 型合成式静态多模态隐喻基础之上的。

4.2.3　外力是动因

笔者在语料中还发现了有关抽象事物发展原因的漫画。在这类漫画中，事物朝某方向发展的动力或机会在图中通常以外力的形式来表现。如图 10 所涉及的静态隐喻有“上市公司（public company）是华尔街牛”和“机会投资者（activist investors)是豺狼”两个 A1B2 型合成式隐喻，而通过这两个静态隐喻构建的事件场景引发“机会投资者对上市公司有益处如豺狼咬牛”这一动态隐喻。咬是外力，外力能对上市公司有益处，则说明外力是其发展的动因。

图 10　2015 年 2 月 7 日出版的《经济学人》杂志封面

4.3　商务漫画中多模态隐喻的语类特征

4.3.1　静态隐喻与动态隐喻相结合

总的来看，商务漫画普遍具有叙事性和动态性的特点，在隐喻类型上则体现为静态多模态隐喻和动态多模态隐喻相结合——前者提供事件场景，后者则在此基础上提供更细致的动作描述，从而使整个事件以隐喻的形式完整地表达出来，这在笔者所选的漫画中均有体现。

4.3.2　图像源域和图像目标域均呈现具体化倾向

笔者所选的漫画皆出自杂志封面，这些漫画承载着吸引读者阅读的功能。与文字相比，图像更加直观、生动，也更容易理解，能瞬间抓住读者的眼球，因此以具体的事物作为表现形式能更吸引读者、更有助于读者理解要表达的内容。

4.3.3　以源域和目标域独占不同符号资源的多模态隐喻为主

在笔者所选的语料中，偏正式和并列式隐喻都比较少，而源域和目标域独占不同符号资源的 A1B2 及 A2B1 型合成式隐喻最多。这是由于漫画创作的经济原则导致的。漫画的功能之一是让读者在最短的时间内以直观、具体的形式理解一些复杂抽象的概念或事件。源域和目标域独占不同的模态符号可以最大限度地节省读者理解的时间，而且以图像为源域会让读者更加方便地通过简单具体的图像来理解抽象的文字概念，因此，A1B2 型合成式隐喻远多于 A2B1 型合成式隐喻。

4.3.4　与商务英语知识联系密切

从上文的分析我们可以看出，商务漫画中多模态隐喻的构建与解读离不开读者的商务英语知识储备。语料中涉及的商务英语知识主要有：①常识类，如大型企业的名称、LOGO、商界著名人士、所涉及的商业领域等；②专业术语类，如经济术语“竹节式资本主义”、上市公司的缩写形式(SA 和 Inc 等)。丰富的商务英语知识能帮助读者迅速建立起相关隐喻以理解漫画内容。

5. 结论

本文采用定量和定性相结合的方式，从映射的角度考察了商务漫画中多模态隐喻的类型、构建方式及语类特点。结论如下：

(1)多模态隐喻类型可以分为静态多模态隐喻和动态多模态隐喻两大类，前者提供事件场景，后者描述整个事件过程，二者共同体现出了商务漫画叙事性和动态性的特点。

(2)语料中的静态多模态隐喻被发现共有三种类型、四种映射方式，每种映射方式里的源域和目标域又以不同的形态呈现，但总体来看以 A1B2 型合成式隐喻为主，旨在达到吸引读者并节约读者理解时间的目的。

(3)从映射方式上来看，动态多模态隐喻只涉及一种“A-ING is B-ING”型合成式隐喻；从内容上来看，主要涵盖“实物状态变化是抽象事物的发展”等三种类型。

(4)商务漫画中的多模态隐喻呈现出了鲜明的语类特点。

本研究对漫画类语料中多模态隐喻的类型及构建研究具有一定的启示价值，但由于语料数量和种类有限，所得到的分析结果无法涵盖所有的由图像－文本协作构建的多模态隐喻，今后的研究方向为扩大商务英语语篇的种类，包括商业海报、商业广告等，并尝试建立合理完善的多模态隐喻构建模式，以加深对平面类语料中多模态隐喻的认识。

参考文献

[1] Eggertsson, G. T. & C. Forceville. Multimodal expressions of the HUMAN VICTIM IS ANIMAL metaphor in extreme horror films. In C. Forceville & E. Urios-Aparisi (eds.), *Multimodal Metaphor*. Berlin/New York: Mouton de Gruyter, 2009: 429-449.

[2] El Refaie, E. Understanding visual metaphor: The example of newspaper cartoons. *Visual Communication*, 2003, 2 (1): 75-79.

[3] Forceville, C. *Pictorial Metaphor in Advertising*. London/New York: Routledge, 1996.

[4] Forceville, C. Metaphors in pictures and multimodal representations. In R. W. Gibbs, Jr. (ed.), *The Cambridge Handbook of Metaphor and Thought*. Cambridge: Cambridge University Press, 2008: 462-482.

[5] Forceville, C. & E. Urios-Aparisi. *Multimodal Metaphor*. Berlin/New York: Mouton de Gruyter, 2009.

[6] Lakoff, G. & M. Johnson. *Metaphors We Live by*. Chicago: University of Chicago Press, 1980.

[7] Muller, C. & A. Cienki. Words, gestures, and beyond: Forms of mul-

timodal metaphor in the use of spoken language. In C. Forceville & E. Urios-Aparisi(eds.), *Multimodal Metaphor*. Berlin/New York: Mouton de Gruyter, 2009: 297-328.

[8] Yus, F. Visual metaphor versus verbal metaphor: A unified account . In C. Forceville & E. Urios-Aparisi (eds.), *Multimodal Metaphor*. Berlin/New York: Mouton de Gruyter, 2009: 297-328.

[9] 冯德正:《多模态隐喻的构建与分类——系统功能视角》,《外语研究》2011年第1期。

[10] 江桂英、王容花:《英语演讲中言语—手势多模态隐喻的融合研究》,《外语研究》2013年第5期。

[11] 蓝纯、蔡颖:《电视广告中多模态隐喻的认知语言学研究——以海飞丝广告为例》,《外语研究》2013年第5期。

[12] 潘艳艳:《政治漫画中的多模态隐喻及身份构建》,《外语研究》2011年第1期。

[13] 苏萍:《多模态隐喻视角下的〈1Q84〉——村上春树〈1Q84〉中多模态隐喻分析》,《兰州学刊》2012年第12期。

[14] 王林海、刘秀云:《基于概念整合理论的多模态隐喻性语篇的解读》,《外语电化教学》2013年第6期。

[15] 俞燕明:《新闻漫画多模态隐喻表征方式研究——模态配置的类型、特点及理据》,《外语研究》2013年第1期。

[16] 曾立:《广告图文隐喻运作机制初探》,《外语与外语教学》2004年第6期。

[17] 张辉、展伟伟:《广告语篇中多模态转喻与隐喻的动态构建》,《外语研究》2011年第1期。

[18] 赵秀凤:《概念隐喻研究的新发展——多模态隐喻研究——兼评Forceville & Urios-Aparisi〈多模态隐喻〉》,《外语研究》2011年第1期。

[19] 赵秀凤:《多模态隐喻构建的整合模型——以政治漫画为例》,《外语研究》2013年第5期。

作者简介:

纪静(1986～),女,汉族,山东泰安人,山东轻工职业学院服装工程系讲师。研究方向:语篇分析。

多模态语料库建设与外语教学的现状与前瞻

梁燕玲

[摘要] 多模态语料库建设始于20世纪末，它在外语教学中的应用具有极大的研究价值。多模态语料库研究现已成为一个新的研究领域。我国多模态语料库外语教学研究起步比西方晚，理论探讨不够深入，现有的多模态语料库存在数量少、建设难度大、应用范围过于狭窄等问题。因此，笔者认为有必要深入探讨多模态语料库外语教学理论，建设大中型语料库，引介与开发相关软件并拓宽研究对象与范围。

[关键词] 多模态语料库；外语教学；现状；前瞻

1. 引言

20世纪末，国内一些学者(李文中，1999；何安平，2001)开始关注语料库在英语教学中的应用研究，包括词汇教学、语法教学、翻译教学、教学模式改革等。但是，这些都是基于文本语料的传统语料库，而如今外语教学已进入多媒体时代，传统语料库已无法满足外语教学的需要。于是，多模态语料库应运而生。

多模态语料库被誉为“语料库在外语教学中最具发展潜力的领域”(潘璠，2012：178)，在我国方兴未艾，吸引了不少外语界学者的研究兴趣(顾曰国，2013；陈曦等，2015)。笔者在此尝试着梳理了多模态语料库的发展历程，分析了多模态语料库在外语教学中的应用，并根据其现状提出了未来的发展方向。

2. 多模态语料库的发展历程

目前学界对多模态语料库还缺乏一个统一的定义。张霄军(2007：36)对多模态语料库的定义是:"建立在'言语理论'基础之上的,以言语活动为研究对象,以从原始数据中抽取信息和知识为手段,以语境模型为驱动的囊括整个言语活动的语言、声音、图像和动作的多媒体语料库。"顾曰国(2013: 3)认为,多模态语料库是"把文字语料、音频语料和静、动态图像语料进行集成处理,用户可以通过多模态方式进行检索、统计等操作的语料库"。

多模态语料库经由文本语料库、口语语料库发展而来,目前是一种新型的语料库,具有可实现语境化、音频和视频内容存储丰富、语料可信度高、语料来源容易确认等优点,但也有语料内容转写与标注麻烦、处理起来比较困难等缺点(张霄军,2007: 37)。欧洲多个国家开展了较大规模的多模态语料库建设与相关研究(如MATE, NITE, ISLE 和 AMI 等),其中关于概念、标准及工具等方面的问题是学者们关注的重点(Bernsen & Dybkjær, 2007)。国内多模态语料库研究除了应用在外语教学中以外,还集中于语言研究(顾曰国, 2013)、多模态语料库建设(黄立鹤、何继红, 2013)和语篇分析(马利霞, 2012)。

多模态语料库是许多语料库国际会议上的焦点,如 2014 年首届中英语料库语言学论坛暨首届中英语料库语言学研讨会上,顾曰国深入系统地介绍了多模态语料库的语言学和语言哲学理念、设计原则、制作流程、分析维度与方法等。多模态语料库代表着语料库语言学未来发展的一个重要方向。2015 年第 2 届中英语料库语言学论坛的主题之一就是多模态语料库研究;2015 年第 2 届中英语料库语言学讲习班上,顾曰国通过工作坊的形式对多模态语料库语言学的最新理论与数字化技术进行了深入浅出的介绍。

3. 我国多模态语料库外语教学研究现状

多模态语料库在外语教学中的应用起步于 2000 年。意大利系统功能语言学和多模态话语分析专家 Anthony Baldry 和其他学者共同研发了多媒体信息检索工具——"多模态语料库标注系统"(Multimodal Corpus Authoring System,简称MCA),现已应用于多所高校的外语电化教学中。2008 年,欧洲多国合作建成的SACODEYL 多模态教学语料库是世界上首个将数据驱动学习付诸实践的多语种多模态语料库。

在我国,多模态语料库应用于外语教学的文献最早可以追溯到 2010 年(李学宁、马利霞, 2010)。笔者以"多模态语料库"为主题词、关键词和摘要检索词在CNKI 中进行了检索,共检索到与外语教学有关的文献 11 篇,发表时间在 2010~2015 年之间。6 年时间共 11 篇文献,由此我们可以看出,多模态语料库外语教学研究是一个远未充分开垦的领域,具有很大的研究空间。

按照研究内容，本文将多模态语料库外语教学研究分为理论探讨和实证研究两部分，将理论探讨分为文献综述、教学模式和语篇分析模型三类，将实证研究分为检索工具、语料库建设、口语教学及多模态隐喻能力四类。统计结果如下表所示：

多模态语料库外语教学研究内容分类统计结果

类别	理论探讨			实证研究				合计
研究内容	文献综述	教学模式	语篇分析模型	检索工具	语料库建设	口语教学	多模态隐喻能力	
篇数	2	1	1	1	4	1	1	11
比例	18%	9%	9%	9%	37%	9%	9%	100%

从统计数据来看，多模态语料库外语教学研究文献共 11 篇，其中关于理论探讨的文献有 4 篇，其余 7 篇为实证研究。这说明国内多模态语料库外语教学研究刚刚起步，理论研究不足，需要在不断发展的实证研究中补充理论。

3.1 理论探讨

多模态语料库外语教学的理论探讨包括文献综述、教学模式和语篇分析模型探讨三大类，现分别阐述如下：

3.1.1 文献综述

黄立鹤(2015)对现场即席话语多模态语料库的语料采集、转写、切分、标注以及建库等若干共性问题进行了探讨，分析了存在的问题，展望了基于多模态语料库开展的相关研究。刘娟(2015)对多模态话语理论在中国的研究进行了综述，包括模态本身的研究、模态间的研究、多模态语料库软件开发以及多模态在教育中的作用等，并提出了研究中的优势与不足，为未来的研究提供了指导。

3.1.2 教学模式

在 2010 年 12 月召开的“首届全国外语教师教育与发展专题研讨会”上，顾曰国以他的团队建设的多模态语料库为例，作了题为“Classroom teaching and teacher development—A chess master model”的主旨发言。该语料库从文字、图像、音频、视频等多个维度综合而真实地记录了语言课堂中教师、学生的行为及其情境，还原了人际互动的全貌。顾教授用自己教学的片段表明，用语料库的方法对语言课堂的多模态信息进行标注和量化分析可以使教学研究和反思更系统、客观和有效(陈霄、何安平，2011：73)。

3.1.3 语篇分析模型

李学宁和李向明(2014)从理论上深入研究了 John A. Bateman 于 2008 年提出的“文类与多模态模型”(Genre and Multimodality Model，简称 GeM 模型)及其组成部分的工作原理,并提出了"GeM 模型能够在大数据检索、外语教学、设计等其他领域得到进一步应用"的观点。

无论是文献综述、教学模式还是对语篇分析模型的探讨,对于外语教学来说,这些都是非常有益的尝试,具有广泛的应用价值,但目前的理论研究还远远不够。相比于传统的文本语料库而言,多模态语料库的创建难度更大,因此亟须解决相关的理论问题。如何结合中国信息技术与媒体技术发展的特征构建本土多模态语料库外语教学理论,也是一个需要重视的问题。

3.2 实证研究

多模态语料库外语教学的实证研究包括以下四个方面:

3.2.1 检索工具

李学宁和马利霞(2010)介绍了一种能够对多模态语料库中的影视语篇进行检索的多媒体信息检索工具——多模态语料库标注系统(MCA),以及两种基本的标注方法和系列的标注工具,并通过实证研究证明 MCA 有助于改进词汇和句法教学。他们最后指出,MCA 的开发和应用代表了系统功能语言学与多模态话语分析研究的一种新动态,即把语言学理论与计算机技术有机结合起来,不仅有助于开发与功能主义语言学研究相一致的语篇分析工具或检索工具,而且能反思原有的语言学理论框架,形成新的理论和方法。但作者并未证明 MCA 对听力教学和口语教学等的作用。

3.2.2 语料库建设

张振虹等(2014)首先剖析了多模态语料库的理论基础和现实意义,继而综述了国内外的语料库(尤其是多模态语料库)的建设和语言教学应用研究现状,在此基础上选取了总长约为 100 小时的英语视频和音频材料,基于 Elan 技术构建了大学公共英语多模态语料库,最后从词汇教学、听说教学和阅读教学三方面初步探索了多模态语料库的应用模式。

3.2.3 口语教学

刘芹和潘鸣威(2010)基于口头交际和多模态话语分析理论,从语音、词汇、句法、篇章、非言语交际等多个标注维度构建了我国理工科大学生英语口语多模态语料库,最后列举了一项对英语口语交流过程中目光交流的研究。理工科大学生英语口语多模态语料库建成后,可深入进行一系列的研究,如不同院校和不同水平学生在这些方面的相似和不同之处;将该语料库与国内其他口语语料库(如 COLSEC、SECCL 和 SECOPETS)作对比研究,提炼该类学生区别于其他中国英语学习者的英语口语特征,然后将这些特征与本族语口语语料库的相似部分进行对比研究,以发现问题症结所在。上述研究结果最终可以用于该类大学生的英语口语教学，为编写口语教学资料、优化教学和评价方法提供有价值的反馈信息，为我国理工科大学生的英语口语教学和研究提供帮助。但是，该口语多模态语料库是中型的语料库，库量有限，仍需拓展。

3.2.4　多模态隐喻能力

钟元(2014)以奥巴马两次就职演说及四篇国会演讲为语料库来源，以多模态视频分析软件 ELAN4.6.2 为数据收集和分析工具，自建了多模态隐喻语料库，分析了奥巴马政治演讲中手势语的隐喻性，也对中国未来的语言教学提供了相关启示：教师不仅要注重学生言语隐喻能力的提高，而且要将学生的多模态隐喻能力作为评判学生隐喻能力高低的指标之一。

多模态语料库的建设方法与检索工具及转写标注软件的介绍吸引了大量学者的研究兴趣，为基于多模态语料库的外语教学实验提供了硬件支持。但由于存在语料内容转写与标注麻烦等困难，多模态语料库的构建还是让很多人望而却步。多模态语料库在词汇教学、口语教学上的应用初步证明了其可行性，但仍需更深入的实证研究加以完善，需要全面拓展基于多模态语料库的听说读写译教学，这给外语研究者带来了极大的挑战。

4. 我国多模态语料库外语教学研究前瞻

多模态语料库信息储存量大，图文音像等多媒体多模态结合，检索快捷准确方便，学生通过语料库中的多模态视频和文本展示、索引工具提供的语境共现、专门的教学标注、丰富的教学活动以及资源和网络互动的有机结合，可以在新型的语言学习环境中构建自己语言知识的工具和资源，自行探索语言，完成学习任务。国内的多模态语料库建设还处于起步阶段，现有的多模态语料库有顾曰国建立的现场即席话语多模态语料库，以及刘芹和潘鸣威建立的多模态口语语料库等。多模态语料库在外语教学中的应用是我国外语教学的热点之一，但在深度与广度上都有极大的研究空间，未来的发展趋势可以概括为以下三方面：

(1)深入探讨多模态语料库外语教学理论。国外多模态语料库应用于外语教学领域较早，语料库分析技术也相对较成熟。国内学者一方面应掌握多模态语料库语言学的基本原则、理论和方法，以指导具体应用性研究的开展；另一方面应借鉴国外教学理论，同时结合中国媒体技术的现状，构建本土多模态语料库外语教学理论。

(2)建设大中型语料库，引介与开发相关软件。现有的多模态语料库库量小，多为某一领域的小型语料库，在研制更多的小型专用语料库的同时应发展大中型通用语料库。除了引进国外现成的多模态语料库外，还要在吸收国外建设经验的基础上,建设和开发有地方特色的多模态语料库,同时注意加强语料库建设的设计和规划、语料的采集及加工、语料库管理系统建设的规范化,促进语料库资源的共建共享,提高使用效率,避免重复建设带来的资源浪费。

另外,国外多模态语料库转写、标注和检索软件相对比较成熟,需大力引介。但国外常用语料库工具存在不能处理中文的缺憾,因此国内学者应结合中国国情与外语学习者的实际,根据研究需要自主开发相关软件,使多模态语料库外语教学研究更加客观全面。

(3)扩宽研究对象与范围。在处理多模态语料库外语教学的语料过程中,应多关注文本以外的非语言因素,从词汇、句法、篇章、非言语交际、伴语言特征(如音响度、声调、语调、语速等)、身体特征(手势、表情、动作)及非身体特征(周围环境)等多个标注维度综合分析。多模态语料库可以应用在外语听、说、读、写、译的教学中,并且在某一个领域的研究应深入下去,如在英语口语方面还可继续深入研究学生在言语(语音、词汇、句子和语篇)和非言语(体势语)各个维度的特征。目前多模态语料库应用于外语教学的对象均是高校大学生,将来可用于小学、初高中的学生,内容可拓展到多模态教材设计、教师培训、网络课件开发、大纲设置、教学模式与教学评价方法、教材评估、练习设计改革等领域。

5. 结语

多模态语料库在多元语境中反映语言在语音、语义和语用等方面的全貌,学生能更直接地体验语言使用的多模态语境,有利于建设"以学生为主,以教师为辅"的新型教学模式,对外语教学改革具有重大的意义。多模态语料库在我国应用于外语教学仍是有待深入研究的领域。今后应深入探讨多模态语料库外语教学理论,建设大中型语料库,引介与开发相关软件,拓展研究对象与范围,让多模态语料库更好地服务于外语教学。

参考文献

[1] Bernsen, N. O. & L. Dybkjær. Annotation schemes for verbal and non-verbal communication: Some general issues. In A. Esposito et al. (eds.), *Verbal and Nonverbal Communication Behaviours*. Berlin, Heidelberg: Springer-Verlag, 2007: 11-22.

[2] 陈曦、孙静波、闻燕:《基于多模态语料库的大学英语互动式教学的研究》,《海外英语》2015 年第 7 期。

[3] 陈霄、何安平:《教育信息技术、语料库与外语教师专业发展:首届全国外语教师教育与发展专题学术研讨会综述》,《嘉应学院学报(哲学社会科学)》2011年第6期。

[4] 顾曰国:《论言思情貌整——原则与鲜活话语研究:多模态语料库语言学方法》,《当代修辞学》2013年第6期。

[5] 何安平:《语料库与外语教学》,《国外外语教学》2001年第3期。

[6] 黄立鹤:《语料库4.0:多模态语料库建设及其应用》,《解放军外国语学院学报》2015年第3期。

[7] 黄立鹤、何继红:《从〈Routledge多模态分析手册〉看多模态语言研究》,《语言教育》2013年第1期。

[8] 李文中:《语料库、学习者语料库与外语教学》,《外语界》1999年第1期。

[9] 李学宁、李向明:《多模态语篇分析新进展:GeM模型及其应用评述》,《现代教育技术》2014年第6期。

[10] 李学宁、马利霞:《MCA检索方法及其在外语电化教学中的应用》,《现代教育技术》2010年第11期。

[11] 刘娟:《多模态话语理论在中国的研究综述》,《辽宁工程技术大学学报(社会科学版)》2015年第2期。

[12] 刘芹、潘鸣威:《理工科大学生英语口语多模态语料库构建研究》,《现代教育技术》2010年第4期。

[13] 马利霞:《多模态话语分析的发展:Baldry的影视语篇多模态语料库研究方法》,江南大学硕士学位论文,2012年。

[14] 潘璠:《基于语料库的语言研究与教学应用》,中国社会科学出版社2012年版。

[15] 张霄军:《多模态语料库:抢救濒危语言的有效途径》,《民族语言文字信息技术研究——第十一届全国民族语言文字信息学术研讨会论文集》,中国中文信息学会,2007年。

[16] 张振虹、何美、韩智:《大学公共英语多模态语料库的构建与应用》,《山东外语教学》2014年第3期。

[17] 钟元:《基于多模态语料库的手势隐喻研究》,江南大学硕士学位论文,2014年。

作者简介:

梁燕玲(1991～　),女,汉族,广西玉林人,山东大学(威海)翻译学院硕士研究生。研究方向:英语语言学与英语教学。

信息量对舌尖现象影响研究综述

林　娟

[摘要]　作为一种普遍的语言现象,"舌尖现象"受到了各领域学者的广泛关注。元认知理论从信息来源方面对舌尖现象进行的研究和阐释具有重要的研究价值。本文总结和回顾了国外有关舌尖现象的研究方法,以及有关信息量对舌尖现象影响的研究进展情况,并指出了当前研究存在的一些问题,目的是给国内这方面的研究提供若干借鉴。

[关键词]　舌尖现象;信息量;元认知;TOTimal

1. 引言

自 Brown 和 McNeill(1966)首次对舌尖现象进行系统的实验和研究以来,舌尖现象越来越受到人们的关注。国外对舌尖现象已有数十年的研究,而且已经从多方面、多角度对舌尖现象的成因、影响因素等问题进行了探讨。元认知领域的学者注重从信息方面入手来分析舌尖现象:Koriat 和 Lieblich(1974, 1977)以及 Schwartz 和 Smith(1997)等学者的研究表明,信息量的多少会影响舌尖现象是否发生。本文将对信息量与舌尖现象的研究进行回顾和总结,希望能对国内的这方面的研究提供参考和借鉴。

2. 舌尖现象的定义

舌尖现象也称"舌尖状态"(tip-of-the-tongue state/phenomenon,简称 TOT),是人们日常生活中较常见的一种现象。然而,对这种现象进行科学、系统的研究却是最近一个世纪才开始的。研究这种现象的一个中心任务就是给舌尖现象下定义。

美国心理学家 William James 于 1893 年在其著作《心理学原则》(*The Principles of Psychology*)中最先对舌尖现象作了描述:“我们试图去回忆一个忘记的词时,我们的意识处于一种奇特的状态。感觉自身的意识存在空白(gap),这个空白极其活跃。它让我们模糊地感觉到我们所想的词,并给我们指出方向,做出引导。这种呼之欲出的感觉常常让我们兴奋不已,但随后又会因为想不出要说的词而感到沮丧。但是,如果提示给我们一个错误的词,空白就会立即作出反应,将其排除在外,因为它不是我们要找的词。而且,我们会明显到一个词的空白和另一个词的空白的感觉是不同的。”(James, 1893: 163)但是 William James 当时并未使用“TOT”这一术语。

直到 20 世纪 60 年代,哈佛大学学者 Roger Brown 和 David McNeill 才第一次对舌尖现象进行了系统的实验和研究。Brown 和 McNeill 将舌尖现象定义为:人们确定自己“知道”某个词,但却想不起来这个确切的词的一种现象;对于“知道”的界定是最终想起了这个词,或是提取失败后,没有额外训练就认出了要找的词;处于这种状态时,人们会有马上就能说出来了的迫切感,但又会因为想不出来而感到纠结,就像马上要打喷嚏的那种感觉一样。(Brown & McNeill, 1966)之后的许多研究也给出了大体相同的定义,但有所补充。

有些研究未对这一现象进行命名,但给出了定义,如 Bredart 和 Valentine (1998: 202-203)将这一现象定义为“知道名字,但暂时想不起来”。有学者(Lesk & Womble, 2004)强调,舌尖现象不能简单地定义为“人们相信之后会想起目标词”,只有“相信在不受任何帮助或提示的情况下,自己还能想起目标词的状态”才能说是出现了舌尖现象。也有学者(Ravizza, 2003)指出,不仅在自己所熟知的词汇领域产生的提取失败才叫舌尖现象。近年来,也有学者(Schwartz & Metcalfe, 2011)从元认知层面将舌尖现象定义为:人们尝试去提取某个信息,但又暂时想不起来的认知过程(认知层面)中,所伴随的一种有意识的强烈感觉,这种感觉属于元认知层面,是人们认知层面的反应。

这里,必须区分出与舌尖现象非常相似的另一个概念——知晓感(feeling of knowing,简称 FOK)。知晓感是元认知领域的一个概念,其概念是相信尽管某个信息不能同时全部回忆起来,但其中一部分可以恢复的一种心理状态(崔振菊、田凤娟, 2008)。对于知晓感的判断方法通常是询问被试者是否能够辨认出他们想要回忆的信息,而舌尖现象则是强调被试者主观上即将回忆出来的迫切感,即辨认出来和回想出来的区别;另外,舌尖现象强调主观上的迫切感,而知晓感则没有(Schwartz & Smith, 1997)。

3. 舌尖现象的研究方法

舌尖现象的研究方法可大致分为内省法和实验法。(郭桃梅、彭聃龄, 2005)

早期研究采用的都是内省式的研究方法,而内省式研究中回溯评估和日记研究两种方法较为常见。回溯评估法是对被试者进行问卷调查,许多问卷的问题还会涉及其他记忆或认知方面的问题,例如会问及“是否遇到过‘知道却说不出来’的情况”“发生的频率/次数”“如何克服”等一般性问题,之后对问卷进行研究分析,撰写研究报告。例如 Reason(1984)以大学生为对象进行问卷调查的结果表明,每天有 14%、每周有 36%、每月 34%的问卷对象会遇到“想不起名字”的情况。内省法主要采用日记研究的形式。大部分日记研究的时长为四周左右,在此期间,一旦日常生活中产生了舌尖现象,被试者就记录下来。但这种日记研究法也存在诸多问题:①志愿者偏倚,报名参加研究的人可能本身更容易遇到舌尖现象;②条目选择上,舌尖现象明显的时候会被记录下来,但不那么明显时,则容易被忽略;③信息缺失,因为在舌尖现象产生和记录的过程中都会产生遗忘,记录的信息比实际发生的要少(Reason & Lucas, 1984)。内省法对研究舌尖现象的特征非常有效,但不能对其形成的机制作出解释。

实验法是当前的研究中大量采用的一种方法。用实验法研究舌尖现象始于 Brown 和 McNeill(1966)。他们最初采用的是日记研究法,但随后发现,舌尖现象的发生概率相对较低,这种单纯等待记录舌尖现象自然发生的方法显然效率太低,他们将舌尖现象搬进了实验室,人工对被试者进行引导,诱发舌尖现象(Brown, 2011: 36)。主要的研究方法有定义法和命名法。

定义法是研究舌尖现象时较常用的一种方法,即给被试者的提示信息是一个词的定义,要求被试回答出这个具体的单词。Brown 和 McNeill(1966)的实验就是使用这种方法:首先向被试者呈现一个低频词汇的定义,要求被试者提取出相应的目标词;若被试者不能提取出目标词,但又确定自己知道,即将要想出来时,就出现了舌尖现象,此时被试者应马上在反馈表上记录下相应的信息。Brown 和 McNeill(1966)还区分了积极(positive)舌尖现象和消极(negative)舌尖现象:出现舌尖现象后,向被试者公布出目标词,当被试者表示目标词正是自己要寻找的词时为积极舌尖现象;不是被试要找的词或不确定是要找的词时则为消极舌尖现象。这种研究方法的一个潜在问题是,提示定义中出现的词语有时会影响到目标词汇的提取(Brown & Nix, 1996)。这种影响既可能会避免又可能会促进舌尖现象的产生。在 Brown 和 McNeill(1966)的试验中,就刻意去避免在定义中使用和目标词特别相近的词汇。Burke 等学者(1991: 574)也对定义的用词提出了质疑:比如提示定义是“如何称呼一种通常是放在基座上的瓶(vase),这是一种用来装骨灰的容器(vessel)?”目标词为“骨灰瓮”(urn),但定义中的“vase”和“vessel”在语义上有紧密联系,可能会影响到目标词的提取。

命名法是向被试者呈现名人头像、著名建筑或其他人们熟知事物的图片,或是呈现与目标词有关的描述,要求被试者提取出相应的目标词。Smith,Brown 和 Balfour 等(1991)指出,传统的命名研究法隐含着诸多问题:①舌尖现象的诱发率低;②会诱发消极舌尖现象;③且对提示信息的变量因素难以调控。于是他们对这种方法进行了改进,以提升引发舌尖现象的效率和避免出现消极舌尖现象。他们创造出了一组专门为研究舌尖现象而设计的虚拟动物,并取名为 TOTimal;每个 TOTimal 都有其各自的名称,并备有图片以及相关的简要描述,被试者在可控的条件下对这些信息进行学习,这样就增强了提示材料的可控性。

4. 信息量对舌尖现象影响的相关研究

舌尖现象的早期研究者把其视作是词汇提取过程中的一扇“窗”,他们认为,舌尖现象是一种已经激活目标词汇但并未提取成功的状态,舌尖现象所表现的是提取过程的断裂或是放缓。传统的有关舌尖现象的理论研究成果主要有“部分激活理论”和“障碍物假说”。这两种理论都更加注重解释目标词汇提取失败的原因,而元认知理论更侧重于从信息源方面来解释舌尖现象。当人们不能立马回忆出某个词时,元认知处理机制就会被激活,这个机制会通过检测相关信息量、被提取出来的信息量、对提示信息的熟悉度,甚至是该词近期被提取的历史记录来提示人们目标词汇是否能被提取出来。(Warriner & Humphreys, 2008)这种解释更加注重人在遇到舌尖现象时的主观感受。

Brown 和 McNeill(1966)的研究表明,被试者虽然处于舌尖状态,但大多数能正确说出目标词的首字母和音节数。Koriat 和 Lieblich(1974)也进行了类似的实验,他们运用定义法来探寻影响舌尖现象产生的因素,在被试者遇到舌尖现象时,要求他们尽量写出目标词的相关信息,得出的实验结果也和 Brown 和 McNeill(1966)类似。Koriat 和 Lieblich(1977)又对他们 1974 年的实验数据进行了重新分析,指出被试者在遇到长定义或信息量大的定义时,更容易出现舌尖现象。他们的两个实验都表明,舌尖现象有可能和信息的部分提取有关,但不能证明是部分信息提取导致了舌尖现象。Koriat 和 Lieblich(1974)的实验结果也可能是因为某些定义更容易激活目标词汇,或是因为被试者对目标词的熟悉程度不同所致。Koriat(1993)指出,知晓感并不与记忆的强弱有着直接的关系,而是与提取出的信息量有关;提取出的相关信息不管正确与否,都会影响的知晓感的产生。Schwartz 和

Smith(1997)根据 Koriat 对知晓感研究的框架也提出了假设，认为舌尖现象受现有的目标词汇相关信息的影响。

Schwartz 和 Smith(1997)的实验没用采取传统的命名法和定义法，而是使用了率先由 Smith，Brown 和 Balfour 等(1991)设计出的 TOTimal 来对信息量进行控制。这样做的原因就在于，在舌尖现象的实验中，最为必要的一个基础条件就是被试者掌握一定的语义知识，这样才能用定义法和命名法诱发出舌尖现象。但传统方法不能准确控制被试者在参与实验前所储备的语义知识的多少，这在很大程度上就限制了信息量对舌尖现象所产生的影响的研究。

Schwartz 和 Smith(1997)的实验中使用了 12 种虚拟动物，每种动物都有各自不同的名称(两个音节的虚构单词)、国家(栖息环境)、体型大小、食性和对应图片五种信息。他们通过控制信息量的方法划分出三个实验条件：低信息量(被试者仅学习动物的名称和国家)、中信息量(被试者除学习动物的名称和国家外还要认识动物图片)和高信息量(被试者不仅要学习动物的名称、国家、图片，还要学习各自的体型和食性)。测试的方法是向被试者提供国家名称，要求被试者说出相应的动物名称。如果被试者不能说出动物的名称，会要求被试者进行是否发生舌尖现象的判断并猜测该动物名称的首字母。同时，还要求被试者尽可能回忆(不是猜测)出相关的信息，之后进行下一题的测试。在所有的测试都进行完毕后，要求被试者将所有题目再做一遍，但这一次是以选择题的形式出现；同样只提供国家名称，要求被试者从四个选项中选出对应的 TOTimal 名称，四个选项中一个是正确答案，另外三个为其他 TOTimal 的名称。但他们的实验结果表明，三种信息量条件下，正确回忆出目标词汇的概率并没有明显的区别；但是中、高等信息量条件下发生舌尖现象的概率会高于低信息量条件。这一实验结果也印证了 Koriat(1993)的观点：影响舌尖现象产生的不是记忆本身的强弱，而是所拥有的信息的多少。

但 Taylor 和 Mackay(2003)认为，Schwartz 和 Smith(1997)的实验结果并不能证明信息量越大越容易产生舌尖现象，增大信息量并不是提升了舌尖现象发生的概率，而是让被试者更加倾向于认为自己遇到了舌尖现象。当拥有更多信息时，被试者的选择更容易从“不知道”转向“遇到舌尖现象”，因为在信息量更多的时候，被试者认为他们应该更有可能知道目标词汇。Taylor 和 Mackay(2003)还进一步指出，在 Schwartz 和 Smith(1997)的实验中，当被试者出现舌尖现象后，对 TOTimal 名称首字母的回忆的正确率并不会随着信息量的增加而产生变化。面对 Taylor 和 Mackay(2003)的质疑，Schwartz 和 Smith 并未进行进一步的实验或提供更细致的数据进行反驳。

国内在信息量与舌尖现象关系方面的实验研究(如王亚红，2013)较少，大多是对国外早期研究的重复实验，且使用的实验方法是较为传统、简单的定义法和命名法，得出的结论与 Koriat(1993)与 Schwartz 和 Smith(1997)的结果大致相似，并没有提出较为新颖的观点和实验方法。必须指出，传统的定义法和命名法在变量控制上有难以避免的缺陷，对于信息量多少的控制不好把握，且忽视了被试者知识储备的个体差异，因此，所得结论的说服力也会有所降低。

5. 结语

自 Brown 和 McNeill(1966)首次对舌尖现象进行实验研究以来，舌尖现象就一直受到国外学者的关注，各种舌尖现象形成机制的假说也不断被提出，如部分激活理论、障碍物假说等。这些理论假说侧重于阐释目标词汇提取失败的原因，而元认知对理论则是强调舌尖现象时一种元认知判断，这种判断依据是各种信息源。

各国学者设计出了各种实验方案，对实验的方法不断进行发展和完善，对舌尖现象的各方面进行了研究。Koriat 和 Lieblich(1974，1977)以及 Schwartz 和 Smith(1997)的研究结果表明舌尖现象的发生与信息量有关，信息量越大产生舌尖现象的概率越大。但之后这方面的研究还相对较少，也没有提出更进一步的观点。国内有关舌尖现象的实验研究比较少，有必要吸取国外研究的经验，结合汉语的特点进行本土化的舌尖现象实证研究，寻找更具体、可靠的实证依据。

参考文献

[1] Bredart, S. & Valentine, T. Descriptiveness and proper name retrieval. *Memory*, 1998, 6: 199-206.

[2] Brown, A. S. *The Tip of the Tongue State*. New York & London: Psychology Press, 2011.

[3] Brown, A. S. & Nix, L. A. Age differences in the tip-of-the-tongue experience. *The American Journal of Psychology*, 1996, 109: 79-91.

[4] Brown, R. & McNeill, D. The "tip of the tongue" phenomenon. *Journal of Verbal Learning and Verbal Behavior*, 1966, 5: 325-337.

[5] Burke, D. M., MacKay, D. G., Worthley, J. S. & Wade, E. On the tip of the tongue: What causes word finding failures in young and older adults? *Journal of Memory and Language*, 1991, 30: 542-579.

[6] James, W. *The Principles of Psychology* (Vol. 1). New York: Holt, 1893.

[7] Koriat, A. How do we know that we know? The accessibility account of

the feeling of knowing. *Psychological Review*, 1993, 100: 609-639.

[8] Koriat, A. & Lieblich, I. What does a person in a "TOT" state know that a person in a "don't know" state doesn't know? *Memory & Cognition*, 1974, 2: 647-655.

[9] Koriat, A. & Lieblich, I. A study of memory pointers. *Acta Psychologica*, 1977, 41: 151-164.

[10] Lesk, V. E. & Womble, S. P. Caffeine, priming, and tip of the tongue: Evidence for plasticity in the phonological system. *Behavioural Neuroscience*, 2004, 118(3): 453-461

[11] Metcalfe, J., Schwartz, B. L. & Joaquim, S. G. The cue familiarity heuristic in metacognition. *Journal of Experimental Psychology: Learning, Memory, and Cognition*, 1993, 19: 851-861.

[12] Ravizza, S. Movement and lexical access: Do noniconic gestures aid in retrival? *Psychonomic Bulletin and Review*, 2003, 10: 610-615.

[13] Reason, J. Lapses of attention in everyday life. In R. Parasuraman & D. R. Davies (eds.), *Varieties of Attention*. Orlando, FL: Academic Press, 1984, 515-549.

[14] Reason, J. & Lacas, D. Using cognitive diaries to investigate naturally occurring memory blocks. In J. E. Harris & P. E. Morris (eds.), *Everyday Memory Actions and Absent Mindedness*. London: Academic Press, 1984, 53-70.

[15] Schwartz, B. L. Sparkling at the end of the tongue: The etiology of tip-of-the-tongue phenomenology. *Psychonomic Bulletin & Review*, 1999, 6: 379-393.

[16] Schwartz, B. L. & Metcalfe, J. Tip-of-the-tongue (TOT) states: Retrieval, behavior, and experience. *Memory & Cognition*, 2011, 39: 737-749.

[17] Schwartz, B. L. & Smith, S. M. The retrieval of related information influences tip-of-the-tongue states. *Journal of Memory and Language*, 1997, 36: 68-86.

[18] Smith, S. M., Brown, J. M. & Balfour, S. P. TOTimals: A controlled experimental method for studying tip-of-the-tongue states. *Bulletin of Psychonomic Society*, 1991, 29: 445-447.

[19] Taylor, J. K. & Mackay, D. G. Tip-of-the-tongue phenomena: Gold mine or can of worms? Review of B. L. Schwartz "Tip-of-the-tongue states: Phenomenology, mechanism, and lexical retrieval". *American Journal of Psychol-*

ogy，2003，116：291-297.

[20] Warriner，A. B. & Humphreys，K. R. Learning to fail：Reoccurring tip-of-the-tongue states. *The Quarterly Journal of Experimental Psychology*，2008，61：535-542.

[21] 崔振菊、田凤娟:《舌尖现象和知晓感的关系研究》,《商丘职业技术学院学报》2008 年第 34 期。

[22] 郭桃梅、彭聃龄:《舌尖现象的研究进展》,《心理科学》2005 年第 2 期。

[23] 王亚红:《舌尖现象研究的选题条件和情绪对舌尖现象的影响》,河南大学硕士学位论文,2013 年。

作者简介：

林娟(1991～),女,汉族,江西九江人,山东大学(威海)翻译学院硕士研究生。研究方向:翻译学。

重释萨丕尔关于“语言”与“文化”关系的论述

芮晓松　丛晓芳

[摘要]　本文梳理了萨丕尔对“语言”与“文化”关系的论述，传统语言学史认为萨丕尔在不同时期思想发生过变化，事实上他只是运用不同视角从不同层面对“语言”和“文化”的关系进行了论述。从历史的、群体的、语言和文化的发展“沿流”上来看，“语言”与“文化”没有联系；而从共时的、个人的、语言和思维的关系上来看，“语言”通过“思维”影响“文化”，同时“文化”也对“语言”产生影响。萨丕尔的思想前后是一致的。

[关键词]　萨丕尔；语言；文化；语言相对论

1. 引言

“语言相对论”在语言学界一直在引起广泛的关注和热烈的争论，它(同时包括人们经常提及的“语言绝对论”，以及二者统称的“萨丕尔-沃尔夫假说”)所涉及的是“语言”与“思维”的关系，但在这一理论的发展过程中及后人的探讨和应用中，“文化”一直出现于其中。因此，“语言”和“文化”的关系也成为了语言学者关注的问题。一般认为，“语言”通过说这种语言的人习惯性的“思维”，对“文化”产生影响。传统语言学史学者多认为萨丕尔的“语言相对论”思想曾经发生过变化，从早期的认为“语言”和“文化”二者无关到后期将二者放在一起讨论(Lucy，1992；Sampson，1980；姚小平，2002)。本文将针对萨丕尔对二者关系的论述，分析和澄清其思想前后的一致性。

2. 传统语言学史的评述

传统语言学史一般认为，萨丕尔关于“语言”与“文化”关系的思想曾发生过重大的变化。许多学者通过详细分析相关文献中的论述,对不同阶段的论述进行比较,得出了上述结论。这些分析翔实而具体,但大都过于碎片化,忽略了相关文献之间的联系,以及相关论述与其他关键概念(如“沿流”“思维”)的联系。

2.1 Lucy 所述的两次变化

Lucy(1992)通过对文献的详细分析,阐释了萨丕尔关于“语言”与“文化”关系的思想发生的两次变化。Lucy 认为,萨丕尔和鲍厄斯一样,认为“文化”影响“语言”(而不是相反),这种影响主要表现在词汇上,而不是在“形态”等被认为是“自足的”语言形式上。Lucy 共提到了萨丕尔的六部文献:

(1)《语言与环境》(1912):萨丕尔提出“语言”与“文化”的关系似乎可以通过“思维”这一中介变量来推断,但是证据却否定了这一点。本文指出,相似的音位形式存在于世界上不同的地区和不同类型的社会中,而音位特征完全不同的语言却可能因相似的地理和历史背景而有相似的文化。

(2)《语言论》(1921):萨丕尔明确地将“思维”划分成了“内容”(或“文化的”)方面和“形式”/“过程”(或“语言的”)方面。由于这种划分,“语言”和“文化”在互相没有联系的情况下仍然分别和“思维”有关,但 Lucy 在此处的概括不太全面,其实在《语言论》一书中,萨丕尔对“语言”和“文化”关系的论述更多的是从二者各自的“沿流”来谈的,这一点将在 3.2 部分中详细论述。

(3)《无意识的社会行为模式》(1927):萨丕尔更加强调文化现象的形式模式,认为文化模式和语言模式有总体上的相似性。Lucy 认为此文反映了萨丕尔思想的变化,文化“形式”的概念便成了一个可操作的概念。此后萨丕尔关于精神病学和个性研究的大量作品体现了这种思想的变化,指出了共同的个人象征性理解的重要性(Darnell, 1986)。

(4)《语言学作为科学的地位》(1929):和通常主张“文化”影响“语言”不同,在此文中,萨丕尔提到了“语言”对“文化”的作用。“现实世界”在很大程度上无意识地建立在一个群体的语言习惯之上,不同的群体所生活的世界是不同的世界,而不仅仅是赋予不同标签的同一个世界,我们可以把语言看作文化的象征性指引。

(5)《语言论》(1933):此文似乎在建立一个以共同的象征性理解为基础的“文化”概念。这种共同的理解构建了文化,它不能为那些更为丰富多彩的社会行为模式特征完全地描述。(此文和 1921 年的专著同名,但萨丕尔在很多方面的思想有所发展和深入,与此文话题有关的是对与语言有关的心理因素的讨论。)

(6)《美洲印第安语言学和普通语言学的关系》(1947):此文发表于萨丕尔逝世后。Lucy 认为在此文中萨丕尔的思想再次发生了变化,他再次对语言的形式部分和文化之间的关系产生了怀疑。这和他早期的主张相同。

据此，Lucy 得出结论，萨丕尔早期和晚期的作品否认“语言”和“文化”有联系，而在中期则强调了建立一个以共同的象征性理解为基础的“文化”概念，这样的“文化”是以“语言”为基础的(Lucy，1992：21-24)。

2.2 Sampson 所述的变化

Sampson(1980)也主张萨丕尔的“语言相对论”思想发生过变化。他主要引用了萨丕尔的三部文献。

(1)《语言论》(1921)：萨丕尔认为语言间的不同不过是对一系列共同经验的表达方式的不同，而不是经验本身不同。也就是说，“语言”与“思维”没有关系。

(2)《语言学作为科学的地位》(1929)：Sampson 和 Lucy 引用了同一段文字(后者的略长)。

(3)《原始语言的概念范畴》(1931)：由于语言形式的完整性以及我们在经验领域对语言含义无意识的投射，语言事实上定义了我们的经验。由于语言形式能够主宰我们对世界的认识，诸如数、性、格、时态等范畴在经验中不太容易被发现。

关于《语言论》中“语言”与“思维”关系的论述，Sampson 概括得过于简单。书中主要的观点将在 3.2 中详细论述。

Sampson 认为后两篇文章反映了萨丕尔思想的变化，而且这里是一种(“语言相对论”)强势的叙述，沃尔夫后来对美洲印第安语的详细分析为此提供了有力的证据。

2.3 姚小平所述的变化

姚小平也认为萨丕尔关于“语言”与“文化”关系的观点发生过变化。萨丕尔在《语言论》中对文化进行了“是什么”和“怎样做”的划分。“语言”和“文化”各自有各自的“沿流”，虽然平行前进，并没有必然的联系。姚小平认为，萨丕尔在后期修正了自己的看法。在《原始语言的概念范畴》一文中，他把语言比作数学系统：语言也是一个封闭的概念体系，它的形式和规则制约着人类经验活动的范围和方式，使之具有一定的可预见性(姚小平，2002)。

3. 萨丕尔关于“语言”与“文化”关系的论述

萨丕尔关于“语言”与“文化”关系的论述主要见于《语言与环境》(1912)、《语言论》(1921)、《语言学作为科学的地位》(1929)和《语言论》(1931)之中，其他著作也有相关论述，从下面对其的梳理中可以看出，传统语言学史所谓萨丕尔思想的“变化”，其实是他从不同层面对“语言”与“文化”关系的认识，至多能够反映他在不同阶段研究视角和关注焦点的不同，即从以人类学传统为主朝着将心理学引入的方向发展。他关于这一主题的思想前后是一致的，没有发生显著的变化。

3.1 “语言”是“文化”的一部分

“语言”与“文化”的关系其实是部分和整体的关系，正如 Lucy(1992：286)所说：将“文化”和“语言”对立并不意味着“语言”不是“文化”的一部分，而是应该认为我们研究的是部分对整体的影响，尤其是“语言”对“文化”中非语言的成分的影响。事实上，萨丕尔的著作中在谈到二者的时候，经常会使用“语言和文化的其他部分”(the rest of culture)的说法。因此，可以认为相关的论述中，“文化”只是“除语言以外文化的其他部分”的简略说法：

> 在文化的所有方面，语言大概最先具备了一种非常先进的形式，它的完善是文化作为一个整体得以发展的前提。[①]

另外的一个方面也反映了“语言”是“文化”一部分的观点。Irvine 根据萨丕尔在耶鲁大学的课程讲稿编辑而成了《文化的心理学》一书。编者在该书前言中指出，萨丕尔在语言学领域的专长为他在人类学其他领域的研究提供了特殊的视角。他经常把语言作为文化现象的一个基本例证，这充分表现了语言在其文化人类学研究中占据的重要地位。在该书中，语言反复出现，语言的例子被用来阐释文化；文化模式的构成可以和语法形式的构成相类比，词汇为理解文化模式的心理现实提供了答案；会话交流是文化动态性的场所。也可以认为，在更细致的层面上，萨丕尔对语言系统性及其形式和意义关系的理解为其文化布局和作用，甚至是文化变化过程的思想作出了贡献(Sapir，1994)。

3.2 沿流：“语言”与“文化”不相关

(1)“语言”与“文化”的发展不同步。在《语言与环境》一文中，萨丕尔详述了“物理环境”和“社会环境”与“语言”的关系，认为“语言”和“文化”发展不同步，进而指出二者不相关：

> 也许文化和语言的关系可以通过二者变化或发展的速度来考察。语言特征不像文化特性那样容易受到说话者意识的影响……至少在一定程度上，文化的变化是由于有意识的或者能够很容易成为有意识的过程的结果，而语言如果能够被解释，则是与那些超越意识控制或思考之上的更为细微的心理活动因素有关。我们似乎有任何理由相信这一点，那么可以得出文化变化和语

① 本文引文除《语言论》采用的是商务印书馆 1985 年版(陆卓元译)外，其余皆为作者自己翻译。

言变化不同步的结论，因此二者没有因果关系。

> ……可以认为在相当长的一段时间内文化和语言在某种程度上是处于一种互动和有确定联系的状态中。然而，这种相关性不会无限地延续下去。随着群体心理和自然环境的逐渐变化，语言和文化的形式和内容都会或多或少发生变化。……文化因素是为满足社会眼前的需要，更多地受意识影响，它不仅比语言进步得快，而且文化的形式也不断地更新，其中每一个组成因素都发挥了各自的作用。而语言因素则由于语法类别不受意识控制而没有那么容易发生变化。……结果之一是在一段时间内语言的形式不再能够象征着文化的形式，另一个结果是可以认为语言的形式更能够反映过去一个阶段的文化而不是当前的文化。

在《语言论》中，萨丕尔从更为宏观的视角，即从“语言”和“文化”各自发展的“沿流”对二者的关系进行了讨论，认为二者不相关：

> 我也不相信文化和语言真有因果关系。文化这名称的定义可以是：一个社会所做的和所想的是什么。语言指的是人具体地怎样思想。很难设想经验的摘录(文化，社会所精选的东西)和社会表达一切经验的具体方式，这二者之间会有什么特殊的因果关系。文化的沿流，也就是说历史，是社会摘录上的一系列复杂变化——有增，有减，也有重点上和关系上的改变。语言的沿流一点也管不着内容的变化，只管形式表达的变化。可以设想，一种语言的每一个声音、每一个词、每一个具体概念都改变了，而它的内在的现实一点也不改变。……如果可以证明，文化在一切种类的具体内容之外，另有一种内在的形式，一套规模，那么，我们就在文化上找到了可以和语言类比的名义，可以和语言发生关系的手段。在没有发现和揭露这种文化上的纯粹形式格局之前，我们最好还是把语言沿流和文化沿流当作两个不能比较的，没有关系的过程。从此可以看出，企图把语言形态的某种类型和文化发展的某一阶段联系起来，总是突然的。……在文明进化的任何水平上都有形形色色的单纯类型和复杂类型的语言。(《语言论》，陆卓元译，1985：195-196)
>
> 事实上，仅仅在很少数情况下可以指出文化特性对语言的基本结构产生了一些影响。在某种程度上来说，这种联系的缺乏是由于语言变化和文化变化不以相同的速度进行而造成的，从整体上来看，后者更快。一种语言不可能被另外的语言所代替，语言结构是无意识的，具有维持不变的倾向，变化了的文化需求无法在很大程度上影响其基本的形式范畴。如果文化和语言的形式完全相应，它们各自变化的过程也会使得这种联系不复存在。这正是我们所发现和能够描述的事实。

(2)"语言""种族"和"文化"。《语言论》(1921)中的一章以此为标题,指出"语言"呈多样性分布,"语言"的界限和"种族"的界限不完全重合,"语言"的类型与"文化"的优劣没有联系。

> 历史学家和人类学家发现,种族、语言和文化分布不平行,它们的分布区域犬牙交错,最叫人迷惑,并且它们的历史会各自走不同的道路。……历史上的偶然事件往往会重划文化区域的疆界,而不一定磨灭存在的语言分歧。……语言和文化的历史不能直接用种族来解释……一群语言完全不必和一个种族集体或一个文化区相应,这很容易举例证明。我们甚至可以指出一种语言怎样和种族、文化的界限互相交错。(《语言论》,陆卓元译,1985:187)
>
> 文化和语言的关系正和种族和语言的关系一样。在原始的水平上,特别容易说明语言和文化没有内在联系,因为这时"民族"观念这一势力还没有兴起来干扰那种我们不妨叫做自然分布的潮流。完全不相干的语言在同一种文化里共存,密切相关的语言——甚至同一种语言——属于不同的文化区域。(《语言论》,陆卓元译,1985:191)
>
> 语言、种族和文化并不一定互相关联。这也不是说它们永远不那样。实际上,种族和文化的分界线确有司案和语言的分界线相应的趋势,虽然后者并不是在每一例证上都和前二者同样重要。……这样的一致当然有极大的意义,不过并不在于种族、语言、文化三因素之间有什么内在的心理关系。(《语言论》,陆卓元译,1985:193)
>
> 地理和历史上的孤立造成人种的差别,自然也有利于深远的语言和文化上的差异。历史上有接触的种族和文化,久而久之会趋向于同化,而同时相邻的语言只偶尔在表面上同化,这件事本身就指出,语言的发展以及种族和文化的特殊发展这二者之间没有深刻的因果关系。(《语言论》,陆卓元译,1985:194)

萨丕尔还从"沿流"谈到所谓"气质"和"语言""文化"没有关系。这和洪堡特"语言结构"决定"民族精神"的观点完全不同:

> 但是,机警的读者必然要反驳了:语言和文化、种族之间一定有点儿关系,至少是和种族的不可捉摸的方面,就是所谓"气质"的方面有关系。某种特殊的集体心理品质形成了某种文化,而这品质又无关某种特殊语言形态的成长,这岂不是不可思议的么。……至今为止,有没有人充分理解语言和文化沿流的历史过程的性质和这沿流所包含的最后心理因素,因此能清楚地回答这个问题,是很可疑的。……很难证明"气质",一个民族的总的情绪倾向,基本上是一种文化的趋势和沿流的决定因素,尽管它会在个人怎样把握这种文化的

各个成分时显露出来。就算气质对文化的形成起了某种作用(虽然很难说是怎么起作用的),也不能就此说它对语言的形成也起了同样的作用。没法证明语言形式和民族气质有任何一点联系。语言变异的倾向,它的沿流,顺着历史先例给它规定的渠道无情地向前流;它不顾及说话人的情感和情绪,就像一条河的河道不顾及当地的大气湿度一样。(《语言论》,陆卓元译,1985:194-195)

3.3 “语言”影响“文化”

纵观萨丕尔的相关著作,可以发现 Lucy 等概括的“萨丕尔认为如果二者有影响,应该是‘文化’对‘语言’的影响而不是相反”这一点是不准确的。事实上,其著作中论述的“语言”对“文化”的影响比相反作用的“文化”对“语言”的影响(“语言”反映“文化”)更为复杂,这是因为这种影响存在一个“中介变量”,即“思维”。

语言和我们的思路不可分解地交织在一起,从某种意义上说,它们是同一回事。基本的思维结构并不显示出有重要的种族差别,所以语言形式的无限变异,也就是思维的实在过程的无限变异,并不指出种族上也有这样重要的差别。只有表面上看来这才是诡辩性的。两种语言从来不相同的是外表形式,因为这形式,就是我们叫做语言形态的,不多不少正是思维表达的集体艺术,一种脱尽了不相干的个人情绪的艺术。(《语言论》,陆卓元译,1985:195)

这一段的主旨并不是为了探讨“语言”和“思维”的关系,而是说明语言与种族差别无关。这在一定程度上反映了萨丕尔早期研究的主要还是宏观的“语言”和“文化”的发展。从在 20 世纪 30 年代左右萨丕尔开始对“个性”感兴趣,试图将心理学引入人类学的研究传统。这类著作主要探讨文化的心理,从作为个性特征的“语言”和“文化”行为之间的关系讨论“语言”和“思维”及“文化”的关系。

我们仅需通过观察而不需通过语言符号就能理解文化的重要轮廓这一想法是一种错觉,正是语言符号使得这些轮廓的重要性被社会了解。……“现实世界”在很大程度上无意识地建立在一个群体的语言习惯之上。没有两种语言相似到可以被认为能够代表相同的社会现实的程度。不同的群体所生活的世界是不同的世界,而不仅仅是赋予不同标签的同一个世界。……我们可以把语言看作文化的象征性引导。

我们可以认为语言学一定会对构式塔心理学有特殊的价值,因为对于文化的所有形式来说,文化似乎是相对与文化模式的其他类型分开最完全的。语言学因此可能会对理解文化的“心理地理学”有些指引。

语言同时帮助和阻止我们对经验的探索,这些帮助和阻止过程的细节都堆积在不同文化较精细的意义中。

下面一段文字是沃尔夫在《习惯性思维和行为与语言的关系》一文的开头对萨丕尔1939年文章的引用,从中可以看出他对微观层面的"语言"对"思维"(进而对"文化")所产生的影响进行了更为详细的分析,已经涉及了认知的层面:

> 如果以为一个人可以不运用语言而使自己基本适应现实,或以为语言仅仅是一种解决特定的交际问题或思考的随行工具,那完全是一种错觉。事实是,"现实世界"在很大程度上是无意识地建立在一个社团语言习惯基础上的……我们看到、听到以及以其他方式获得的体验,大都基于我们社会的语言习惯中预置的某种解释。(高一虹等译,2001:119)

3.4 "语言"反映"文化"

按照萨丕尔的观点,"文化"对"语言"的影响主要体现在"文化"的变化对词汇(语言的"内容"层面)变化的影响上面,而如果涉及除词汇外的语言各层面(更具有"形式"特征的层面),这种影响则不再存在。Lucy(1992)所引用的所谓语音方面的"证据却否定了这一点"其实是相对于词汇变化来说的,萨丕尔(1912)并没有彻底否定"语言"反映"文化"这一点。以下是《语言与环境》一文中的论述:

> 如果我们能够支配一个部落语言的全部辞典,我们就能在很大程度上推断使用这种语言的人的生活环境及文化特征。
>
> 如果我们的目光再锐利些,我们会发现在某些情况下至少构成文化整体的某些因素是蕴涵在语法形式中的。
>
> 词汇在很大程度上反映了文化的复杂性,这一点是不言而喻的,这是由于词汇是语言的主观成分,在任何时候都是象征某一群体文化背景的一系列符号。如果语言的复杂性即这种蕴含于其词汇中的兴趣范围的话,毋庸置疑语言的复杂性和文化的复杂性一直是相关的。然而,通常意义的语言复杂性指的是其形态和句法发展的程度,那么这种相关性就不复存在。事实上,我们甚至可以认为,随着文化复杂性的增加,形态的发展与之呈负相关。

虽然"文化"对"语言"主要是词汇的影响看起来没有"语言"对"文化"的影响那么复杂,表现比较单一,但是萨丕尔对其论述却在很多著作中反复出现。即使是在《语言论》中,他也没有否认词汇对"文化"的影响。

> 语言的内容,不用说,是和文化有密切关系的。……语言的词汇多多少少忠实地反映出它所服务的文化,从这种意义上说,语言史和文化史沿着平行的路线前进,是完全正确的。但是,这种肤浅的外加上去的平行对语言学家没有真正的价值,除了新词的发生和借用偶然会显出语言的形式趋向。(《语言

论》,陆卓元译,1985:195)

如果我们从语言的形式转到其具体内容上来看,(“文化”和“语言”的联系)就是另外一回事儿了。词汇能够非常敏感地反映其所属文化及其变化。旧词的消失,新词的创造和借入都取决于有历史和文化本身。

萨丕尔(1949)还探讨了对“语言”和“文化”进行实证研究的方法,试图从“语言”(仍然主要是词汇)中寻找证据,来考察此种语言的文化或者追溯文化根源(1949:213-224)。

首先,语言不是脱离文化而存在的一个复合体,而是在特定时间特定地点生活的一个群体的文化的一部分。它的主观部分主要是词汇,能够反映文化的许多非语言因素。它与特定的部落或部落中的群体的联系使我们能够对其早期的人口分布和迁移做出有价值的推断。语言反映文化的作用显然对研究文化本身有很大帮助。

此外,在《方言》一文中,萨丕尔提到,一种方言成为所谓的“标准语”以及人们对标准语或方言的不同态度可能会受到文化因素的影响。这种影响与前面所述完全不同,是社会语言学意义上的“文化”对“语言”的影响。

4. 结论

萨丕尔的“语言相对论”思想,特别是他关于“语言”与“文化”的关系的论述,并没有发生过变化。所谓“语言”与“文化”没有联系,是从历史的、群体的宏观层面来看,语言和文化的发展“沿流”不同步,无法断定某个民族由于其语言的类型,在文化上就会比说其他类型语言的民族先进。而“语言”与“文化”的联系,则是从共时的、个人的微观层面来看,“语言”通过“思维”影响“文化”。同时,“文化”也影响“语言”,尤其是“文化”的变化对词汇的变化产生影响。在其著作中,萨丕尔的这些观点和思想前后具有一致性。

参考文献

[1] Darnell, R. Personality and culture: The fate of the Sapirian alternative. In G. Stockings (ed.), *Malinowski, Rivers, Benedict and Others: Essays on Culture and Personality*. Madison, WI: University of Wisconsin Press, 1986: 156-183.

[2] Lucy, J. A. *Language Diversity and Thought: A Reformulation of the*

Linguistic Relativity Hypothesis. Cambridge: Cambridge University Press, 1992.

[3] Sampson, G. *Schools of Linguistics: Competition and Evolution*. London: Hutchinson, 1980.

[4] Sapir, E. The unconscious patterning of behavior in society. In E. S. Dummer (ed.), *The Unconscious: A Symposium*. New York: Knopf, 1927: 114-142.

[5] Sapir, E. Conceptual categories in primitive languages. In D. H. Hymes (ed.), *Language in Culture and Society: A Reader in Linguistics and Anthropology*. New York: Harper and Row, 1931.

[6] Sapir, E. The relation of American Indian linguistics to general linguistics. *Southwestern Journal of Anthropology*, 1947, (3)1: 1-4.

[7] Sapir, E. Language and environment. In D. G. Mandelbaum (ed.), *The Selected Writings of Edward Sapir in Language, Culture, and Personality*. Berkeley: University of California Press, 1949: 89-103. (Reprinted from *American Anthropologist*, 1912, 14: 226-242.)

[8] Sapir, E. Time perspective in aboriginal American culture: A study in method. In D. G. Mandelbaum (ed.), *The Selected Writings of Edward Sapir in Language, Culture, and Personality*. Berkeley: University of California Press, 1949: 389-462. (Originally published as Geological survey memoir 90, Anthropological Series, No. 13. Ottawa: Canada Department of Mines, Government Printing Bureau, 1916.)

[9] Sapir, E. The status of linguistics as a science. In D. G. Mandelbaum (ed.), *The Selected Writings of Edward Sapir in Language, Culture, and Personality*. Berkeley: University of California Press, 1949: 160-166. (Reprinted from *Language*, 1929, 5: 207-214.)

[10] Sapir, E. Language. In D. G. Mandelbaum (ed.), *The Selected Writings of Edward Sapir in Language, Culture, and Personality*. Berkeley: University of California Press, 1949: 7-32. (Reprinted from *Encyclopedia of the Social Sciences*, 1933, 9: 155-169.)

[11] Sapir, E. Internal linguistic evidence suggestive of the northern origin of the Navaho. In D. G. Mandelbaum (ed.), *The Selected Writings of Edward Sapir in Language, Culture, and Personality*. Berkeley: University of California Press, 1949: 213-224. (Reprinted from *Language*, 1936, 38: 224-235.)

[12] Sapir, E. *The Psychology of Culture: A Course of Lectures*. Reconstructed and edited by J. T. Irvine. New York: Mounton de Gruyter, 1994.

[13] 爱德华·萨丕尔:《语言论:言语研究导论》,陆卓元译,商务印书馆 2000 年版。

[14] 本杰明·李·沃尔夫:《论语言、思维和现实——沃尔夫文集》,高一虹等译,湖南教育出版社 2001 年版。

[15] 姚小平:《论人类语言结构的差异及其对人类精神发展的影响》译序,商务印书馆 2002 年版。

作者简介:

芮晓松(1975～),女,汉族,黑龙江肇东人,哈尔滨工业大学(威海)语言文学学院讲师。研究方向:社会语言学、语言与文化。

丛晓芳(1981～),女,汉族,山东威海人,哈尔滨工业大学(威海)语言文学学院讲师。研究方向:语言学及应用语言学。

文化语言学视域中的路遥《人生》方言写作探究

杨东霞

[摘要] 方言作为一种符号工具和意义系统，蕴含着特定的地域文化。来源于晋语的陕北方言在词汇和语法上均有浓厚的地域特征，是陕北地理环境和人文历史的产物与承载者。路遥小说《人生》的叙述语言和人物对话中，均有诸多别具一格且较易读懂的方言词汇和句式，这些方言词汇和句式塑造了个性鲜明又独特的陕北人形象，描绘了丰富多彩的风土人情，体现出了浓郁的陕北地域文化特色。作者在方言词汇使用的数量、难度和雅俗方面做到了节制有度，特别注意与语境之间的关联。路遥《人生》在这方面的努力对于中国当代文学创作中的方言叙事有积极的意义。

[关键词] 文化语言学；路遥；《人生》；方言写作

在当代著名作家路遥的小说《人生》里，有不少别具一格的陕北方言词汇和句式，作者通过这些既特殊别致又让读者通过上下文联系便可读懂的方言，塑造了个性鲜明又独特的陕北人形象，描绘了丰富多彩的陕北风土人情，体现出了浓郁的陕北地域文化特色。

本文将在文本细读的基础上，从文化语言学的视角对其进行分析。“文学是语言的艺术，这是我们对文学最基本的定义，也是公论，所以从语言的角度研究文学应该是文学研究最重要的内容，是本质研究，也是本体研究”(高玉，2013：70)；“文化语言学的研究对象是语言和文化的关系”(邢福义，2000：6)。这是笔者写作本文的立足点和出发点。在现代语言学中，方言分为社会方言和地域方言，本文涉及的方言特指地域方言。

1. 文化语言学视域中的陕北方言及其写作

方言是语言的地域变异，“每一种语言的地域变异都有其自身的特点和内部发展规律，同时也都与一定的文化背景相联系。这里所说的文化背景，包括地理环境、地方习俗、文化传统、人们的观念形态等等”（邢福义，2000：344），从一个地方的语言入手去了解该地的地域文化特色，是一件十分有趣和有意义的事情。“当我们需要更深入地领略一种文化的魅力时，便会发现，语言较之文字更鲜活生动，更富有生命力。”（刘蓉，2011：101）

陕北指的是陕西省北部，属于黄土高原地区，包含延安、榆林两个行政地理区域，共辖25个县区。陕北方言广义上包括陕北晋语和中原官话两种类型，狭义上的陕北方言特指陕北晋语。根据中国社会科学院和澳大利亚人文科学院共同编著的《中国语言地图集》记载，陕北晋语的使用范围涵盖榆林地区和延安地区的19个县区以及定边县原属安边县辖区为主的18个乡镇，使用人口约为437万。所以，狭义的陕北方言即陕北行政地理区域中大多数人讲的口语。

陕北方言来源于晋语，由于陕北地处偏僻闭塞的黄土高原，历史上交通不便，几千年来经济落后，很少受外界影响，反倒为方言古语的保留提供了基本保障，保存着大量先秦、秦汉的古语。此外，陕北历来又是汉民族与少数民族交战、碰撞、交流、融合之地，数次有组织的移民和自发的人口迁徙以及来自全国各地将领的戍边，都给陕北方言里带来了少数民族语言特征乃至个别的南方词汇。

经过在陕北工作生活过的历代学者的研究梳理发现，陕北方言大致有以下特点：在语音上，陕北方言保留古入声，陕北晋语的入声韵呈现由北向南逐渐减少的趋势；古全浊声母清化后平声送气，仄声不送气；有复杂的文白异读系统，表现在声母、韵母等方面（孟万春，2013）。

在词汇上，有许多方言特征词。人们常常会从那些一字不识的陕北老农民口里听到最地道的文言词汇或蒙古语音乃至佛道用语，如“星宿”（星星）、“使得”（可以）、“使不得”（不可以）、“供给”（gōng jǐ，抚养、供养）、“懵懂凡人”（反应迟钝、没见过世面的普通百姓）、“嗣音（伺应、伺候）”“老溘”（去世）、“失觉”（去世）等，有些词语还包含着历史故事，如“岑彭马武”“赫连城家”。“岑彭马武”在陕北口语里“用来指人武勇豪壮，气势逼人。而岑彭、马武，均列名光武帝云台二十八将……二人《后汉书》均有传”（刘蓉，2011：102），二人都曾为绿林，是“民间用拳头说话的化身”，所以也指“尽力施展自身能耐，不合时宜地示强炫耀”（王六，2013：97）。读者普遍熟悉的陕北人对妻子和妇女的称呼“婆姨”，其来源是佛教女居士之称的梵文音译“优婆夷”。而表示去世的“尸解”，则带有浓厚的道教意味。“尸解之说在汉代道教兴起后十分流行。道教认为道士得道后可遗弃肉体而仙去，或不留遗体，只假托一物（如衣、杖、剑）遗世而升天，谓之尸解……尸解之说到魏晋隋唐时仍很流行，以后则不多见。这样一个道家术语，却在历经千百年后，沉淀为陕北方言中的一个普通词汇，表达陕北人对于死者的美好祝愿。”（刘蓉，2011：105）

陕北方言在语法上最重要、最突出的语言特征就是方言中有大量的分音词(卜郎——棒)、圪头词(圪针、圪嘟、圪弯)、儿化音、逆序词(“担承”“菜蔬”“味气”“扎挣”“愿情”“朋亲”“貌相”)、叠音词、形容词嵌字式(白各生生)等,还有以“动词+也不”为标志的反复问句等特殊句式。关于这些特征,语言学者们均有专门论述,不复赘述。在此仅以陕北方言字、词重叠为例,阐述方言所透露出的地域文化特征。在陕北方言里,人们常常会听到这样的说法:“俊各丹丹”“绿各茵茵”“毛眼眼”“白脸脸”“棉手手”“满口口”“羊羔羔”,叠字前后字的意思并没有变化,但感情色彩浓厚了,语气更为亲切、柔和、亲昵。其实,“‘叠词’是一种儿童思维方式在语言中的体现……这种思维方式也是一种原始思维方式,它经常会出现在一些原始民族或封闭的地域性很强的文化中……说明陕北人是拿一种诗性智慧和诗性逻辑来看待世间万物的”(狄马、贺智利、张永平,2009:14)。这些词语不论是名词、形容词、量词,还是动词、拟声词,其共同的特点就是把抽象的概念具象化,把繁复的东西简单化,把静态的动作化,形象生动,给人以可观、可闻、可触摸的感觉。这些充满感情色彩的语言和自然天性保存较多的陕北人十分合拍。

在陕北方言里,人们能看到陕北人的生存空间:圪台、圪梁、土窑、拐沟、背圪崂;能看到他们的容颜相貌:毛眼眼、仁眉鸽眼、细腰腰、白格生生的脸脸;能看到他们的生活习俗:结婚时的“看家、坐福、儿女扁食”,饮食习惯里的“米酒、洋芋擦擦、荞面饸饹、八碗”;他们的传统服饰:羊肚子手巾、光板老皮袄、肚兜;还有他们的亲戚关系:叔老子、伯叔姊妹、亲姑舅、亲两姨、先后。

“近现代文化语言学和民俗学研究表明,陕北文化是中原农耕文化和北方草原游牧文化区系长期对峙中形成的以原生农耕文化为主体,融合游牧文化驳杂多样性因素和文化特征的一种区域性亚文化。陕北方言作为一种积淀最深厚和形式最稳固的文化样式,是陕北文化的一个重要组成部分……陕北方言在陕北的民俗事象的传承中起着关键作用,它展露陕北民俗的基本视野,记录陕北民俗的活动事项,刻画陕北民俗的发展脉络,折射陕北民俗的心理镜像,并寄托陕北民俗的灵魂愿望。”(谷鹏飞,2005:90)正因为如此,在反映陕北生活的民间文艺如陕北民歌信天游、陕北说书、地方小戏中,处处可见陕北方言的身影。那些原汁原味、毫无矫饰、充满生活气息的方言,极大地增强了民间艺术的表现力,散发出了浓厚的地域文化色彩。不仅民间文艺如此,从延安时期开始,陕北方言就进入了来自陕北和全国各地的解放区作家、诗人的视野,欧阳山的《高干大》、柳青的《种谷记》、李季的《王贵与李香香》等著名作品中都有不少陕北方言,新中国成立后又有贺敬之的长诗《回延安》等作品显示着方言写作的魅力。新时期以来,路遥的《人生》和《平凡的世界》等小说作品更是让陕北方言与全国各地甚至国外的广大读者有了近距离的接触,读者通过小说里那些独具特色的陕北方言词汇和句式,认识了众多个性鲜明的陕北的老汉娃娃、婆姨后生，感受到了当地丰富多彩的风土人情和浓厚的陕北文化特色。

2.《人生》中方言词汇与句式的细读

《人生》第一章里，就出现了“开毕”(开完)、“脚地”(屋内地面)、“赤脚片”(光脚丫)、“满窑里”(屋内所有的地方)、“啪啪价响”(啪啪地响)、“倒究”(究竟)、“清鼻子”(鼻涕)、“偷声缓气”(低声窃语)、“急忙”(立即)、“整造”(整人)、“闯乱子”(闯祸)、“扣掐”(压制、穿小鞋，“抠掐”更合本意)、“招架”(抵挡)、“思思谋谋”(再三考虑)、“操磨”(辛苦、折磨)、“硷畔”“自家窑里”“小老子”等近二十个陕北方言词汇或生活成语，这些词汇带着浓厚的陕北地方色彩，熟悉陕北方言的人如果用当地的发音读这些词汇或句子，会感到像是回到了那块土地上，非常亲切。而不熟悉陕北方言的读者也会根据上下文的关联读懂这些方言词汇的基本含义，并会因这些形象生动的方言词汇感受到一种奇特的地方风味扑面而来。

这些词汇都显示着地域文化的特色。比如开篇出现的第一个陕北方言词汇“开毕”中的“毕”字，意为“完了、结束”，这是古汉语和书面语中常见的词，如：“若入前为寿，寿毕，请以舞剑”(《史记·项羽本纪》)，普通话的口语表达一般并不这么说，而在陕北方言中，这却是最口语化的关于“完了”的说法：“饭吃毕了没有?”“哎呀，这下毕了!”第一章数次出现的“窑”指的是黄土高原上的传统民居——窑洞，是最具陕北特色的建筑，陕北人居住在窑洞里，既是自然环境所限，也是古风遗传，受狄人生活习惯的影响。而“脚地”则是指“室内地面”，强调脚下的地面，对于贫困时代的陕北人来说，一孔土窑洞里的地面就是立足之地。“硷畔”一词指的是窑洞外大院子的边缘，因为陕北特殊的地理环境，窑洞都依山坡而建，往往和邻居的院子有高度上的落差。

在第二章里，陕北方言的叠音词特征体现得最明显，“精精明明”“湿润润”“水淋淋”“绿蓁蓁”“打碗碗花”“拉拉话”等陕北人嘴里的常用词随处可见。“重叠是汉语比较普遍的词汇语法现象，但与其他方言区不同，陕北方言的重叠不仅范围广泛，涉及名词、动词、形容词、量词、副词等，而且形式多样，功能丰富，在语法、语义和语用各个层次都有独特效果。”(张军，2006：4)的确，这些富有质感和色泽感的叠词在小说里出现时，会让读者体会到一种更直观的形象，感受到一种感情色彩，且读起来富有音乐美和节奏感。在第二章里，还使用了两个陕北熟语“头梢子”(头一个，最高的)和“盖满川”(盖过、超过一条川里所有的女子)来指代和比喻女主人公刘巧珍的美丽。另外，说到加林父母在土地上辛苦劳作时用了“刨挖”这个方言词，比普通话更显得生动形象，显露出当时陕北农民生活的艰辛和悲苦。“思谋”是

“想”的意思，带有明显的书面语特色，但恰恰是陕北口语。在叙述集市上人多的时候，作者用了方言的说法：“人很稠”，一个“稠”字，很有形象感，强调了集市里人的密度。

在第五章里，除了“齐楚楚的”（很整齐的样子）、“熬煎”（煎熬、难受）、“难肠”（艰难）这样的方言词外，就是那句被不少文章引用过的刘巧珍对所爱之人的首次表白：“加林哥！你如果不嫌我，咱们两个一搭里过！你在家里盛着，我给咱上山劳动！不会叫你受苦的……”，两个“一搭里”（一起）、“盛着”（待着或呆着）的方言词和“我给咱＋动词”的陕北典型句式，就把一个痴情、勇敢、率真、淳朴、勤劳的陕北女子形象写活了。

在第六章里，除了“灶火圪劳”（灶台靠墙角的地方）、“葛针”（植物上的刺）、“硷畔”这样一些和生活环境、场景相关的名词，还有“起火”（生气了）、“撇了”（扔掉）这样活泼的有动感的动词，而“思想上麻乱”意为“脑袋里很乱”，有一团乱麻似得，很形象。“碎脑娃娃”是陕北人对年龄幼小的孩子的称呼，碎脑是小脑袋的意思，依旧是非常形象的说法。

第七章里，有一句标准的陕北话“快用你的毛眼眼望下下”，这里的“毛眼眼”是陕北人对漂亮眼睛的常见称谓，意为睫毛很长的双眼皮大眼睛，这是陕北多数人的长相特征。叠音使得语气变得更加亲切、柔和、亲昵、有爱意。

第八章里的“亮红晌午”指的是烈日当头，正当午，“旋磨”指的是转悠、磨蹭、走来走去的意思，但无悠闲感，有轻微的沉重感。在“你快回去吃饭喀”这句话的句末，作者用了“喀”这个表方言音的字，实际应该是“去”字，意思和用法和普通话一样，但读音为“ke”，这是陕北口语存留的许多古音字之一。

第九章里写高明楼“此刻走在路上，心情儿不太美气”，“美气”这个词就带着浓厚的陕北色彩，陕北人在表述“好、很满足”这个意思时，常常使用“美”这个词，比如“吃美了，喝美了”表达酒足饭饱，“今个黑里可把戏看美了”是感叹今天晚上看戏看得很过瘾。在描述高明楼的心理时，还用了几个陕北人耳熟能详但外地人可能无法想象的词：一是“尿”（理会、当回事的意思）——“这多年，村里大人娃娃谁不尊他怕他？要是分成一家一户，各过各的光景，谁还再尿他高明楼！”二是“黑地里”，一般来说“地里”是表空间的，但在陕北方言词里，和“黑”搭配表示时间概念，是“晚上”的意思，其实也是形象的说法，晚上没有灯的地儿是黑暗的。与它相对的方言词是“白日”，用太阳出来表示时间——白天。用感性、形象的身边有形物来表述无形的概念，这很能说明陕北方言或者人类口语的生成、起始状态。

“高玉德命好！一辈子死没本事，可生养下一个足劲儿子！”这一句也是典型的陕北人说话的口气，“命好”体现出陕北人心中是有“命运”这个概念的。“死……”这个句式在陕北方言里也很常见，表示“程度尽了”的意思，和普通话口语中的“死要面子活受罪”中的“死”基本相同。而“足劲儿”表示“厉害、很行”，“足”在此读古音。“这小子的心残着哩”，“残”在陕北方言里有“残酷、恶”的含义，有时还表示“很行、厉害”的意思。如“哎呀，家伙学习可残啦!”是说“这家伙的学习可好啦”，细细品味，把“残”用于褒义时，大概和陕北古代多年战祸有关，在战争语境中，“残酷”与英勇好战有相近似的地方。“灌清米汤”意为用虚的迷惑人，清米汤，是陕北人对“放很少米的粥”的说法。

第十章里，有“一哇声”的说法，指“一起喊”，象声字“哇”的加入，使这个词更加形象生动。“嫩小子”是说年轻人，“嫩”字强调不成熟、不懂事，有一定贬义。“哈牙！咱们真是些榆木脑瓜”中的“哈牙”是感叹词“哎呀”的方言读音，作者专门用别字来强调了这个读音，凸显说话人当时的口气、状态。

第十一章有几个陕北特色明显的句子：“现时这号事都要有腿哩！加林哥当个民办教师，都让瞎心眼子高明楼挤掉了，更不要说找正式工作了。”“现时”指现在，“这号事”中的“号”是“类、种”之意。“瞎心眼子”是坏心眼的意思，“瞎”与“眼”相对更为形象。这一章里德顺爷爷的一段话常常被学者引用：“啊呀，把它的！这是干甚哩！老呀老了，还老得这么不正相！哭鼻流水的，惹你们娃娃家笑话哩……”这是一句陕北特色明显的表述，“把它的！这是干甚哩”是陕北人在非常感慨时的表达，“把它的”是骂人话的缩用，去掉了不雅词，“干甚哩”是“干啥呀”的意思。“老呀老了”中的“呀”实际上是表“也”的方言读音。“不正相”说的是“不正经的样子”，“哭鼻流水”一词是哭泣的形象说法，陕北方言的常用成语。“娃娃家”是陕北老人对年轻人的称呼，充满爱意。

第十三章中，“哈呀，就听说你而今把官熬大了”，一声“哈呀”表感慨，一个“就”字表“已经、久闻”的意思，一个“熬”字，表达了陕北人对人生艰辛的感悟，和现在人们常说的“混得如何”的“混”字是完全不同的人生状态和感受。这一章里仍旧有“熬煎(愁苦的事情)”，不再是动词，而是名词，有叠词“合合法法”强调合法性，还有陕北熟语：“糊脑松！实实的糊脑松！(头脑不清楚，黏着)”、“犟板筋(固执、倔强、难沟通的人)”，这些熟语都有着陕北方言共同的特点，就是形象、生动。

第十四章里有一个很有意思的句子：“敢在庄严神圣的主席台上平出平进”，“平出平进”四个字写出了高加林的自豪之情，也显示了陕北老百姓的深层矛盾心理：对权威的崇敬和对平等的追求同时存在。

“他看过一些资料，知道在激烈的战场上，许多记者都是和突击队员一起冲锋——就在刚攻克的阵地上发出电讯稿。多美!”一句含有陕北人的最高肯定词“美”字的感叹句，写出了高加林身上所具有的陕北青年的英雄情怀——这块土地上有过多年征战的历史。

第十六章里，有一句“被子太薄了，罢了我给你絮一点新棉花”，“罢了”是过后的意思,“絮”在此是动词,是加一些棉絮的意思。而加林回答的“你如果再这样,我就恼了!”的“恼”字,在陕北方言里表示“不高兴、生气”,其实正是这个字的本义,而普通话口语中一般不这么单用“恼”字。

第十九章里,“人家都叫你是晃脑小子哩”中的“晃脑小子”是陕北人对爱卖弄、不蹋实的年轻人的称呼,这个名词有动词和形容词的意味:摇头晃脑的人,非常形象、生动。

路遥对于陕北方言的运用,可以说到了信手拈来的程度,将陕北方言和地域文化特点充分展现给了读者,生动地表现了陕北人率真的性格和真挚的情感。

2001 年 11 月 2 日联合国教科文组织大会第 31 届会议通过的《世界文化多样性宣言》中说:“文化多样性是交流、革新和创作的源泉,对人类来讲就像生物多样性对维持生物平衡那样必不可少。”从这个意义上来说,方言写作必不可少。方言写作本身也是文学创作中的常见现象,在中国文学发展史上,从古至今,都出现过不少采用方言词汇、句式写作的优秀作品。从“皆书楚语,作楚声,纪楚地,名楚物”(黄伯思,2004:76)的《楚辞》到《水浒传》里的山东方言,再到老舍小说的京腔京韵,活泼生动的方言无不显示着独特的魅力。路遥的《人生》在此方面的努力也不例外。他在方言词汇使用的数量、难度和雅俗方面做到了节制有度,叙述故事时以方言词汇为主,数量适中,难度不大,基本不用特殊的方言句式。人物对话中既有方言词汇,也有特殊句式,使用数量较多,但并无难以理解的词汇或成语。他特别注意方言与语境之间的关联,在描写农村环境和地地道道的农民对话时用得多。所以《人生》的方言主要集中在前十三章,因为在这些章节里主人公的生活环境在农村,而从第十四章开始,主人公就到了县城工作,小说的叙述语言和人物对话明显就不一样了。另外,在许多作者把民间粗俗不堪的脏字脏词当做乡土化、通俗化的标志放进方言写作中时,路遥的《人生》却撇弃了陕北方言中的粗鄙之词,只选择能够写活人物、写活场景但干干净净的方言词语来写作。路遥的努力对于中国当代文学创作中的方言叙事有着积极的意义。

参考文献

[1] 狄马、贺智利、张永平:《陕北民歌的魅力之源》,《榆林学院学报》2009 年第 3 期。

[2] 高玉:《文学研究中的语言问题及其思考》,《华中师范大学学报(人文社会科学版)》2013 年第 2 期。

[3] 谷鹏飞:《陕北方言中的诗性智慧》,《延安大学学报(社会科学版)》2005 年第 3 期。

[4] 黄伯思:《东观馀论·翼骚序》,北京图书馆出版社 2004 年版。

[5] 刘蓉:《陕北方言特点浅析》,《延安大学学报(社会科学版)》2011 年第 2 期。

[6] 孟万春:《陕北方言的形成与特点》,《咸阳师范学院学报》2013 年第 1 期。

[7] 邢福义:《文化语言学》(增订本),湖北教育出版社 2000 年版。

[8] 张军:《语言学方法与陕北民歌研究》,《榆林学院学报》2006 年第 5 期。

[9] 中国社会科学院、澳大利亚人文科学院:《中国语言地图集》,(香港)朗文(远东)出版有限公司 1987 年版。

作者简介:

杨东霞(1962～　),女,汉族,陕西延安人,哈尔滨工业大学(威海)语言文学学院副教授。研究方向:中国现当代文学。

比较文体学视域下的《四世同堂》与 *The Yellow Storm* 研究

张璐璐

[摘要] 本文从比较文体学视角出发,通过英汉平行文本,以定量与定性相结合的方法,分析了《四世同堂》与其英译本 *The Yellow Storm* 中的凸显。研究发现,英汉平行文本中只存在质的凸显,未见量的凸显。其中,质的凸显在平行文本中有三种形式:①源文本凸显,目标文本凸显;②源文本凸显,目标文本未凸显;③源文本不凸显,目标文本凸显。三种质的凸显在平行文本中分布异同的原因是:译者埃达·浦爱德(Ida Pruitt)在翻译《四世同堂》的过程中忠实于原著的翻译策略受到了语用对等、文体功能对等、文体形式对等三个层级的制约。

[关键词] 比较文体学;《四世同堂》;*The Yellow Storm*;凸显

1. 引言

《四世同堂》是一部以抗战为背景,描写日本占领下的故都北平普通百姓苦难生活的鸿篇巨制。作者老舍也曾自诩《四世同堂》为他写作生涯中篇幅最长同时也可能是最好的作品。其英文版 *The Yellow Storm*(中文译为《风吹草动》或《黄色风暴》)于 1951 年由美国哈科特和布雷斯公司(Harcout & Brace Company)出版,引起了巨大的反响。目前,国内外对《四世同堂》及其英译本的研究尚有不足,主要侧重四方面:作者老舍和译者埃达·浦爱德在《四世同堂》英译过程中的合作与贡献(刘洪涛,2008;魏韶华、刘洪涛,2008;山口守,2000;魏韶华,2011)、《四世同堂》英译本的语言特点(魏韶华、刘洪涛,2011)、二元文化对译者风格的影响(山口守,2012;朱春发,2012)以及包括《四世同堂》在内的老舍小说英译情况的整体研究(夏天,2009;张曼、李永宁,2010)。

要更深入地研究《四世同堂》原文与译文的关系，需将二者的语言与文体均纳入考察视野，而这正是比较文体学的重心所在。本文从比较文体学的凸显概念出发，选择英汉平行文本，采用定量与定性相结合的研究方法，诠释了《四世同堂》与 *The Yellow Storm* 中凸显的异同，并揭示其背后的原因。

2. 研究方法和语料选择

2.1 比较文体学与翻译研究

Vinay 和 Darbelnet 合著的《法英比较文体学》(*Stylistique comparée du françaiset de l'anglais : méthode de traduction*)推崇将比较文体学、翻译学和句法学三个领域相结合的跨学科研究，指出采用比较文体学视角进行翻译研究和翻译实践，并提出了这一研究范式的方法论。该书堪称是将比较文体学与翻译研究合璧的开山之作(Vinay & Darbelnet, 1958)。Vinay 和 Darbelnet 于 1995 年在《法英比较文体学》英译本(*Comparative Stylistics of French and English : A Methodology for Translation*)中对原版内容进行了扩充，保留了英法翻译研究应注重对比两种语言文本的研究方法，同时提出了具体的翻译方法，以指导英法互译，主要包括直接翻译法(direct and literal translation)和曲径翻译法(oblique translation)(Vinay & Darbelnet, 1995)。

《法英比较文体学》涉及两种语言的互译与文体对比，其从比较文体学的视角指导翻译实践和翻译研究的方法可以应用到其他语言间的互译及翻译研究。该书出版后，一些应用比较文体学视角进行其他语言间翻译研究的著作开始应运而生(Malblanc, 1963; Vázquez-Ayora, 1977; García Yebra, 1982; Boese-Beier, 2006)。该书历经三十余载再次出版，并促成了其他将比较文体学与翻译学相结合的著作的问世，足以说明比较文体学与翻译学研究相结合的价值。

比较文体学视角的翻译研究重视源语和目标语平行文本的细读与文体对比。文体对比注重源文本和目标文本本身文体特征的相似与差异，客观上降低了研究者的主观性，为翻译研究提供了更多的理据性。

2.2 英汉平行文本选择

《四世同堂》到 *The Yellow Storm* 的翻译过程可谓是翻译史上的一个特例。

浦爱德是一位出生并成长于中国山东的美国人，成年后在美国接受大学教育，此后一直致力于帮助中国抗战和促进中美友好。她可以听懂汉语，并能熟练地说一口带山东口音的中国话，唯独看不懂中文。浦爱德曾出版过两本有关中国的书籍，对英汉两种语言和美中两国的风土人情都颇为了解。几经斟酌，老舍先生认为她是《四世同堂》较为合适的译者。翻译过程由老舍口述《四世同堂》手稿，浦爱德则在打字机上打出英文。

由于哈科特和布雷斯公司对 *The Yellow Storm* 篇幅的要求，原著中的一些情节被删掉，其中一个重要的角色“常二爷”被完全删除，所以最终的英译本与原著有较大出入。正如埃达·浦爱德于 1977 年致友人的一封信中所述：“*The Yellow Storm* 并不是由《四世同堂》逐字翻译的，甚至于不是逐句。有时老舍会省略几句，有时甚至省略很长的段落”（胡絜青、舒乙，1994：816）。因此，英汉平行文本只能从《四世同堂》和 *The Yellow Storm* 中对应的部分节选。

总体上看，老舍《四世同堂》英译本的前十章较原著删减不多。其中，第一章主要介绍祁家老少四辈家庭成员，第二章介绍祁家小院和小羊圈胡同的居住状况，前两章均未涉及常二爷这一人物。两章内共有四句话未译出，均是出于追求翻译效果的目的，并非老舍特意删节所致，所以统计上可以忽略。因此，为确保英汉平行文本的对等，我们选择《四世同堂》与 *The Yellow Storm* 的前两章，分析《四世同堂》到 *The Yellow Storm* 平行文本中的凸显及凸显分布异同的原因。

3. 英汉平行文本中的凸显

凸显（Foregrounding）亦被称为“前景化”，是指在背景衬托下被凸显的信息或成分，它可以体现在语言的各个层面（语音、形态、句法、语义、语篇和语用）（Simpson，2004）。文体学中的凸显是指偏离语言常规，造成文体突出的特征，如使用修辞格、斜体词、字体加粗、偏离常规的标点符号等均属凸显标记。

Leech 和 Short 认为凸显有两类：质的凸显和量的凸显（“Foregrounding maybe Qualitative, ie deviation from the language code itself—a breach of some rule or convention of English—or it may simply be Quantitative, ie deviance from some expected frequency.”）（Leech & Short，2001：48）。

根据 Leech 和 Short 的界定，质的凸显是语言代码的偏离，即违反约定俗成的非常规表达。修辞格、方言、违反常规的标点符号等均可视为质的凸显。它是识别英汉平行文本中质的凸显的标准。如：

（1）源文本：“你婆婆，简直是个<u>病包儿</u>，你跟她商量点事儿，她光会哼哼！这一家，我告诉你，就仗着你跟我！咱们俩要是不操心，<u>一家子连裤子都穿不上</u>！你信不信？”（《四世同堂》）

目标文本：“Your mother-in-law is <u>a bundle of illnesses</u>. If you talk a matter over with her, all she can do is to groan. This family, I tell you, relies on you and me. If we did not worry our heads for the whole family they would not even have trousers to wear. Do you not agree?"(*The Yellow Storm*)

例(1)中源文本和目标文本均出现了质的凸显。源文本中,祁老太爷形容儿媳体弱多病时,使用了暗喻"病包儿",是典型的质的凸显标记。英语中不存在类似表达,为与源文本文体对等,译者偏离英语常规,将其直译为 a bundle of illnesses,造成目标文本凸显。

第二处质的凸显标记是一句俗语"一家子连裤子都穿不上"。译文追求与源文本一致的文体效果,将此俗语直译,导致目标文本凸显。

(2)源文本:"北平的灾难恰似一个人免不了有些头疼脑热,过几天自然会好了的。不信,你看吧,祁老太爷会屈指算计:直皖战争有几个月?直奉战争又有好久?啊!听我的,咱们北平的灾难过不去三个月!"(《四世同堂》)

目标文本:"Peiping and its calamities could be likened to a person with the inevitable headaches and the little fevers which, in the course of events, pass away in a few days. If you do not believe—just let us see. Old Grandfather Chi knew how to tell the future by counting past events on the joints of his fingers. How many months did the fighting between the war lords of Anhwei and Hopeh last? And how many months did that between the Hopeh and Mukden groups last? Ah! Listen to me! Our Peiping troubles cannot last more than three months."(*The Yellow Storm*)

例(2)中源文本未见质的凸显,目标文本却出现凸显。《四世同堂》中的叙述主体是故事外的叙述者。老舍先以描述祁家的老太爷为故事的开端,继而围绕祁老太爷展开故事中的其他人物及情节。本例取自《四世同堂》第一章,故事时而以叙述进行,时而穿插祁老太爷的话语。源文本中"北平的灾难恰似一个人免不了有些头疼脑热,过几天自然会好了的。不信,你看吧"和"直皖战争有几个月?直奉战争又有好久?啊!听我的,咱们北平的灾难过不去三个月!"系祁老太爷所述。汉语注重意合,此处虽直接引语未使用双引号,但是从故事外的叙述者到祁老太爷的过渡已隐含于源文本中。隐性的连贯与逻辑关系并未偏离汉语常规,未造成源文本凸显。

不过,在目标文本中,当叙述主体由故事外的叙述者转变为祁老太爷时,没有使用双引号标记直接引语,偏离了英语注重形合和显性连贯的常规。此处译文追求与源文本的文体对等,导致目标文本质的凸显。

(3)源文本:"小顺儿的妈在屋中答了言:'顺儿!不准和爷爷讪脸!'"(《四世同堂》)

目标文本:"The Mother of Little Precious called from the room, 'Little Precious, you must not be naughty to Grandfather.'"(*The Yellow Storm*)

例(3)中源文本存在质的凸显,目标文本却未见凸显。"讪脸"属于北京方言,指"小孩在长辈面前嬉皮笑脸",是源文本中的典型凸显词。英语中不存在表达该意的方言,目标文本中的译文采用符合英语常规的意译,并未构成凸显。

Leech 和 Short 将凸显的另一种类型界定为量的凸显,即对预想频率的偏离。例如,短句是英语的一类常规表达,但是海明威作品中短句出现频度偏高,体现了作者本人的语言使用偏好。这种用法本身不偏离英语常规,但使用频率超出了读者的预期,可视为量的凸显。

在所选英汉平行文本中,源文本和目标文本均未出现量的凸显。因《四世同堂》之前其他作品的英译本背离了原著的精神与情节,老舍对此颇为不满,故对《四世同堂》的翻译提出了严格的要求。译者为了忠实于原著,导致目标文本 *The Yellow Storm* 未出现某一用法在频度上超出目标读者的预期。因此,英汉平行文本中均未见量的凸显。

综上,英汉平行文本中不存在量的凸显,仅有质的凸显,且共有三种形式:源文本和目标文本均凸显;源文本凸显,目标文本未凸显;源文本未见凸显,目标文本凸显。导致英汉平行文本中三种质的凸显的背后动因需进一步探究。

4. 英汉平行文本中质的凸显分布及原因

英汉平行文本中质的凸显分布

质的凸显		频次	百分比(%)
源文本	目标文本		
凸显	凸显	83	45.36
未凸显	凸显	67	36.61
凸显	未凸显	33	18.03
合计		183	100

笔者进一步统计了质的凸显在英汉平行文本中的分布,结果如上表所示:源文本凸显,目标文本亦凸显的分布最广(频次为 83,频度为 45.36%);源文本未凸显,目标文本凸显的分布次之(频次和频度分别为 67 和 36.61%);源文本凸显,目标文本未凸显的分布最低(频次和频度分别为 33 和 18.03%)。

源文本和目标文本均凸显主要体现在形象的明喻、暗喻、俗语和绰号等语言现象中。

例(1)中第一处凸显标记"病包儿"涵盖三重源文本作者意欲表达之意：一是生动展现瑞宣母亲长期疾病缠身的形象；二是表达祁老太爷对儿媳不能操持家务、自己年已耄耋还要操劳的无奈；三是此暗喻的使用也细致入微地体现了祁老太爷未受过教育的普通平民身份。

英语中不存在"病包儿"这一比喻，通常可将其意译为"Your mother-in-law is perennially sick"；为忠实于源文本的文体特征，译者偏离英语常规，将其直译为"a bundle of illnesses"。虽目标文本中国味十足，但目标读者并不难于理解其所形容的人物形象，瑞宣母亲常年生病、身体孱弱、萎靡不振的样子已跃然纸上。此种通俗的比喻同时也展现出祁老太爷对瑞宣母亲的态度以及他本人的文化程度。译文使目标文本与源文本文体对等的同时，也表述了源文本作者意图表达的含义，达到了与源文本语用层面的对等。

例(1)除了"病包儿"外，还有"连裤子都穿不上"。后者引申义为"死了连裤子都穿不上"，是指早年间国人非常在意死后所穿的"装老衣服"；如果死后连裤子都穿不上，可谓人生的大不幸。英语文化中没有"装老衣服"，不存在"一家子连裤子都穿不上"的俗语。谙熟中美文化的浦爱德将其直译为"they would not even have trousers to wear"，而非意译成"no one else was expected to take charge of the family"，使目标文本与源文本在文体上对等，且未对"穿不上裤子"的渊源进行注译。这一典型的偏离英语常规的表达属于质的凸显。目标读者仍可根据语境理解源文本中祁老太爷认为祁家若是没有他本人和韵梅，全家都会食不果腹、衣不遮体。译文不仅达到了与源文本文体对等的初衷，展现出了源文本的行文风格、遣词造句，还达到了语用上的一致，并丰富了英语的表达，取得了陌生化效果，使读者耳目一新。

除例(1)外，"把头烫得烂鸡窝似的"和"祁大个子"被译为"who had her hair curled into a nauseating hen's nest"和"Chi the Big Fellow"等诸多实例都具有共同特点：源文本中质的凸显都是形象的比喻、俗语和绰号等形式，不存在抽象的表达或是文化空白。因此，凸显的译文不会对目标读者造成过大的认知努力。这样的翻译恰好符合老舍先生的期望，即"谈到风格，最好是译者能够保持原著的风格……我们看出特点所在，就应下工夫，争取保持。文学作品的妙处不仅在乎它说了什么，而且在乎它是怎么说的。假如文学译本仅顾到原著说了什么，而不管怎么说的，读起来就索然无味"(老舍，1979：99)。

平行文本均凸显的实例中还存在一类译文与源文本在文体上相似对等的情况，即只在文体功能上对等，而非字面对等。如第二章中形容冠晓荷太太时，取"大赤包儿"为其绰号。老舍颇费笔墨地介绍了该水果是北平特产的一种瓜，发红成熟之后小孩拿来揉捏，便起了皱纹，露出里面的黑种子，以此来刻画冠太太是发胖的中年妇女，脸和鼻子上布满了皱纹与雀斑，平日喜穿红色衣服。译文如果直译，字面上似乎与原文一致，但目标文化中意象的缺失会造成目标读者过大的认知努力。为确保语用对等，译者将“大赤包儿”改译为“Big Red Pepper”，既保留了源文本暗喻的修辞格，使目标文本与源文本的文体功能一致，达到了文体的相似对等，又降低了目标读者的认知努力。

在源文本不凸显，目标文本凸显的实例中，源文本的表达符合汉语常规，但为了与源文本文体对等，译文采用直译法，导致目标文本偏离英语规范，造成凸显。

此类实例除了例(2)，还包括一些称谓。源文本中的“小三儿”“老三”“冠晓荷”等称谓在汉语中均是常规用法，不构成凸显，但 Young Three，The Third Brother，Kuan the Morning Lotus 等不符合英语常规的称谓习惯形成了目标文本凸显。

在具体语境下，例(2)中译文效仿源文本，未使用双引号标注直接引语，以及其余称谓在目标文本中的直译均不会对目标读者造成过大的认知努力，导致理解障碍。例(2)处于故事开端，且只涉及祁老太爷一个人物，目标文本中双引号的缺失不会造成读者对源文本中叙述者到祁老太爷之间隐含过渡的理解障碍。目标读者在具体语境下也可以直接将 Young Three 和 Kuan the Morning Lotus 等表达理解为称谓。

这类实例的译文使目标文本与源文本达到了文体形式对等；同时展现了源文本中汉语的独特风格，即汉语重形合以及汉语的称谓特点，与源文本文体功能一致；又表达了源文本作者意图表达之意——译文在目标文本中体现出源文本作者意欲将形式上的连贯与逻辑隐含于字里行间而略去双引号，表达源文本中老舍通过“冠晓荷”铺垫人物形象外表如拂晓时分伫立水中的荷花一般精致和他随风摇摆的性格，以及称谓 Young Three 和 The Third Brother 所展现的源文本中爷爷祁老太爷对瑞全的疼爱，嫂子韵梅对小叔的尊重。显然，译文使目标文本与源文本在文体形式、文体功能和语用层面均达到了对等。

英汉平行文本中，源文本与目标文本均凸显的情况占 45.36%；源文本未凸显，目标文本凸显的比例为 36.61%。上述统计数据和分析表明，译者追求目标文本与源文本文体对等，造成了目标文本凸显，且分布显著。这足以说明，浦爱德翻译《四世同堂》的过程中具有明显忠于原著的倾向，这是导致上述两类质的凸显形式在平行文本中分布显著的根本原因。

当然，源文本凸显，目标文本未凸显的实例占统计数据的 18.03%，这说明浦爱德也并非一味地追求目标文本与源文本文体的一致性。

例(3)中“讪脸”是源文本中典型的凸显词，英语中缺乏对应的方言，且“讪脸”表达抽象；因此目标文本中的译文只能意译为英语的常规表达，以达到与源文本的语用对等，译文失去了源文本的文体韵味，在目标文本中不凸显。此外，源文本中祁老太爷用"年轻轻的公母俩"形容瑞丰夫妇，是典型的俗语，属于质的凸显。汉语语言系统分类细致，其中意义相同的词具有不同的指称功能，错配会产生特殊含义。例如"嘴"和"脸"，"口"和"面"分别指称动物和人的某一部分，斥责他人时便故意使用指称动物的词语指称人，如"看看他那副嘴脸"，而非"看看他那副口面"，以达到谩骂的效果。这类错配现象在汉语俗语中很普遍。但是，英语中不存在类似的错配现象，直译可以到达与源文本文体对等，却会造成目标读者过大的认知努力，导致难以理解源文本作者意图表达的意义。因此，译者舍弃文体对等，将其意译为"the young husband and wife"，使目标读者准确理解此处的所指对象是瑞丰夫妇，达到了与源文本语用对等的目的。

如果译者对此类源文本不考虑目标读者的认知努力，盲目追求与源文本文体对等，反而会导致读者理解障碍，背离源文本初衷。因此，源文本出现质的凸显，目标文本不凸显占 18.03%的频度不能说明译者的翻译策略并非忠实于原著；相反却表明译者在以曲径的方式忠实于原著，使目标文本与源文本语用对等。

综上，笔者通过统计数据和细读平行文本发现，导致质的凸显在平行文本中分布异同的原因是：译者在翻译《四世同堂》过程中的核心策略是忠实于原著，但同时预测了目标读者的认知努力程度，按语用对等、文体功能对等和文体形式对等三个层级制约具体的翻译。而且，平行文本分析表明，制约具体翻译的三个对等层级具有优势竞争关系，即语用对等＞文体功能对等＞文体形式对等。语用对等的竞争优势最大，是译者忠实于原著的翻译基础。当目标文本与源文本的文体功能对等或文体形式对等威胁到语用对等时，译者会舍弃文体功能或文体形式对等来保全语用对等。当目标文本与源文本达到文体功能对等时，平行文本在语用层面也一定对等；当英汉平行文本在文体形式上达到对等时，那么其在文体功能和语用两方面也必然对等。

5. 结语

笔者从比较文体学的角度分析了英汉平行文本中的凸显后发现，所选平行文本中不存在量的凸显，只存在质的凸显。量的凸显未出现的可能原因是：一方面，源文本属叙事性小说，作者应尽量避免个人写作偏好，促成源文本未出现偏离读者预期频率的表达；另一方面，浦爱德忠实于原著的翻译策略也使目标文本未现量的凸显。

质的凸显在平行文本中共有三种形式，其分布为：源文本和目标文本均凸显占 45.36%；源文本未凸显，目标文本凸显的频度为 36.61%；源文本凸显，目标文本不凸显的频度为 18.03%。

导致质的凸显在平行文本中分布异同的原因主要有两个：其一，浦爱德的核心翻译策略是忠实于原著；其二，译者通晓英汉两种语言和文化，根据预测的目标读者对译文的认知努力程度，按照语用对等、文体功能对等和文体形式对等三个层级制约具体翻译过程，且三个对等层级呈优势竞争等级排列，即语用对等>文体功能对等>文体形式对等。浦爱德张弛有度的翻译策略在保留原著风格的同时，给目标读者带来了耳目一新的文字体验，促成了《四世同堂》英译本 *The Yellow Storm* 的成功。

参考文献

[1] Boase-Beier, Jean. *Stylistic Approaches to Translation*. Manchester & Kinderhook: St. Jerome, 2006.

[2] García Yebra, Valentín. *Teoría y Práctica de la Traducción*. Madrid: Gredos, 1982.

[3] Leech, Geoffrey N. & Mick Short. *Style in Fiction: A Linguistic Introduction to English Fictional Prose*. Beijing: Foreign Language Teaching and Research Press, 2001.

[4] Malblanc, Alfred. *Stylistique Comparée du Français et de L'allemand: Essai de Représentation Linguistique Comparée et étude de Taduction*. Paris: Didier, 1963.

[5] Simpson, Paul. *Stylistics: A Resource Book for Students*. London: Routledge, 2004.

[6] Vázquez-Ayora, Gerardo. *Introducción a la Traductología: Curso Básico de Traducción*. Washington, D. C.: Georgetown University Press, 1977.

[7] Vinay, Jean-Paul & Jean Darbelnet. *Stylistique Comparée du Français et de L'anglais: Méthode de Traduction*. Paris: Didier, 1958.

[8] Vinay, Jean-Paul & Jean Darbelnet. *Comparative Stylistics of French and English: A Methodology for Translation*. Ameterdam & Philadelphia: John Benjamins Publishing, 1995.

[9] 胡絜青、舒乙:《破镜重圆——〈四世同堂〉结尾的丢失和英文缩写本的复译》,《老舍研究资料(下)》,北京十月文艺出版社 1994 年版。

[10] 老舍:《"谈翻译"我所热爱的新北京》,北京出版社 1979 年版。

[11] 刘红涛:《文本的旅行及其分析——从〈四世同堂〉到 *The Yellow Storm*(〈黄色风暴〉)》,青岛大学硕士学位论文,2008 年。

[12] 山口守:《〈四世同堂〉英译本的完成与浦爱德》,《老舍与二十世纪》,天津人民出版社 2000 年版。

[13] 山口守:《两个国家,两种文化——浦爱德的中国理解》,《社会科学辑刊》2012 年第 3 期。

[14] 魏韶华:《〈四世同堂〉英译与老舍的国家形象传播意识》,《文学评论》2011 年第 4 期。

[15] 魏韶华、刘洪涛:《埃达·浦爱德(Ida Pruitt)与老舍〈四世同堂〉英译本 *The Yellow Storm*》,《东方论坛:青岛大学学报》2008 年第 3 期。

[16] 魏韶华、刘洪涛:《浦爱德的"怪英文"对老舍〈四世同堂〉英译的独特影响》,《中国现代文学研究丛刊》2011 年第 11 期。

[17] 夏天:《阐释运作延展理论框架下的老舍小说英译研究》,复旦大学博士学位论文,2009 年。

[18] 张曼、李永宁:《老舍作品在美国的译介与研究》,《上海师范大学学报(哲学社会科学版)》2010 年第 2 期。

[19] 朱春发:《〈四世同堂〉英译和浦爱德文化身份建构的诉求》,《外国语》2012 年第 2 期。

基金项目:

本研究得到国家社科基金项目"语用学视角下的戏剧文体研究"(12BYY133)和教育部人文社会科学基金项目"我国商务英语专业人才需求与培养现状、问题及对策研究"(12YJC740002)的资助。

作者简介:

张璐璐(1981～),女,汉族,吉林通化人,山东理工大学外国语学院讲师。研究方向:语用学、文体学、英汉对比。

从隐喻的认知功能角度解读隐喻在演讲中的功效

——以希拉里·克林顿的《竞选纽约参议员的演讲》为例

张秀芳　刘永兰

[摘要]　本文尝试从隐喻的认知功能角度分析了希拉里·克林顿(Hillary Clinton)的《竞选纽约参议员的演讲》(New York Senate Race Speech)中采用的隐喻效果。隐喻的巧妙运用能够体现出演讲者对事物的洞察力并有效地达到演讲的目的。论文主要从四个方面进行阐释:隐喻是人类组织概念系统的基础;隐喻作为人类组织经验的工具在演讲中的体现;隐喻作为认识事物的新视角在演讲中剖析问题另辟蹊径;隐喻的类推说理功能在演讲中起到的说服作用。

[关键词]　隐喻;认知功能;演讲

隐喻是人类语言无所不在的原理(the omnipresent principle of language),隐喻不仅是一种语言现象,还是人类思维的一种方式,我们的生活会话中充满了隐喻(束定芳,2000)。隐喻研究被有些学者称为隐喻革命(metaphorical revolution)或隐喻转向(metaphorical turn),整个自然界是人类思维的一个隐喻(The whole of nature is a metaphor of the mind)(李福印,2000:44-49)。隐喻的普遍存在表明它在人类语言中能够发挥重要的作用。

希拉里是美国历史上第一位赢得公职的第一夫人,也是目前成为呼声最高的美国第一位女性总统候选人。对于美国焦点人物之一的希拉里,人们充满了好奇。本文试图从隐喻认知功能的角度来解读她的演讲①,分析隐喻在这位不同凡响的女性的演讲中所发挥的作用。

---

① 演讲稿来自新霖编的《名人演讲——响彻世界的声音(一)》,江西音像出版社2003年版。

1. 隐喻是人类组织概念系统的基础

Lakoff 和 Johnson(1980)在《我们所赖以生存的隐喻》(*Metaphors We Live By*)一书中指出,隐喻存在于我们的语言和思想中,且无所不在。其实,我们人类的概念系统就是建立在隐喻之上的。Lakoff 和 Johnson 认为,隐喻部分地构筑起了我们的日常概念,这个结构反映于我们的本义语言。许多我们称为本义的语言实际上是隐喻的(Lakoff & Johnson, 1980)。"根隐喻"(radical metaphor)作为人类概念系统中深层次的核心概念,对人类日常的思维方式和话语表达有重要的作用。例如,"time is money"(时间就是金钱)这一深层次隐喻就影响和操纵了现代英语中的许多表达词语。Lakoff 和 Johnson 将上述隐喻称为"结构性隐喻"(structural metaphor)。此外,还有一种"方向性隐喻"(orientational metaphor),即用诸如上下、内外、前后、开关、深浅、中心-边缘等表达空间的概念来组织另外一种概念系统(束定芳, 2000)。

1.1 结构性隐喻

Lakoff 和 Johnson(1980)将"time is money"(时间就是金钱)这一类深层次根隐喻称为结构性隐喻。结构性隐喻借助另一种事物的结构与理解来认识某种事物(Lakoff & Johnson, 1980)。此类隐喻具有如下的特点:它所表达的含义受到新创造隐喻的制约,含义变得更加确定;它开始被规定为心理词汇的一个词项,这样随着时间的推移,它被检索时就会同字面意义表达一样;它开始了语义转换的过程,这就会削弱甚至模糊它们的隐喻来源(Croft & Cruse, 2004)。这一类隐喻作为人类概念系统的核心概念,扩展和丰富了人类的语言。我们可以在根隐喻的基础上发展多种新的隐喻,如"We're driving in the fast lane on the freeway of love for LOVE IS A JOURNEY."在希拉里的演讲中,我们可以看到此类隐喻的应用,例如:

(1)Now I've worked on issues like these for a long time, some of them for 30 years, and I am determined to make a difference for all of you.

(长期以来,我一直在为这些问题奔忙,有些问题甚至已经忙了 30 年,我决心让这些问题得到改观。)

上述例(1)中,"for a long time"和"for 30 years"依据的便是"time is money"(时间就是金钱) 这一根隐喻。time 是目标域,money 是始源域。时间像金钱一样,被理解为一种有价值的资产。其中包含了"time is a limited resource"(时间是一种有限资源),"time is valuable"(时间是有价值的)等隐喻概念。希拉里利用这一说法向听众表明她为公众关心的问题付出了巨大的努力,这样会很容易获得听众的心,为听众所认同。

1.2 方向性隐喻

方向性隐喻的出发点建立在人类身体和文化经验的基础上。Lakoff 和 Johnson(1980)在《我们所赖以生存的隐喻》中强调,隐喻的基础是与身体相关的概念:

Metaphors based on simple physical concepts—up-down, in-out, object, substance, etc.—which are as basic as anything in our conceptual system and without which we could not function in the world—could not reason or communicate—are not themselves very rich. (Lakoff & Johnson, 1980)

(隐喻基于与身体有关的简单概念:上-下,里-外,事物,物质,等等。这些概念和我们的概念系统中的其他事物一样重要,没有这些概念,我们在这个世界上就无法作为——不能推理或交流——这些概念本身并不丰富。)

Lakoff 和 Johnson(1980)认为,对于规约性的意象-图式隐喻而言,它们最终来源于身体体验(Lakoff & Johnson, 1980)。如"conscious is up"和"unconscious is down"可以通过"wake up"和"fall asleep"来阐释:人类和其他大多数哺乳动物睡觉时是躺下的,醒来时是站立的。这里 up 和 down 作为方向性隐喻,与身体经验是分不开的。

在希拉里的演讲中,我们也会发现此类隐喻产生的效果。

(2) You come out and said that issues and ideas matter. Jobs matter, downstate and upstate. Health care matters...

(你们站出来说,这些事情和观念非常重要——全州的就业问题是重要的,保健是重要的……)

例(2)中 out 的这一隐喻用法形象地说明希拉里理解公众"站出来"就一系列问题表明自己的立场。

(3) Thank you for opening up your minds and your hearts...

(感谢你们敞开心扉……)

例(3)中 up 的隐喻用法是基于"unknown is up, known is down"这一方向性隐喻。在此希拉里想说明她十分感激公众向她诉说他们心中的疑虑,从而和公众拉近了距离。

王寅(2005)提到,所有词汇的所有意义最终是来自身体经验(Ultimately all the meaning of all the words is derived from bodily experience)。很显然,这些意义中包含隐喻意义。

方向性隐喻与我们的日常百科知识也是分不开的。如 Lakoff 和 Johnson 的著作(1980)中对"more is up"(Lakoff & Johnson, 1980)这一隐喻的理解离不开我们的常识:如果我们堆了一堆沙子,那么当我们再加上一些沙子时,沙堆就会更高;或者,我们把一些书放到原有的书堆上,书堆的高度也会增加。

2. 隐喻作为人类组织经验的工具

隐喻通过某一领域的经验来认知另一领域的经验。这样人们就可以利用相对熟悉或相对容易把握的经验领域来组织相对不熟悉或较难把握的领域的经验。根据 Lakoff 和 Johnson 的分类,人类的概念系统在很大程度上建立在本体隐喻(ontological metaphor)的基础上。本体隐喻中又可分出实体和物质的隐喻(entity and substance metaphor)、容器隐喻(container metaphor)等(束定芳, 2000)。

2.1 实体和物质的隐喻

此类隐喻是通过物体和物质来理解我们的有关经验,把经历看作实体和物质,从而可对它们进行指称、范畴化和量化。如"labour is substance"和"time is substance"便属于此类隐喻。实体和物质隐喻的使用可以使语言更加生动形象。这一点可以在希拉里的演讲中找到答案,如:

(4) You know, you know, we started this great effort on a sunny July morning in Pinders Corner on Pat and Liz Moynihan's beautiful farm and 62 counties, 16 months, 3 debates, 2 opponents, and 6 black pantsuits later, because of you, here we are.

(大家知道,我们是在 7 月的一个阳光灿烂的早上,从帕特和丽兹的美丽农场的频德角开始迈出了这艰难的一步,然后辗转六十二个县,历经十六个月,三场辩论,打败了两个竞争对手,穿破六套黑色便服。终于在你们的支持下,我们站在了这里。)

例(4)中的"start the great effort"便属于实体和物质隐喻,希拉里把所付出的努力当做实体和物质进行了量化:辗转了六十二个县,历经十六个月,三场辩论,打败了两个竞争对手,穿破了六套黑色便服。通过这一隐喻,希拉里所作的努力便"淋漓尽致"地呈现在听众面前,使听众很难不为之所动,从而达到了演讲的目的。

2.2 容器隐喻

人们通常会把土地、国家等事物作为一种容器,从而产生了疆界,可以进行量化。

(5) Thank you for opening up your minds and your hearts, for seeing the

possibility of what we could do together for our children and for our future here in the state and in the nation.

(感谢你们敞开心扉,感谢你们看到了这可能性——我们将一起为后代,为我们纽约以及全国的将来而共同努力。)

例(5)中希拉里把自己和广大听众一起放在“the state”和“the nation”之中,大家共处于同一“容器”中,这样便很巧妙地拉近了与听众的距离,让听众感到很亲切,很温暖,从而使演讲具有很强的亲和力。

3. 隐喻作为认识事物的新视角

一般说来,隐喻在人类认知方面有两大作用:创造新的意义和提供看待事物的新视角。这两方面是密切相关的:隐喻向人们提供了看待事物的新视角,因此便有助于创造出新的意义。隐喻的一种基本形式便是以说话者或作者新发现的或刻意想象出来的相似性作为基础(similarity-creating metaphor)。

下面,笔者将通过分析希拉里演讲中所运用词语的词类转换来揭示隐喻的这一功能。

(6)I promise you tonight that I will reach across party lines to bring progress for all of New York's families.

(今晚我发誓,我将跨越两党的界限,为全纽约的家庭创造繁荣进步。)

(7)That's the basic bargain I'll do my best to honor in the United States Senate.

(这是最起码的,作为一名参议员,我将尽自己最大的努力来实现它。)

例(6)中的“progress”和例(7)中的“bargain”可以作为动词,也可以作为名词。上述两例采用的都是名词的用法。

动词意味着过程,动态性;名词则意味着结果,凸显静止性。“progress”作为动词有“前进,进展”等含义,表示动作、过程,是动态的。作为名词,强调的是一种“已经取得的结果”。“bargain”作动词,指与人“讨价还价,谈判”,强调的是动态的过程。作为名词,它指的是上述过程产生的结果。赵彦春(2005)提出,就具有事物体的名词而言,人类在其认知上常常把可能世界的对象当做静态事物来看待,其“意象”是静态的,但一旦将其视为具有不同程度的“动态意象”,它就具有了不同程度的“关系性”。动作和过程主要是一种具有关系性的“动态意象”,但在人的认知作用下,也可将其视为一种静态的事件,使其具有“静态意象”(赵彦春,2005)。希拉里在其演讲中向听众许诺,她将给全纽约家庭带来“繁荣进步”,她希望映射到听众脑海中的是“已有”的“硕果”的意象。此处 bargain 的用法与 progress 类似。希拉里强调,作为参议员,这是她应做的,是最基本的,没有讨价还价的余地,强有力地表明了自己的决心,从而可以使自己获得更广泛的支持。

4. 隐喻具有类推说理的认知功能

隐喻的基本作用是从始源域将推理类型映射到目标域,大部分推理属于隐喻性。隐喻不仅仅是语言的装饰,更是人们思维、认识世界的方式。此类隐喻常采用对比的方式来说理,使人不知不觉地接受说话者或作者的观点。希拉里在演讲中采取了此类隐喻,取得了很好的演讲效果,例如:

(8) Today we voted as Democrats and Republicans. Tomorrow we begin again as New Yorkers.

(今天,我们是作为民主党人和共和党人来投票选举;明天,我们作为纽约人重新开始。)

例(8)中的这一说法表现出了强烈的团结精神。既然是竞选,就自然是台上唇枪舌剑,台下各有偏好。但结果已出后,希拉里强调有义务将所有的人团结起来,不再分彼此,从而达到争取更多的人支持自己的目的。

5. 结语

通过分析希拉里演讲中隐喻的认知功能,我们看到隐喻的使用大大丰富了希拉里语言的表现力。隐喻使用得巧妙,能够体现出说话者或作者对事物的洞察力、鉴赏水平和审美能力等。

隐喻是一种普遍现象,它与我们的日常生活、语言、思维等密切相关,我们每时每刻都在使用隐喻。现今隐喻已成为认知范式中的研究焦点,因为它在人类认知过程中起着关键的作用。隐喻大大丰富了我们的语言宝库。作为人类的认知方式之一,隐喻的作用不容忽视。

参考文献

[1] Croft, W. & D. A. Cruse. *Cognitive Linguistics*. Cambridge: Cambridge University Press, 2004.

[2] Lakoff, G. & M. Johnson. *Metaphors We Live By*. Chicago: The University of Chicago Press, 1980.

[3] 李福印:《研究隐喻的主要学科》,《四川外语学院学报》2000 年第 4 期。

[4] 束定芳:《隐喻学研究》,上海外语教育出版社 2000 年版。

[5] 王寅:《语言的体验性——从体验哲学和认知语言学看语言体验观》,《外语教学与研究》2005 年第 1 期。

[6] 赵彦春:《语言学的哲学批判》,重庆出版社 2005 年版。

作者简介:

张秀芳(1965～),女,汉族,山东昌邑人,青岛滨海学院文理基础学院教授。研究方向:语言学及应用语言学、语用学、英语教学等。

刘永兰(1980～),女,汉族,山东青岛人,青岛滨海学院文理基础学院讲师。研究方向:认知语言学、语用学、英语教学等。

大学英语通识模块的课程设置和课程建设研究

——以哈尔滨工业大学(威海)通识英语教学团队的构建为例

贾宇萍

[摘要] 大学英语改革进程中,国内一些高校结合自己学校和学生的实际情况开发了惠及师生的大学英语校本课程。根据满足理工科学生的实际需要和夯实理工科学校的文化底蕴这一改革思路,哈尔滨工业大学(威海)将大学英语课程划分为通识英语、学术英语、通用英语和出国英语四个教学模块。本文旨在以哈尔滨工业大学(威海)通识英语教学团队的构建为例,探讨以"内容"为依托的通识英语教育理念对培养学生人文素养和跨文化交际能力的重要性,研究通识英语课程设置(包括核心课程和后续课程)的可行性和合理性,以期对通识英语课程建设的顺利开展有所助益。

[关键词] 大学英语;通识模块;课程设置;课程建设

1. 引言

自2007年教育部颁布新的《大学英语课程教学要求》用来指导全国高校的大学外语改革以来,规模空前的全国范围内的大学英语教学改革已经进行了八年之久。在这八年的改革进程中,大学英语教学的目标、模式和手段都发生了巨大的变化。根据《大学英语课程教学要求》,大学英语教学的目标旨在"培养学生的英语综合运用能力,特别是听、说能力,使他们在今后的工作和社会交往中能用英语有效地进行口头与书面的信息交流,同时增强其自主学习的能力,提高综合文化素养,以适应我国经济发展和国际交流的需要"(教育部高等教育司,2007)。随着科技进步和互联网的普及,大学英语课堂不再是教师带着"一本书+一支粉笔+一个录音机"上课的景象了，各种多媒体教学手段，比如教师制作的PowerPoint教学课件和网络上丰富的教学音频视频材料被融入英语教学当中。教育界倡导"以学生为主导"的外语教学理念，基于"计算机和课堂的英语教学模式"，充分利用现代信息技术(特别是网络技术)改进教师"一言堂"的教学方式，使英语的教与学朝着个性化和自主学习的方向发展。尤其是最近三年，随着现代教育技术的普及和"慕课"[①](MOOC)在世界范围内的兴起，国内外语教育界把"慕课"(或者"私播课"SPOC)和"微课"[②]应用在大学英语教学改革中的做法成了一种时尚，基于"慕课"和"微课"的"翻转课堂"(Flipped Classroom)教学模式也成为当前英语教学研究和实践的热点。

2.哈尔滨工业大学(威海)大学英语教学模块的设置

在大学英语教学改革进程中，教育家和学者们针对大学英语教学未来的发展方向和教学模块设置产生了分歧与争论。以蔡基刚教授为代表的学者们认为大学英语的工具性没有得到足够的重视，认为"学术英语应该成为我国大学英语教学未来的发展方向"(胡开宝、谢丽欣，2014)；而另外一些学者认为，大学英语教学更应该体现其人文性的特征，认为"通识英语教学是我国大学英语教学的必然选择"(胡开宝、谢丽欣，2014)。还有部分教学一线的学者认为"外语教学是语言的工具性和人文性的统一体"(史光孝，2014：137)，兼具两种特征，学术英语和通识英语教学可以同步发展。

在过去很长的一段时期内，中国大学奉行"国家本位"的课程开发模式和课程管理体制，课程目标、课程设置、课程内容都要求同一标准，这样的体制管理并不能满足不同地区、不同学校学生培养的实际需要。在这种情况下，史光孝提出了"大学英语课程设计要突出情景化，鼓励各学校结合自己的实际情况开发大学英语校本课程"的观点(史光孝，2014：145)，并把自己的理论付诸实践。2014年春季学期，哈尔滨工业大学(威海)对大学英语教学进行了改革，把原有的按照年级设置的两个大学英语教研室改编成为四个大学英语教学团队，并设置了四个符合本校实际情况的大学英语教学模块，分别是：通识英语、学术英语、通用英语和出国英语。

---

① "慕课"是MOOC(Massive Open Online Courses)的音译，即大规模在线开放课程；"私播课"是SPOC(Small Private Online Courses)的音译，即小规模限制性在线课程，相当于小型"慕课"。2012年被称为"慕课"元年。

② "微课"是指以视频为主要载体，记录教师在课堂内外教育教学过程中围绕某个知识点或教学环节而开展的精彩教与学活动的全过程。"微课"也是新一轮大学英语教学改革中应运而生的新兴教学手段，2015年外语教学与研究出版社启动了"教学之星"大赛(微课在翻转课堂中的应用)，足见"微课"在当下大学英语教学中的重要作用。

学院首先允许每一位大学英语教师根据自己的专业特长和个人意愿选择四个教学模块中的两个方向，然后再根据教学的实际需要和选课学生的人数进行微调，基本确定了四个教学模块的教师人数，并根据自愿申请、公开竞聘、教师投票和院教授委员会表决的公开公平透明的方式，确定了四个教学模块的团队负责人。总体来看，每位英语教师横跨两个教学模块，教师拥有较大的选择余地和拓展教学特长的空间。

在四个教学模块确定之后，哈尔滨工业大学(威海)的大学英语教学改革工作在2014年的秋季学期正式开始。哈尔滨工业大学(威海)的2014级新生在进行英语分级考试之后被分为“A班”“B班”“C班”三个等级。A班学生可以自主选择雅思或者托福英语培训，B班和C班学生进行通用英语的学习。另外，为了惠及更多有出国需求的学生，学院暑假也开设了出国英语培训课。2015年秋季学期，A班学习雅思和托福英语的学生可以优先选择学习为期一年的学术英语，B班的学生则主要接受通识英语教育，C班的学生由于基础相对薄弱，依然进行以语言能力训练为主的通用英语的学习。当然，在学期结束后，A、B、C班的学生可以根据自己的意愿和英语水平测试成绩选择转入其他教学模块进行学习。

3. 大学英语通识模块的课程设置和课程建设研究

通识英语是指以英语语言为媒介开展的通识教育，通识英语教育彰显了语言的人文性特征，而“外语教育的人文性是指外语教育能够培养学生的人文素养和跨文化素养，促进学生心智健康发展”(胡开宝、谢丽欣，2014)。通识英语教学旨在“培养学生的跨文化交际能力，提高学生对外交流的能力，培养学生的人文素养，使学生在接受西方英语国家文化的同时，有能力传播中国文化和文明”(殷和素、严启刚，2011)。

3.1 通识英语课程设置的可行性和合理性

通识英语课程设置是实现通识英语教育培养目标的基本途径和保证，对于学生的人文素质提升起着举足轻重的作用。哈尔滨工业大学(威海)的大学英语校本课程中，通识英语模块也占据了重要的位置，涉及的学生人数也是四个教学模块中最多的。以2014级学生为例，升入二年级后，接受通识英语教学的学生人数达1900多人，约为2014级学生总人数的70%。那么，大学英语通识教学应该开设什么样的课程才能更好地提升学生的人文素养和跨文化沟通能力呢？笔者作为学院通识英语模块的团队负责人，在阅读了大学英语教改的相关论文和对国内某些兄弟院校通识英语课程设置调研的基础上，积极组织团队成员进行研讨，梳理出了如下的思路：

首先，尝试以英语为媒介开设通识课程似乎没有那么困难，但笔者认为，从长远来看，建构合理可行的大学通识英语课程体系必须具有系统观。在该课程体系的建构中应该主要把握好两个问题：一是课程内容问题，即具体开设哪些课程；二是不同课程的开设时间及衔接问题。

其次，国内一些兄弟院校已经开设了英语通识类公共选修课。例如，中山大学外语教学中心面向全校学生开设了英语类通识教育公共选修课，被列为核心通识课程的主要有英语国家文化、英文文学经典与影视再现、英语传媒与文化、英语演说的艺术、英美文学选读、跨文化交际学和中国文化概览等。哈尔滨工业大学（本部）外国语学院在 2015 年夏季小学期也面向非英语专业的学生开设了公共选修课，主要课程有西方历史文化简介、美国文化博览、英语短篇小说选读、诺贝尔文学作家英文小说赏析、英文电影中的中国文化、英文魔幻影视作品选赏和讨论以及美剧口语实训等。上海理工大学于 2012 年开始采用课内外融合的分层次递进式的大学英语教学模式，提供课程模块，实现了个性化教学。英语教学框架分为基础阶段和拓展阶段，通识类英语课程就是拓展阶段四个模块中的一个，课程设置主要包括英美文学入门、英美文化入门和英语报刊选读等。上述三所院校均为国内名校，处于一线或者二线的大中城市，大学英语教学综合实力较强，教学师资储备充足，所以，面向全校非英语专业学生开设公共选修课是具有师资保障的。

哈尔滨工业大学（威海）专职从事大学英语教学的教师大约有 30 人，每年所教授的学生数量达 2600 人以上，每位教师承担的工作量大约在每人每年 320 课时以上。在工作强度大、基本工作量已经超出岗位要求的最低工作量的情况下，仅有为数不多的教师有意愿和精力去开设英语公共选修课程，而且英语通识类课程如果仅按照教师的兴趣点开设，课程会比较分散，评价体系也不够统一。因此，2015 年秋季学期我们集中开设了两门英语通识课，分别为中国文化概况（英文授课）和英语国家概况，为期两个学期，由通识英语团队的七名教师承担两门课的教学任务，每一学期学生可以选择一门课，称为“大学英语限选课”，实则为必修课。

先行开设这两门文化类课程的原因在于，文化类课程内容实用有趣，浅显易懂。中国文化概况和英语国家概况两门文化类课程对比开设，可以使学生既学习中国文化的基本精神和主要特征，又熟悉英语国家的历史地理和文学艺术，了解英语国家人民的历史观、价值观和审美观，加深对中外文化、民族精神和思维方式的共性与差异的理解，体会不同文化语境下的人文精神和文化传统，进而提升学生的人文素养和跨文化沟通的能力，真正实现使学生在接受西方国家文化的同时，有能力传播中国文化和文明。由此可见，集中开设这两门文化类英语通识必修课，既能实现满足理工科学生的实际需要和夯实理工科学校的文化底蕴的教改目标，又能切实缓解学校的英语师资力量薄弱而学生人数众多的实际情况，可以说是一种合理可行的改革思路。

先期课程的开设只是构建英语通识类课程体系的开端，中后期的课程设置是模块建构的重要环节，必须通过不断研究，更新完善课程模块，使课程体系更加科学有效。威海校区的通识英语课程体系包括核心课程和外围课程。核心课程是指内容相对实用浅显的基础类课程，主要包括中外文化类课程（如欧洲文化入门），还包括英美文学类课程，如英美文学入门、英美诗歌赏析和电影类课程（如看名篇、读名著等）。外围课程是指核心课程开设后，根据教师和学生对核心课程开设效果的反馈和实际需求，陆续开设相关的后续课程，是核心课程的衔接、深化和拓展。外围课程主要包括英美历史与文化、跨文化交际、希腊罗马神话、圣经故事和美剧面面观等。为了提高学生参加全国各类语言技能比赛的能力和成绩，外围课程还包含了英语演讲艺术和英语辩论技巧等素质拓展类课程，如下图所示：

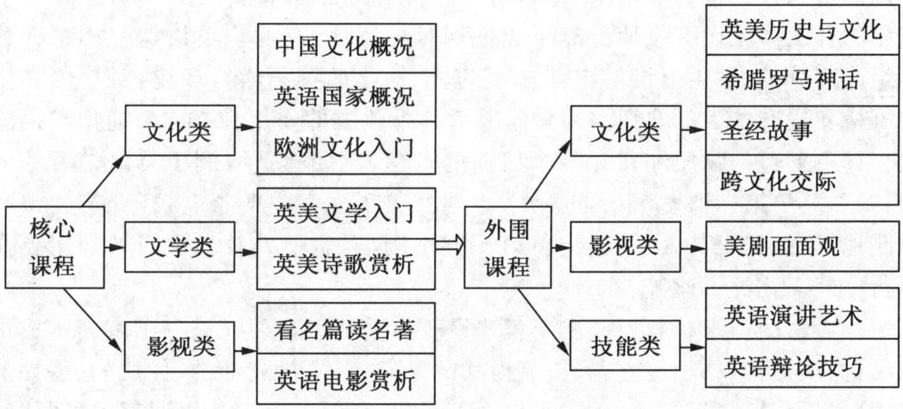

通识英语模块课程体系

上图所描述的课程体系涵盖了语言、文化、文学、技能和影视课，是一个包含语言、文学和历史的多领域课程组合，是把语言技能训练和人文素质培养融为一体的综合性课程体系，目的是使学生通过语言学习文化，进而提升其文化品位和审美情趣。

3.2 通识英语课程建设是核心

通识英语模块课程设置初步完成后，启动课程建设的程序便提到了议事日程上来，课程建设是通识英语模块课程体系构建的重中之重。课程建设涉及课程的教学目标、教学内容和教学模式的调整和定位。

如前所述，通识英语课程总体的教学目标是加强对学生的情感教育和人文关怀，使学生通过英语语言的学习，了解中外文化，提升人文修养，认识世界，培养心智。以文学类课程为例，学文学不仅是学好语言的最佳途径，更是素质教育和人文精神培养的有效渠道。开设文学课程的目的在于培养学生阅读、欣赏和理解英语文学作品的能力，进而促进学生语言基本功和人文素质的提高，增强学生对西方文学及文化的了解。英美文学课程原本是英语专业课程体系的组成部分，现在被纳入到大学英语通识英语课程体系当中，但相对于英语专业的英美文学课程来说，难度降低，以“入门”和“赏析”等为关键词，旨在为非英语专业学生了解西方文学常识和主要作家作品提供机会，拓展学生的人文学科知识面，培养学生的文学意识。

通识英语课程的教学内容内涵丰富，除了开设文化类、文学类、影视类和语言技能类的属于显性课堂的课程，还应该包含一些属于隐性课堂的课程。隐性课程是指“在学校情境中客观存在的、以间接内隐的方式间接呈现出来的课程。隐性课程强调的是课程教育的非学术的知、情、意、行等方面”(谭杰，2015)。通识英语隐性课程的开发和建设有效地补充了显性课程的不足，是通识英语课程体系构建的有机组成部分，为学生提供了丰富多彩的、个性化的英语学习环境，对培养学生健全的人格和提升学生的非智力因素起着潜移默化式的作用和影响。通识英语隐性课程建设主要包括物质和文化两个层面的构建，比如营造有利于英语学习的校园氛围，开展英语第二课堂活动，鼓励学生创办英语文学类的报刊，开辟英文诗歌和小说园地，设立露天英语角，创建英语戏剧小剧场，邀请外教和中国教师用英文分别举行中外文化类讲座等。

清华大学的杨永林教授提出课程建设要有前瞻性，“要在充分了解新生成员的知识结构、认知特点、学习方式、交流模式的基础上，提供充沛的、优质的、多元的教学资源”(杨永林、丁韬，2013)。借鉴这一原则，我们的通识英语课程倡导“传统课堂＋翻转课堂＋慕课平台”的多元化教学模式。在传统课堂授课的过程中，倡导教师为主导，学生为主体的授课模式，避免传统课堂惯常采用的教师满堂灌的“填鸭式”教学方法，教师分工制作教学课件，进行集体备课，互相交流教学体会和心得。同时，通识英语教学实行部分课程的教学翻转，每位任课教师负责一个翻转课堂单元的视频制作，每个视频5～10分钟，布置作业，学生课下观看视频，完成作业，课堂上教师指导学生分组对视频内容进行讨论，检查作业完成情况。在全球网络公开课程盛行的大背景下，通识英语课程建设的技术性也应得到重视，应该充分利用网络平台上与通识英语相关的公开课，采用“慕课”的形式辅助传统课堂和翻转课堂教学，由教师集体讨论，推荐适合具体通识英语的中外“慕课”课程，教师与学生均注册，共同学习，完成作业和测验，课上师生互动讨论难点，答疑解惑。

3.3 通识英语教学团队建设是关键

王守仁教授在“第二届全国大学英语院长/系主任高级论坛”上指出:“建构大学英语课程体系,开展课程建设的关键因素之一是教师:精心规划设计的课程要由教师来开发、建设、讲授……与此同时,教师队伍建设也需要大学英语教学改革实践提供平台和机会。”(王守仁, 2012)的确,在通识英语课程体系构建的过程中,教学团队的建设也是关键一环。

首先,教学团队建设应注意团队成员的构成情况。目前,通识英语教学团队共有成员 19 名,讲师与副教授大约各占一半,成员都是结合自己的兴趣点自愿报名的,先期开课的教师有 7 名,均是以第一志愿报名参加通识英语团队的教师,职称构成情况为讲师和副教授的比例为 4∶3,年龄分布在 35～50 岁之间。开设外围课程的教师预先在课程体系表中选择自己希望开设的课程,提前制作课件,撰写教案,为后续课程的顺利开设做好充分准备。

其次,教学团队建设应主抓团队成员的业务水平和教学能力的提高工作。这里的教学能力包括教学研究能力和教育技术能力,即利用多媒体和网络平台等现代教育手段进行教学的能力。团队教师应该在教学中发现问题,深入钻研,集体探讨,把教学中遇到的问题转变为研究课题,积极申报教学研究项目,做到教研相长。在信息技术快速发展、网络教学资源不断翻新的时代,团队教师应该克服畏难情绪,主动熟悉新技术和新的教学理念,如利用适合的“慕课”平台辅助教学,学习制作微课视频,从而带动翻转课堂的实施。

总之,由于通识课程涉及面广,要求教师有较大的知识储备,通识英语团队教师应博览群书,深入钻研,拓宽知识面,注重知识更新。课余时间积极到兄弟院校实地调研,参加教学会议和培训,切不可安于现状,故步自封,而应与时俱进地发现新问题,寻找新课题,取得新进步。

4. 结语

综上所述,今天的大学英语教学改革是一次真正意义上的教学革新,教学理念经历了大变革,教学内容也发生了很大的改变。哈尔滨工业大学(威海)大学英语四个教学模块的建立亦是对这一轮教学改革的积极支持与响应,其中通识英语模块的团队组建、课程设置和课程建设都在一步步的探索中进行着,相信所有的努力将对培养大学生的综合素质和人文情怀起到至关重要的作用。

参考文献

[1] 胡开宝、谢丽欣:《我国大学英语教学的未来发展方向研究》,《外语界》2014 年第 3 期。

[2] 教育部高等教育司:《大学英语课程教学要求》,上海外语教育出版社 2007 年版。

[3] 史光孝:《隐性课程视角下的大学英语课程设计研究》,科学出版社 2014 年版。

[4] 谭杰:《大学英语隐性课程建设研究》,《教育评论》2015 年第 5 期。

[5] 王守仁:《在构建大学英语课程体系过程中建设教师队伍》,《外语界》2012 年第 4 期。

[6] 杨永林、丁韬:《转型升级中,课程建设是灵魂》,《中国外语》2013 年第 6 期。

[7] 殷和素、严启刚:《浅谈大学英语通识教育和专门用途英语学习的关系——兼论新一轮大学英语教学改革方向》,《外语电化教学》2011 年第 1 期。

基金项目:

本论文系哈尔滨工业大学(威海)校级教学研究项目"英语专业文化阅读课'翻转课堂'模式研究"阶段性成果。

作者简介:

贾宇萍(1975～),女,汉族,山西长治人,哈尔滨工业大学(威海)语言文学学院讲师。研究方向:英国文学与英语教学。

基于经典文学作品的大学英语生态课堂先验建构研究

江润洁

[摘要] 现代大学教育改革旨在实现受教育者素质的全面发展,而大学英语教学中的英美文学作品对提高受教育者的人文素质起着举足轻重的作用。片面强调语言的工具性,会使语言教学的功能变得单一,语言学习也会变得枯燥乏味。学习英美文学对在校大学生的英语学习实践和文化交流能力、思辨创新能力的培养是大有裨益的。目前,随着学生群体的变化,大学英语教学课堂也出现了一些问题,因此笔者认为应该构建并实践基于经典文学作品上的大学英语生态课堂模式。笔者在所教四个学院的A层次学生中对此模式进行了为期一学年的实践,并请另外一位教授A层次学生的老教师和两位教授B层次学生的教师在课堂上进行了"基于经典作品,展示单元主题,培养学生写作能力、阅读能力并进行反馈,贯彻生态课堂模式"的实践。实践后还对教学效果进行了访谈与反思:所调查的学生中,有过半的学生表示了对此模式的认可,还有部分学生提出了问题。可见,实施的结果受学院班级小环境、学校中环境和社会大环境的影响,学生人文素养的提高绝不是可以一蹴而就的。

[关键词] 经典文学;大学英语;生态课堂;先验建构

1. 引言

现代大学教育改革旨在实现受教育者素质的全面发展,而大学英语教学中的英美文学作品对提高受教育者的人文素质起着举足轻重的作用。文学即人学,它在大学英语教学中对提高学生的语言应用能力、跨文化交际能力和综合文化素养有独特的作用。好的语言技能并不等于好的语言交际能力,缺乏跨文化意识或文学素养将直接导致跨文化交际的失败。如果片面地强调语言的工具性，使语言教学的功能变得单一，那么语言学习也将变得枯燥乏味。语言与文学是一个不可分割的整体，高校英语教学除了培养大学生对英语的听、说、读、写、译等基本语言技能外，还要培养大学生感悟英语国家的历史、地理、风土人情、传统习俗、生活方式、文学艺术和价值观念等文化内涵。学习英美文学对在校大学生的英语学习实践和文化交流能力的培养是大有裨益的。王守仁认为："大学英语教学应增强英美文学意识，将英美文学导入英语教学，适当介绍当代英美著名作家的文学创作，向有能力的学生推荐优秀作品，加强英美文学教学，有助于改进我国英语教育，培养高素质人才。"（王守仁，2010：4-8）

随着大学英语教学改革的不断深入，经过数年的努力，笔者所在高校的教师和学生在大学英语的教与学方面的能力都有了一定程度的提高，但随着学生群体的变化，目前大学英语教学课堂也出现了一些问题：比如课堂学习氛围不够活跃，学生课堂参与度、主动学习建构知识的能力较弱，学生个人的人文素养和综合素质有待提高，急需加强创新思维和批判性思维能力的培养；教师教学理念与实践不协调，对学生的人文关怀和与学生的情感交流不够等。因此，笔者认为应该构建并实践基于经典文学作品的大学英语生态课堂模式。

2. 国内外研究现状

20 世纪初，教育生态学已经成为一门初具理论体系的学科。1966 年，英国学者阿什比提出了"高等教育生态学"的概念，开启了用生态学的原理和方法研究高等教育之先河。研究者们以人本主义、建构主义、多元智能、情境认知理论、教育生态学、后现代主义哲学等为理论基础，提出了诸多生态课堂教学模式的构建途径。生态课堂观认为，生态课堂是一个联系的课堂、发展的课堂、和谐的课堂、共生的课堂。归纳起来主要有以下方面：建立良好的师生关系、重视师生互动、生生交流合作；确立学生学习的主体地位、构建师生学习共同体；改进教学方法、促进个性化发展；创设积极的学习情境、和谐的课堂氛围；彰显活力，促进课堂生态平衡。

我国教育生态学经历了一个逐渐深入发展的过程，表现在：从开始阶段简单地移植和套用生态学的概念到逐渐熟悉和运用教育生态学的话语系统；从围绕各个侧面对生态课堂进行边缘研究到对生态课堂的本质、特征等的整体综合研究。中国期刊全文数据库上可检索到的关于"大学英语生态课堂"的文章从 2006 年起到 2014 年止将近 160 篇，而目前还没有基于经典文学作品上的大学英语生态课堂模式构建的研究。

而早在 20 世纪中期，著名语言学家 Povey 就认为：文学能够通过广泛的、微妙的词汇运用和复杂精确的句法来拓宽学生的语言知识，从而提升学生的各种语言技能(Povey，1972)。由于多年来我国大学英语应试教育的影响，该理论一直未得到大学英语教学界的重视。近年来，随着社会对大学生英语综合素养提出了越来越高的要求，以及国内大学英语改革的逐步发展，许多外语教学研究者又重新提出了在大学英语课堂上导入文学作品，以培养学生批判性思维能力和创新能力、提升其综合人文素养的观点。笔者以"大学英语教学＋文学"为关键词检索了CNKI2000～2014年共15年间收录的文章，经统计后发现：约198篇文章发表在期刊上，其中发表在外语类核心期刊的文章仅有5篇。其中，《试论语言教学与文学教学的融合》(潘章仙，2001)、《英美文学与英语教育》(王守仁，2004)、《大学英语课程与英语专业文学课程的整合研究》(张燕，2010)、《致用与致知的结合》(何晓嘉，2011)和《大学英语教学应有文学教育意识模式》(李正栓，2013)等文章颇具代表性，都普遍强调语言教学和文学教学的密切关系，并深入分析了文学教学对促进语言教学的必要性和操作策略。

笔者认为目前研究的不足之处主要体现在三个方面：首先，偏重宏观理论研究，缺少微型课堂研究与质化范式研究；其次，偏重生态主体与课堂价值环境中师生关系、教学方法的研究，在生态学理论视角下还没有基于经典文学作品的大学英语教学生态课堂的研究；最后，内容宽泛，缺少针对理工类院校，尤其是石油专业特色高校的大学英语教学生态课堂的特色研究。

3.模式构建

在为模式建构做前期准备时，笔者已经在2012届学生中做了问卷调查，选择了两个理工科专业班，发放问卷122份，回收118份。通过统计，有94%的学生认为作为理工科学生，应该多接受人文熏陶，做素质全面的国际化人才。而就阅读何种英美经典文学作品及如何坚持阅读英美文学作品这一问题上，80%的学生回答是"感到比较困难与迷茫"；而85%的学生对学校就大学英语学习的评价标准提出了质疑，认为大学英语终结性评估标准不改变，以应对四六级考试为目标的风向标不改变，老师基于经典文学作品的大学英语生态课堂模式就很难得到彻底的贯彻与实施，以一己之力，有可能产生流于形式的结果。笔者认真思考了学生的反馈信息，针对学生提出的问题进行了模式构建。

就经典文学作品的选择来说，针对不同学生的层次与兴趣点，对基础薄弱、学习水平层次低的学生，教师为其选择或加工能够引发其阅读兴趣的经典短篇故事简本(情节性强的、便于理解与阅读的)如童话故事、寓言故事、探险故事、悬疑故事(比如像欧·亨利、简·奥斯汀、狄更斯、霍桑、马克·吐温、海明威或福克纳等作家的经典简读本故事)。这些作品情节引人入胜、语言相对简单、容易使学生入门;对于英语学习水平较高的同学则充分发挥其自主学习建构知识的能力,可以采用列书单的方式直接为其安排阅读任务,如可布置近现代经典短篇作品(如美国作家图默、艾利森、厄普代克、克莱恩、司各特·菲兹杰拉德和英国女作家多丽丝·莱辛的经典短篇作品)。在此过程中,学生的阅读和反应最为重要。就共生与竞争来讲,可让学生组成 3～4 人的小组,组内异质,组间同质,让学生在读完经典短篇作品后进行小组讨论与汇报,组与组之间对汇报内容进行学习与评估,这样既让学生合作共同完成了阅读任务,又可以进行组间竞争,激发学生阅读经典的动力与进取心。

教师应该转变思想,提高自身的文学修养和人文素养,积极参与学生的经典阅读讨论,同时做学生阅读经典的动机激发者、建议者与咨询者。学生为经典阅读的主体,教师应该鼓励其自主探究;学生与学生之间应该互相交流讨论阅读心得,形成生生互动。这体现了基于经典文学短篇作品的大学英语生态课堂是一个发展的、和谐的生态课堂。

这样,就初步形成了基于阅读经典短篇作品的以教师为主导、学生作为生态主体的"自主、互动、合作与探究"的联系的、发展的、和谐的大学英语生态课堂,如下图所示:

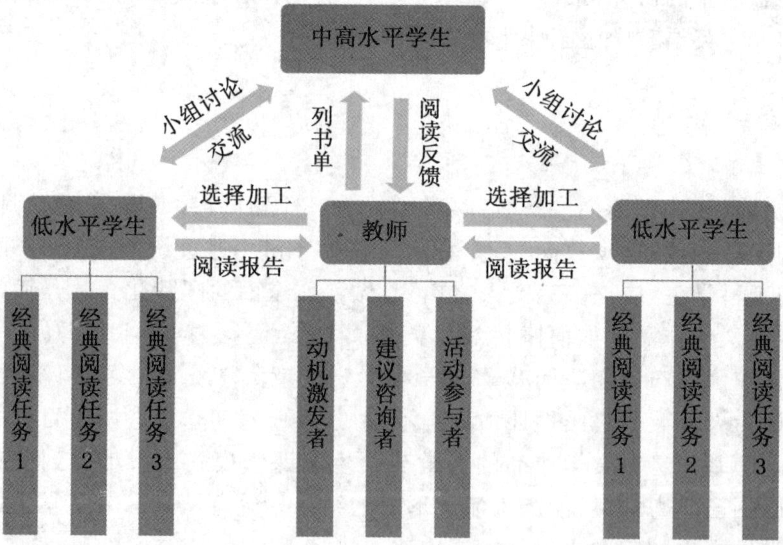

大学英语生态课堂模式

4. 教学实践

基于经典作品的生态课堂设置目的在于充分挖掘学生的潜力，使之在相对自然的课堂环境中自由地成长，改变以教师为中心的“满堂灌”的传统教学模式，培养学生人文素养和科学精神的合理结合，赐予学生较大的表达空间，引发学生思考，进行生生互动与师生互动，从而促进学生自由、健康、蓬勃的发展。笔者在2014级八个学院的一年级新生中进行了基于此模式的教学实践。因学校整体进行了分层次教学，学生经过入学英语测试，被划归为A层次、B层次和C层次。笔者认为，A层次与B层次的学生英语水平应该在中高级，更适合于此种教学模式。笔者曾向A层次一位有着十年以上教学经验的老师Lily讲述了自己的教学模式设计与构建，Lily所教授的为经管学院、地学院、储建学院、文学院、机自学院126名学生；笔者也向B层次一位老教师Qin和一位拥有海归背景的老师Lee陈述了自己的模式并请求其在B层次课堂上给予教学实践。笔者自己所教学生为理学院、机电学院、化工学院及地学院114名A层次学生，笔者本人在课堂上也进行了此教学模式的实践。在为期一学年的教学实践中，笔者对自己的课堂实践做了详细的记录，并且对Lily和Qin的课堂实践进行了观察、跟踪与课后访谈，现总结如下。

4.1 基于经典文学作品，展示教材单元主题，贯彻生态课堂

以下是以本学期“法律”这一单元为例对生态课堂贯彻的具体实施步骤：

在准备阶段，引入相关词汇。法律英语词汇量大且难，学生平时涉及的法律英语词汇不是很多，因此有必要将课上文本及视频所涉及的法律词汇分类整理，使学生对即将接触的领域略知一二。如：

Judicial system	司法体系
Criminal law	刑法
Civil law	民法
The accused/the defendant	被告
The accuser	原告
The prosecutor	公诉人
Defense lawyer	辩护律师
Attorney general	首席检察官

与之相关的法律文本也可以提供给学生，以检测学生对法律知识的熟悉程度。

在课堂自主学习阶段，方式可以多种多样，重点在于激发学生的热情，全面调动其积极主动性。比如，就陪审团制度、中西法律体系比较等展开讨论，待其得出

一定结论之后，教师画龙点睛，就某一论点做综合性阐述。本单元借助经典电影《十二怒汉》和著名小说《杀死一只知更鸟》中的章节阅读，让学生一窥美国司法体系中陪审团制度的具体实施步骤。在学生观赏电影和阅读小说选段之前，教师需要巧妙设置话题，变学生的被动接受为积极思考的过程。小组讨论是学生合作交流的最好手段，观看视频之后学生以3～4人为小组进行讨论、提出问题、解决问题，并且将小组讨论成果展示反馈给全班同学。

没有创新，就没有发展。假如大学英语还是停留在培训听、说、读、写、译水平的阶段，学生就会缺少对灵魂品格的培养，他们的潜能就会被尘封，永远不会被激活。只有给学生提供创新的舞台，才会有精彩的生命碰撞，学生的个性才会得到长足的发展。假如所有的教育都是关乎考试分数，那么学生的积极性就会被扼杀，学习自主性也会消失殆尽。本单元设置的创新项目是小组成员共同合作，发挥自己的想象力撰写法律故事，最后以视频的方式呈现给全班同学。该项目能全面调动学生的动手动脑能力，同时将本单元词汇和相关主题润物细无声地融入到了制作视频的过程当中。实践结果表明，学生的积极性很高，学习效果也不错。

4.2 基于经典文学作品，培养学生的写作能力，贯彻生态课堂

写作体现的是学生综合运用语言的能力，是一种重要的输出性技能。国内目前的相关研究发现，我国大学生的写作水平还有待进一步提高，写作教学方法有待改善，写作测评模式有待改进。改进的方式可以依托“师生互动、生生互动”的生态教学课堂，以读经典英美文学作品作为重要的输入途径，启发学生找出其中的亮点并进行分析，激励学生学会模仿应用，让英美文学为学生写作能力的提高插上“隐形的翅膀”。

4.2.1 充分利用资源，寻章摘句，强调输入

在布置人物描写体裁的文章时，写前要求学生利用图书馆或网络资源进行资料收集，找到经典英文作品中和人物描写有关的文章，选出自己最欣赏的段落，课上分享评析。学生提供的素材举例如下：

A girl stood before him in midstream, alone and still, gazing out to sea. She seemed like one whom magic had changed into the likeness of a strange and beautiful seabird. Her long slender bare legs were delicate as a crane's and pure save where an emerald trail of seaweed had fashioned herself as a sign upon the flesh. Her thighs, fuller and softhued as ivory...（乔伊斯《一个青年艺术家的画像》）

4.2.2 分析评价，强调对比

要求学生分小组对找到的段落进行鉴赏、评价，选出最值得推荐的段落并提供评选依据。以上文为例：

学生课上段落评析举例

Diction	Sentence Pattern	Rhetoric	Cohesion
ivory, crane, delicate, slender, soft-hued	插入成分 along and still;复合句	比喻 seabird, seaweed, ivory	a girl—she—her; legs—her thighs 代词的衔接

通过上述评析,学生可以更为清晰地认识英语经典作品,提高审美意识和写作中的审美能力。

4.2.3 学会模仿,强调借鉴

在强调输入之后要求学生分组讨论,开拓思路,学会将总结的词句运用到自己的写作之中。有部分学生可以很恰当地将所赏析的文学经典句子转换成自己的表达。

写作练习不能是"无源之水,无本之木",只有经过适当的信息输入,经过学生对相关信息的消化吸收使之成为一种内化的知识,才能实现有效的输出。将英美文学作品融入写作教学,有助于提高学生的审美能力、鉴赏能力,为写作打下坚实的基础。

4.3 跳出教材自由阅读,阅读过程反馈,贯彻生态课堂

在进行上述教学实践的同时,笔者还向学生提供了经典短篇小说阅读书目。因学生时间或水平有限,故笔者所选皆为英美知名作家的短篇故事。书单如下:

Aldous Huxley, *The Gioconda Smile*

Alice Walker, *Everyday Use*

Charlotte Perkins Gilman, *The Yellow Wall-Paper*

D. H. Lawrence, *The Horse Dealer's Daughter*

Edgar Allan Poe, *The Masque of the Red Death*; *The Tell-Tale Heart*

Ernest Hemingway, *Cat in the Rain*; *The Three-Day Blow*

Flannery O'Connor, *Everything That Rises Must Converge*; *A Good Man Is Hard to Find*

Frank O'Connor, *Guests of the Nation*; *My Oedipus Complex*

Frank Stockton, *The Lady, or the Tiger?*

Jack London, *To Build a Fire*; *The Law of Life*

James Joyce, *Araby*

James Thurber, *The Catbird Seat*

John Collier, *The Chaser*

John O'Hara, *Graven Image*

John Steinbeck, *The Chrysanthemums*

Kate Chopin, *The Story of an Hour*

Katherine Anne Porter, *The Jilting of Granny Weatherall*; *Theft*

Katherine Mansfield, *Miss Brill*; *The Garden Party*

Mark Twain, *The Notorious Jumping Frog of Calaveras County*; *The £1,000,000 Bank Note*

Max Shulman, *Love Is a Fallacy*

Nathaniel Hawthorne, *The Minister's Black Veil*

O. Henry, *The Cop and the Anthem*; *The Man Higher Up*

Sherwood Anderson, *The Egg*; *Death in the Woods*

Shirley Jackson, *The Lottery*

Somerset Maugham, *Mr. Know-All*; *A String of Beads*

William Faulkner, *A Rose for Emily*

笔者找到了相应的电子版让学生下载以方便阅读。在学生选择了各自的短篇阅读作品后,开始向其布置阅读任务并监督其阅读进度。在学期中让学生写了书评并进行了小组互评;学期末又让学生写了具体的阅读过程反馈。比如,如何通过题目进行故事预测,就不懂的词汇与语法进行研究学习,做中西文化比较,进行人物性格分析,分析篇章结构或文中的象征意义等。让学生就阅读过程反馈进行了小组内讨论、组与组之间成员互换的讨论、个人课堂成果展示等。

其中,机电学院安全专业的李同学展示的阅读反馈让同学们印象深刻。她选择了爱伦·坡的《红死魔的面具》进行阅读,全文 2300 词。她认为文中运用的典故和习语并不算多,多的是打断的铺陈、渲染、夸张和描绘。李同学说:"文中在描述时像是有一个 outsider 在幕后独白,文中最后也有提及所有人都死于 red death 手下,但故事的叙述者又是如何活下来的? 所以故事始终是一个 narrator 的独白,或许真实发生过,又或许只是他疯狂的臆想。"李同学还说,文中还有一处亦表明这一切属于一个局外人:"There were much glare and glitter and piquancy ad phantasm—much of what has been seen in'Hernani'."(这一切真是五光十色,光芒万丈,光怪陆离,如梦如幻——像极了"欧那尼"中才有的场景)其中的"Hernani"是雨果于 19 世纪创作的戏剧,而故事的时间设置是中世纪,显然这并非什么穿越小说,所以这个故事的 teller 是个生活在 19 世纪或之后的疯子才更能讲得通。在描写红死魔的外貌时,有这样一句:"In truth the masquerade license of the night was nearly unlimited; but the figure in question had out-Heroded Herod (比希律王更希律王,比希律王更残暴), and gone beyond the bounds of even the prince's indefinite decorum(端庄得体,体统).”这句话的大意为:“实际上这场化装舞会几乎没有什么底线,但这个神秘的身影却比希律王更血腥残暴,甚至超过了荣王爷对‘得体’的定义。”文中的“希律王”是基督教文化中残暴的化身,被称作“黑暗的王”,他杀戮成性,曾经为了杀死襁褓中的耶稣而将其国土上所有两岁以下的婴儿全部杀死。即使没有开头凄凉阴森的铺垫,用希律王比喻红死魔亦可知红死魔是何等可怖。李同学通过阅读反馈,向大家展示了自己对爱伦坡这篇文章的思考,并习得了西方典故和文化。

另外,理学院邓同学的成果展示引发了全班同学的热烈讨论。他所展示的作品是 Frank Stockton 的 *The Lady, or the Tiger*?(《美女,还是老虎?》)他通过 PPT 的形式向全班同学清晰条理地分析并展示了此经典作品。此外,笔者又让邓同学在课下将自己的分析制作成了短视频,带到其他班上进行展示,引发了其他同学的阅读兴趣。机电学院的学生经过阅读原作,又在观看了邓同学的视频之后,提出了新的问题:认为邓同学对此作品结局的分析措辞有误,认为此故事并非有 16 种结局,而是只有 2 种结局,而思考过程却是 16 种。

由此可见,学生通过阅读反馈积极交流互动,课堂气氛十分活跃,这也激发了学生学习英语的积极性与兴趣,并提高了学生的思辨能力。

5. 教学效果访谈与反思

学期末,笔者对自己所教的 114 名 A 层次学生进行了问卷调查。经统计,过半的学生对此种教学模式持认可态度,另外部分学生感到难以适应。其中,俞同学认为,在阅读中难免遇上拦路虎,但并不会妨碍纵观全局,遇到不懂的单词用红笔标出,继续阅读,读完全篇后,再回来反复推敲这些被标记的单词,先尝试着猜出这些单词的意思,然后通过查阅字典,明白所画单词的意思,拿来与自己猜测的意思做比较,看猜对了多少,然后将单词输入手机中带有记忆单词功能的软件里,成为个人的词库,闲来无事时拿出来记忆。对于不懂的句子,则要反复琢磨,搞透句意,这不仅有利于对全篇的理解,也锻炼了分析句子的能力,温习了基本语法,增加了积累。

邱同学认为,读英文小说开始时觉得那是一个相当大的挑战,开始的阅读是很缓慢的,但是给了自己思考的空间,对文字内容的理解不再局限于翻译者的文字中。以前一直认为英文写作根本不像中文写作那样,能够给人以身临其境、色彩斑斓的感觉,但读过长篇后,却发现了英语文字的独特之处。有时复杂的句子很难读懂(“竟然能有那么复杂的句型结构!”),但在无形之中也给了自己一些语法运用技巧,使英语句子写作不那么呆板单调。

何同学阅读英文原版小说感触良多。他认为,通过阅读可以拓展对单词的理解和不再局限于从单一文化思维看待问题，可以了解英美文化，而文化的差异可以提供看待问题的新视角。

张同学认为，作为一名工科学生，应该具有一定的人文素养，慢慢的人文渗透会培养人的格调和品位。读原著可以触摸本质思想，更好地接触正宗的英文文字，对同学们大有益处。

吕同学认为，读英美原著确实对英语学习有帮助，即使体会不到深层次的内涵也能丰富知识面。但自己因为惰性而更喜欢看美剧、看手机，因此忽略了阅读。

与上述同学的观点相反，岳同学认为，部分理工科学生本来就不愿意读人文书籍，再加之是英文就更难以接受。岳同学还认为，目前学校给理工科学生的考试压力过大，导致有部分同学疲于应付考试而无法静下心来阅读经典。任同学认为，理工科学生总在应付考试，有些时候不是不读，是身不由己。任同学说，自己对目前大学的考试模式感到失望：目前仍旧一切向分数、成绩、名次看齐，这种情况下学生自然不会冒着考试不及格的风险，真正地去读经典。

笔者又采访了为B层次学生授课的Lee老师，她说以前讲到"fashion statement"这个主题时曾节选了经典影片 *The Devil Wears Prada*（《穿普拉达的女王》）里的一个小细节：Miranda在试衣间里给模特挑衣服，选了两条腰带，然后别人说太难选了，因为它们so different，女主角在旁边嗤的一声笑出来，因为在她眼里那就是两条没什么区别的蓝腰带而已。Miranda很生气，讲了一番话，告诉她时尚的流行意义何在：也许女主本人觉得跟自己无关，但其实，她现在身上穿的老旧的蓝色毛衫最初也是由一流的设计师从万千种颜色中挑选出来的，然后变成时尚，再变成大街上人手一件的流行货色的。这个情节其实非常恰到好处地解释了普通人与时尚之间的关系。学生学习这篇课文时，态度跟女主是非常相似的，觉得跟自己没什么关系，就当作一篇普通文章来学习英语单词。但是，如果能看懂这个电影的话，绝对可以加深理解，是提高学生兴趣的好选材。然而，因为Miranda的语速非常快，用词又比较晦涩，比如涉及服装颜色的地方，她用了两个以上的生僻词语，有一部分学生听不懂，看字幕又不求甚解，所以看完了也没什么大的感触，反而觉得莫明其妙。这种题材只对某些本身就对英语感兴趣，又提前预习了课文的学生才有效。但是，还有一部分学生对此电影比较感兴趣，下课以后来跟老师要片源，回去看了几遍之后，体味到了更多的东西，也算是意外的一种收获了。

同样是这篇文章，因为主题是女性裙摆与经济形势之间的关系，所以表面上是在讲时尚，其实字里行间隐含的都是对时势和政治经济的反射。它是从时间顺序上来讲述20世纪50年代到2000年这几十年里英美女性服装变化的流行趋势。作者很少提及历史事件，但根据她给出的这个"裙摆长短＝经济形势好坏"的定律，从中可以推出很多对当时当地历史形势的理解。比如1960～1970年间，美国深陷越战泥潭,反战情绪高涨,嬉皮士运动和朋克运动风生水起。文中只提到了后者,却没有提到前者。再比如1970年,女性的裙摆变长了,趋于保守,顺便让学生思考当年发生了何事,比如中美接触。那美国何以要同中国接触?背后的历史知识便是美国形势不景气,急需与中国结盟。文中也只提到了裙摆,却没提到一系列的历史事件。所以在讲解课文时,可以按照作者列出的时间顺序,列出两栏来供学生思考:一是时装的变化,二是历史事件的各种风云起伏。此时,一部经典电影便可以很好地解决诸多问题。再比如电影《阿甘正传》,这次教学效果很好,比较成功,只是在播放电影的时候需要对电影动手进行一下剪辑。电影是很优质的,但如果取舍调节不当的话,很可能大量时间就浪费在看电影上了。因此,如何将经典电影和课文紧密结合,相辅相成,是对老师掌控能力的极大考验。

笔者还采访了为A层次学生授课的优秀老教师张老师。张老师一直感觉学生的人文素养需要提高,但认为这并不是凭一己之力就可以解决的。同时,张老师也认为不要期待教师的热心和努力能影响所有人,只要能对几个人产生有用的影响就很有意义了。

6. 结语

《欧洲语言共同参考框架》指出,学习外语是为了让本国人民"更好地理解其他国家人民的生活方式、思维形式和文化传统""促进人们相互理解和宽容,尊重各自的民族特性和文化多样性"(欧洲理事会文化合作教育委员会,2008:3-4)。为顺应中国和平崛起、中国文化走出去的要求,我们需要了解世界,外语学习是有效的途径之一,是开启通向外部世界之门的钥匙。大学英语教学应帮助学生树立世界眼光,拓展国际视野,理解西方文明、思维方式和生活习惯,以批判性的眼光看待西方文化及核心价值,熟悉中外文化差异,培养跨文化交际能力,使其能"用英语有效地进行交际"(教育部高等教育司,2007:1)。基于经典文学作品的大学英语生态课堂模式便是基于以上原则而进行的。它注重培养学生的思辨能力、表达能力、创新意识和跨文化交际能力,注重"师生互动、生生互动"的课堂,并致力于拓展学生的国际视野,让学生从英文经典原本中获得原汁原味的西方文化与知识,并进行中西文化差异的对比。此模式得到了大部分学生和老师的认可,认为效果较好。而部分学生不认可的缘由是其高中英语基础不够扎实,英语分层次考试模式不够合理,部分理工科学生不愿意接触人文书籍,而实施的结果受到了学院小环境、学校中环境和社会大环境的影响。因此,学生有必要从小学、中学就开始打好英语基础,而小至学院、大到学校也应该改变对学生评估的单一模式,不要一切以分数为风向标,要注重理工科学生的人文素养培养,出台相应措施,创设好大环境。只有如此,基于经典文学作品的大学英语生态课堂模式才能得到更加有效、全面的实施，而不是镜中花、水中月，而学校也可以真正向着创建研究型、国际化的综合高校的方向迈进。

参考文献

[1] Povey, J. Literature in TESL programs: The language and the culture. In H. Allen & R. Campbell (eds.), *Teaching English as a Second Language*. New York: McGraw-Hill, 1972: 187-193.

[2] 何晓嘉:《致用与致知的结合》,《外语教学理论与实践》2011 年第 3 期。

[3] 教育部高等教育司:《大学英语课程教学要求》,上海外语教育出版社 2007 年版。

[4] 李正栓:《大学英语教学应有文学教育意识模式》,《当代外语研究》2013 年第 3 期。

[5] 潘章仙:《试论语言教学与文学教学的融合》,《国外外语教学》2001 年第 4 期。

[6] 王守仁:《英美文学教学与大学英语教学》,《山东外语教学》2004 年第 4 期。

[7] 王守仁:《全面、准确贯彻〈大学英语课程要求〉深化大学英语教学改革》,《中国外语》2010 年第 2 期。

[8] 夏纪梅:《现代外语教学理念与行动》,高等教育出版社 2006 年版。

[9] 张燕:《大学英语课程与英语专业文学课程的整合研究》,《山东外语教学》2010 年第 5 期。

基金项目:

本文系中国石油大学(华东)校级青年教师教学改革项目的成果之一,项目名称为“基于经典文学短篇作品的大学英语生态课堂模式研究与实践”,项目编号:QN201434;本文也是项目编号为 JYB-2014034 校级教改项目“基于分层教学的博客辅助大学英语过程写作模式构建”的阶段成果。

作者简介:

江润洁(1979～　),女,汉族,山东淄博人,中国石油大学(华东)文学院副教授。研究方向:英语教学与英美文学。

图式理论建构下的托福听力教学

鞠囡囡

[摘要] 本文结合托福听力难度大、时间长、内容广的特点，尝试从图式理论角度出发探索其教学模式，以期对出国类英语的听力教学有所启迪。根据图式理论，学习者脑海中已储存的图式可以分成无数个空位，学习者通过接收的新知识信息来丰富其空位，完成处理过程，从而建立起良好的认知结构。如果存在于我们头脑中的“图式”在输入某种信息时能够被激活，就会加快我们的理解过程，对提高托福听力水平有积极的促进作用。如果在教学过程中能够依托图式理论激活学生已有的图式，建立新图式，将对听力水平的提高起到事半功倍的效果。本文将从听前预测、听中整合和听后巩固三个阶段分别阐述图式理论在托福听力教学中的应用，培养学生的预测和推断能力，引导学生逐步构建起知识体系，完成解码、重组和储存的过程，提高听力水平。

[关键词] 图式理论；托福听力；五步精听法

托福(TOEFL，全称为 The Test of English as a Foreign Language)，是由美国教育测验服务社(ETS)举办的英语能力考试，是出国留学(美国、加拿大)的必备考试成绩，美国和加拿大已有超过 2400 所大学和学院承认这项考试的成绩。随着出国留学热的流行，越来越多的大学生加入了托福考试的行列。为了满足学生的需求，很多高校都开始重视出国类英语(如托福、雅思)的教学工作，并将其纳入了大学英语课程建设的范畴。中国学生听力能力普遍相对薄弱，而托福考试中听力又是重中之重，如何有效提高托福听力成了亟待解决的问题。笔者在教学实践过程中发现，图示理论对提高学生的托福听力水平有一定的借鉴作用。

1. 图式理论概述

“图式”(schema)概念最早是由德国哲学家康德(Immanuel Kant) 在 1781 年

提出来的。康德把图式看作是潜藏在人类心灵深处的一种技术、一种潜能，认为"人脑中存在纯概念的东西，图式是连接概念和对象的纽带，即概念只有和个人已知的信息相联系才有意义"（张利平，2010：154）。1932年，英国认知心理学家巴特莱特(F. C. Bartlett)在其著作*Remembering*一书中将"图式"定义为人脑对过去反应和经验做出的一种积极的构建，或者说是人们大脑长期记忆中所存在的知识机构信息(Bartlett，1932)。他指出，"图式"是指每个人过去获得的知识在头脑中储存的方式，是大脑对过去经验的反应或积极组织，是被学习者储存在记忆中的信息对新信息起作用的一个过程，也是怎样把这些新信息丰富到学习者知识库中的过程（韦汉、章柏成，2004：63）。后来，Cook(1997)以及Carroll(2000)等一批学者进一步研究了先存知识对理解新事物的影响以及已知的经历与未知的新事物之间如何在大脑中建立起关系的过程。他们认为图式是典型情景的大脑反应，该反应帮助人们迅速感应客观世界，如果在新信息进入大脑时能够成功激活已知的经历，则会加快对新事物的理解与认知。

根据《社会心理学百科全书》，图式"代表个人对事物、人或环境的知识的认知结构，它包括对所认识对象的特点以及这些特点的相互关系的认识。图式可以帮助人们简化现实，指导人们处理新的信息，帮助人们把外在刺激的若干细节与一个总体概念相联系，而与之不一致的信息则会被过滤掉"。人脑是一个有机整体，原本无序的知识按一定的认知规律可以分为若干单元，构成不同的知识模块并按一定的规律构建成庞大、有序的知识体系，这些单元、模块和体系就是图式。好比一棵繁茂的参天大树，枝干的数目不可计数，学习者可以通过接收新信息来填补、丰富其空位并完成处理过程，从而建立起良好的认知结构。

2. 托福听力的特点

托福听力由两篇较长的校园情景对话和四篇课堂演讲组成，每个对话长度为2～3分钟，每篇课堂演讲长为5～6分钟，总时长60分钟。如果遇到加试，加试的一个部分也是由一段对话和两个讲座组成，需要30分钟。对话语速大约为每分钟180～200个单词，内容涉及课程要求或学生服务；讲座语速为每分钟150～160个单词，内容涉及艺术、生命科学、自然科学和社会科学。考试题型包括单项选择题、多项选择题、排序题、搭配题及复听题五种类型。由于是机考，考生在听录音资料之前无法得知试题，无形中加大了测试的难度。但在播放录音资料时，电脑屏幕上会显示相应的背景图片，考生可以在听音过程中记笔记。

由此看来，托福听力最大的特点就是难度大、内容广、时间长、题型多，需要考生的精力高度集中、高度投入。听力水平无疑是整个托福考试成功与否的关键，除阅读外，无论哪一部分都离不开"听"。而对于中国考生来说，听力却恰恰是最薄弱的环节，这跟长期的学习方法、学习习惯、惯性思维有密不可分的关系，中国考生在听力方面往往都是投入多、产出少，最后的成绩并不理想。中国考生为什么听不懂托福听力主要存在以下三方面的问题：首先是词汇方面，表现为不认识单词、不识别发音以及无法迅速匹配音意；其次是句子方面，表现为不理解俚语、习语的意思，听不懂语气、语调，跟不上语速，反应慢；最后是段落和文章方面，表现为不清楚文章的结构，不熟悉语境、背景，不理解段落的功能和段落间的联系。

3. 图式理论在托福听力教学中的应用

图式的主要特点在于其有助于让人们快速有效地处理大量的信息，通过填补原来旧知识模块的空隙来帮助人们分析新信息，从而获得有效的推论。在听的过程中，只有当输入的信息能够对应并激活听者的知识储备和思维活动的经验时，听者才能形成正确的理解。

听力过程存在两种信息处理模式。第一种是"自下而上"(bottom-up processing)，听者将单词、短语等零散信息组合成完整的句子或段落，利用已有的语言知识来完成从单词、句子到整个语篇的意义理解。该模式强调语言基础知识在理解中的作用，需要听者有扎实的语言基本功，提取大脑中的语言知识并从微观上对新输入的信息进行解码，是一种较低层次的图式运用，也是大部分学生习惯采用的听力方法，即做题建立在理解意思的基础上。第二种是"自上而下"(top-down processing)，利用已有的知识结构来处理信息，是指学习者运用大脑中已有的背景知识对接收到的新信息进行分析处理并重建的过程。它强调学习者已有的背景知识、经验和认知在理解中的作用，是一种较高层次的图式运用。该模式需要听者更加关注听力过程中所显示的背景与之前储存在头脑中的知识以及情景的相互联系，并以此来推断、理解所听的内容(赵琳，2012：171)，在托福听力中是更加行之有效的一种方法。在听力理解的过程中，这两种模式也是相辅相成、交互作用、缺一不可的。如果听者大脑中储备了大量关于某类话题的信息，在听的过程中便可快速调取所需信息，通过大脑中已存在的图式对新信息进行预测、筛选、分析，使用猜想、推论等方法来了解听到的信息，有助于加快理解过程。

笔者结合自身的教学实践，通过对图示理论的分析以及听力信息处理过程的研究发现，如何将图式理论运用到托福听力教学中至关重要。托福听力考试对话和讲座话题有一定规律可循，如果在教学过程中能够依托图式理论，激活学生已有的图式，建立新图式，将对提高听力成绩起到事半功倍的效果。下面笔者将从听前预测、听中整合和听后巩固三个方面分别阐述图式理论在托福听力教学中的应用，旨在培养学生的预测、推断能力，引导学生逐步构建起自己的知识体系，完成解码、重组和储存的过程，提高听力水平。

3.1 听前预测

在托福听力理解的过程中，听者做好充分的听前准备是非常必要的，因为这个阶段可以帮助学生建立起与听力内容相关的图式。教师在教学过程中可以引导学生大胆推测、猜想对话场景或讲座学科可能涉及的相关内容，发散思维，预测听力内容。预测包括相关词汇、场景、背景知识和可能涉及的问题等，旨在激活大脑中与话题相关的图式，帮助学生增强信心，做好听前心理上的准备。

根据图式理论，听者的听力理解能力和理解程度是由三种图式决定的，即语言图式、内容图式和形式图式，教师可以从这三个方面着手引导学生拓展内容。在托福听力长对话中，北美大学校园生活学习的场景是经常出现的，大致分为五种场景：选课场景，图书馆、书店场景，论文科研与学术话题，注册、咨询与申请，打工求职与各种学生社团。教师在教学过程中可以引导学生就每一个场景拓展具体内容，比如归纳总结场景相关词汇进行语言拓展，探讨对话主题进行内容拓展，捋清对话大概思路和框架进行形式拓展等来建构知识图式。托福听力大部分情景都来自人们的日常生活，听者掌握的与材料相关的内容图式越多、越牢固，在听力理解时对信息的理解能力就越强。

例如 TPO1 Conversation 1，听力开始前考生看到的画面是图书馆里一个学生正在和一名坐着的工作人员交谈，既然场景设定在图书馆，对话的对象是师生，那么我们基本可以推测出内容锁定在借还书或者写论文、查文献上。在此认知基础上，教师可就图书馆场景给学生拓展与借还书或查文献相关的词汇、探讨对话内容以及分析对话篇章结构。熟悉对话结构对促进理解也有促进作用，对话主题一般在最开始就会给出，要认真听开头，有时候也会有寒暄，之后要注意听学生说"my problem/my question is ..." "I was wondering..." "I was hoping..."。学生去找老师，一般是为了解决某个问题，而这个问题一定是有原因的，原因几乎每次都会考，所以一定要注意听"因为所以"的词。还有语气转变基本是定律，例如"Wow! You know what? Guess what? Actually..." "To tell you the truth..." "Listen..."学生有了这样的心理预期，听前紧张焦虑的心情就会放松很多。听的过程中通过对话开头学生的话"I'm supposed to do a literature review for my psychology course, but I'm... having a hard time finding articles. I don't even know where to start looking"，便可明确此对话的主题是写论文查文献，跟我们预测的内容基本吻合。如果此时学生大脑中关于图书馆场景前期的图式能够被激活，便可为进一步理解材料奠定良好的基础，提高做题的效率。

3.2 听中整合

有了前期的预测铺垫,听者正式进入到听的阶段,这一阶段是图式具体化的阶段。在听力过程中,听者理解一篇听力材料的过程就是听者头脑中的图式与听力材料所提供的信息之间相互作用的过程。当听者把头脑中的图式与听力材料所提供的信息联系起来时,就能获得该材料所要传递的信息。听力过程中听者也可能会产生由于同音异义或者听音不准而导致的误听或歧义,图式可以让听者有效地联系背景知识,不断修正或完善未知信息,消除歧义,最终正确地理解听力内容。教师的教学活动不应仅强调掌握听力内容,更重要的是教授有效的听力策略,完成图式优化过程。笔者认为,在课堂上可以教授学生采用五步精听法,详述如下:

3.2.1 泛听一遍,做笔记,做题(不对答案)

此步骤属于热身阶段,目的在于培养学生采用"自上而下"的方式听材料并养成做笔记的好习惯。托福听力跟其他各种听力考试最大的区别是考生看不到题目,属于盲听,因此做笔记是必不可少的环节。做笔记可以帮助学生解决听力材料过长导致分心的问题,从而帮助学生做题,节约时间。学生应掌握常见的速记符号,记下关键词及听力材料的基本结构,借助大脑中的图式去推断和理解说话人所要表达的主题含义,同时注重听力主旨细节等深层次内容。当不能应用大脑中已形成的图式时,就要迅速对已有的图式进行重新设定,构建新图式。

托福听力的主旨一般在录音的最开始部分就会出现,因此对于录音开始段的把握很重要,听的过程中要听清文章组织信息的结构(是按照分类举例,还是解释一个过程,或者是将事物进行对比分析等),根据对文章结构的了解来决定记笔记的重点。如果是分类举例,记录的重点信息为分类的依据、每个类别的名称以及每个类别中列举的例子;如果是解释一个过程,就要着重去听一些表示阶段的信号词,并记录每个阶段的事件进展以及主要特征;如果是跟事物进行比较或对比,则要记录它们的相同点和不同点。最后结合对全文大意的理解以及所做的笔记进行答题。

例如 TPO1 Lecture 4,教授开门见山地提出讲座的主旨"For today's discussion, we'll review the case study on how some animals have behaviorally adapted to their environments"。紧接着,教授提到"Now you had to read about two animal species, the Eastern marmot and the Olympic marmot",听者应迅速反应出接下来肯定要比对 Eastern marmot 和 Olympic marmot 之间的相似点和不同点,这样记笔记就会有侧重点,要记清楚两者比较的是什么,各自有什么特点。

3.2.2 再听一遍,看文本,查词,跟读

此步骤属于精听阶段,可以采用"自下而上"的方式,重点放在词汇、句子以及篇章的理解上。学生可以判断自己的问题出在哪方面:是因为某些发音不清楚不

准确而漏掉单词或听不出单词，还是对某个固定句型的错误理解，抑或缺乏与某类话题相关的背景知识等，查出根源所在，补充听力过程中忽略的细节信息，验证并补充之前对听力材料预测的内容，完成语言图式及内容图式的完善。教师也可帮助学生熟悉英语中的连读、失去爆破、音的弱化等特征，从而增强快速辨词能力。

3.2.3 不看文本，听材料，断句复述

此步骤为加深理解及纠正发音的过程，可以帮助学生更好地理解材料内容、了解文本结构、校准单词读音，以小模块的方式不断填充大脑中已有的旧图式内容，形成新的图式并强化记忆。

3.2.4 看文本，修改笔记，圈出考点信息，去掉细节内容

优化笔记内容，根据设置的题目来调整笔记重点。托福常设题目类型有主旨题、细节题、态度题、推断题、分类题和过程总结题。细节题常考的内容涉及转折、因果、举例等，有技巧可循。如听到转折，转折后内容为重点内容，前因可不记；如听到因果关系词，一定要写下来，有些细节题其实就是考原因；如是举例，不要记太多例子细节，一定要听懂例子要说明的道理，听到例子立刻回想起为例子所支持的观点并迅速将其记下。应训练学生不断调整大脑中的内容及形式图式，从而达到理解语篇的目的。

例如 TPO1 Lecture 4 中教授所讲的"... according to this case study, marmots are still considered excellent subjects for animal behavioral studies. Why is that?"听到"Why"学生马上就应做好记笔记的准备，接下来的原因一般都会考到。"Well, when they are not hibernating, you can find them in open areas. And they are pretty active during the day, which makes them easy to observe, right?"两句笔记的核心词为 not hibernate, open area, active, day, easy to observe。TPO 针对此部分内容设置的题目是"According to the case study, why are marmots ideal for observation?"答案为"They are active in open areas during the day."

3.2.5 再听一遍，重新做笔记，做题对答案

此为反馈过程，在做此步骤时，学生头脑中所有与听力材料相关的图式都已被激活，从语言、内容到形式，大脑处于积极主动的思维状态，在听力理解中的所有困难也都可迎刃而解。

通过对五步精听法的反复训练强化，学生头脑中各个话题的图式被不断激活、重组、优化，从而在大脑中形成新图式。在新的听力任务过程中，这些新图式又可被重新激活、进一步完善，从而发挥其最大功效。

3.3 听后巩固

语言理解是在信息处理系统的控制下运行的，即"通过感觉记忆过滤的信息由短时记忆进行处理；长时记忆保存语义记忆（即一般知识）和情节记忆（即个人经

验),共同构成图式"(郑晶,2015:68)。"从听力的信息处理过程和记忆的结构特点中可以看出,只有对那些经过短时记忆处理的信息进行即时的重组、编码,这些新建立的图才能转入到长时记忆中储存,成为听者知识系统的组成部分。"(杨婕,2005:106)虽然在听力练习的过程中,听中阶段补充和完善了已建立的图式,是新图式形成的关键阶段,但听后阶段也不可忽视。在这一阶段,学生需要完成对大脑中形成的新图式的巩固和加深,并将相关图式存入长期记忆中,以便在将来的新语境中进行再现和运用。

教师可以设计一些交际性和互动性强的任务,让学生在轻松愉快的环境中补充、完善已有的图式或建立新图式。例如复述听力大意,训练学生准确抓住说话人的思路及熟悉文本框架,可以通过演讲、小组讨论等学习形式来进行;组织学生进行角色扮演,要求学生通过相互合作来共同演绎规定情景中的人物角色的对话;组织学生对材料内容进行评论、写摘要;布置课后作业,让学生利用网络资源搜索与主题相关的内容,以课堂报告的形式呈现出来;还可要求学生根据材料话题课后录制口语视频在课堂上播放,教师做点评;等等。所有这些任务形式都是为了加强新图式记忆,完善知识储备,为将来积极地听打下坚实的基础。

4. 结语

Anne Anderson 和 Tony Lynch(2008)在合著的 *Language Teaching: A Scheme for Teacher Education, Listening* 一书中指出:听力理解不是单纯的语言信息解码过程,而是在解码的同时对接受信息的再构建过程。听力理解的过程正如图式理论强调的一样,是一个把储存在头脑中的信息与所听信息相互激发、相互作用的过程。在听的过程中人们除了需要激活语音、语调、词汇、语法及必要的背景知识之外,还需要用大脑中的图式信息去预测、思考、情景再现,然后人脑会对这些预设一一进行验证。

不论是写文章、说话,还是出题目,美国人都习惯遵循某种固定模式。托福考试内容主要围绕美国的校园生活展开,出题者在头脑中已经限定出了一个大的框架,虽然有时换些考点,但是大的思路是不会变的。所以,当托福听力刚刚开始的时候,就要积极地去预测内容、判断结构,迅速建立起与大脑中已存图式的联系。听的过程中要努力去听,记好笔记,在预测的基础上再次确定讲话者的主要观点和总的结构框架,激活优化知识图式。最好的托福听力练习材料就是托福真题,如TPO(TOEFL Practice Online)和 OG(Official Guidance)。我们可以通过不断强化对于已经考过的习题的熟悉程度,来增强对未知考题的预判。

教师在课堂上可以积极探索多种策略来帮助学生主动激发并构建知识图式,

使学生能够将接受的新信息与已有的知识和经验进行结合，丰富图式信息。同时，教师也要有意识地培养学生利用“自上而下”和“自下而上”两种信息处理方式，成功激活图式，提高听力理解的效果。

参考文献

[1] Anderson, Anne & Tony Lynch. *Language Teaching: A Scheme for Teacher Education, Listening*. Oxford University Press, 2008.

[2] Bartlett, F. C. *Remembering*. Cambridge: Cambridge University Press, 1932.

[3] Carroll, D. W. *Psychology of Language*. Beijing: Beijing Foreign Language Teaching and Research Press, 2000.

[4] Cook, G. Key concepts in ELT: Schemas. *ELT Journal*, 1997, 1: 51.

[5] 韦汉、章柏成:《图式理论和中国外语教学研究的回顾与前瞻》,《西安外国语学院学报》2004 年第 9 期。

[6] 杨婕:《听力教学中运用图式理论的探索》,《齐齐哈尔大学学报(哲学社会科学版)》2005 年第 3 期。

[7] 张利平:《大学英语听力教学中图式的构建和优化》,《长春理工大学学报(社会科学版)》2010 年第 1 期。

[8] 赵琳:《图式理论在大学英语听力教学中的应用》,《华中师范大学学报(人文社会科学版)》2012 年第 4 期。

[9] 郑晶:《图式激活理论视域下外语阅读策略探究》,《外语电化教学》2015 年第 1 期。

基金项目:

本论文系哈尔滨工业大学(威海)校级教学研究项目“校本理念下的大学英语课程体系构建研究”和“面向国际化人才的经管类学生跨文化交际能力培养研究”阶段性成果。

作者简介:

鞠囡囡(1980～),女,汉族,山东威海人,哈尔滨工业大学(威海)语言文学学院讲师。研究方向:翻译、教学法。

以任职教育为导向的士官英语教学内容改革

李佳莹

[摘要] 随着世界各国新军事变革的深入和中国特色军事变革的推进,熟练掌握英语已成为我军新型军事人才应具备的基本素质之一。作为士官教育的基本科目之一,英语在教学中起着举足轻重的作用。英语是军校士官学员的必修课,在任职教育改革的大背景下,士官英语教学面临着新的挑战。本文通过问卷调查的方法分析了针对本校士官大专学员的英语教学现状,发现士官学员在英语学习上主要存在三个方面的问题;针对问卷调查反映出的士官英语教学中存在的问题,笔者提出了以任职教育为导向的士官英语教学内容改革的三点建议。

[关键词] 士官;英语教学;任职教育

1. 引言

士官队伍是我国国防现代化建设的骨干力量,是实现科技强军的生力军,我军各种现代化装备要靠他们来掌握、维护、使用。对高素质士官人才的需求向我军士官教育提出了新挑战。我军的士官院校教育开始于20世纪80年代,1986年6月,中央军委决定试办若干所综合性士官学校,同时在部分军官院校开办了士官班(田益民,2008:99)。第十五次全军院校会议提出了建立完善岗位任职教育的重大决策,并指出:士官任职教育居于与军官任职教育同等重要的地位。第十六次全军会议又明确提出构建现代士官培训体制,进一步明确了士官教育转型发展的方向,将教育价值的核心定位于部队岗位任职需要的能力上(刘明,2010:83)。随着世界各国新军事变革的深入和中国特色军事变革的推进,熟练掌握英语已成为我军新型军事人才必备的基本素质之一。作为士官教育的基本学科之一,英语在教学中有举足轻重的作用。笔者在本文中以自己所在学校的士官大专生为研究对象,通过对当前士官英语教学的现状进行分析,尝试着提出了以任职教育为导向的士官英语教学内容改革的几点建议。

2. 士官英语教学现状调查

要想科学地设置教学内容，首先需要充分了解教学对象的现状。本研究通过英语笔试和问卷调查的形式，了解了学员的实际英语水平和学习动力。同时，认真分析了教材的实用性和针对性，从多角度为教学内容改革做好了准备。

2.1 英语基础偏弱，两极分化现象严重

我校士官学员主要来自基层部队，从学校毕业后都至少有 2～3 年没有再学习过英语，基础十分薄弱。在入学时，以一份高中难度的试卷（满分 100 分）对本校 2014 级的 110 名士官大专生进行了复试，学员们的成绩分布如下：

英语水平复试成绩表

分数段	人数	所占百分比
10 分以下	2	1.9%
10～30	80	72.7%
30～50	17	15.5%
50～60	3	2.7%
60～80	8	7.2%

通过上表可以看出，在 2014 级士官大专学员中，有 83.7%的学员英语入学复试成绩在 40 分以下，其中最低分为 8 分，最高分为 79.5 分，由此可见这 110 名士官大专学员的英语基础普遍较差，而且存在着两极分化的问题。笔者通过对学员的问卷调查发现，62%的学员文化程度为高中毕业，24%为中专毕业；在选择英语学习基础时，69%的学员选择的是只有初中基础。学员在入学之前的英语基础本来就十分薄弱，加之在部队的两年里与英语完全脱节，因此学员在英语学习方面存在着很大的障碍。近半数学员完全不认识国际音标，导致在学习单词的时候即使对照标识好的读音也不能读出来。

2.2 学习英语动力不足

有些士官学员在学习英语时缺乏主动性，十分被动，只能勉强完成课上 45 分钟的学习，在课下根本没有兴趣再翻看英语类读物。究其原因，主要是士官学员对英语学习在认识上有偏差，学习英语的动力不足。在对士官学员进行问卷调查后

发现，大部分学员学习英语只是为了应付期末考试，甚至有学员质疑开设英语课程的必要性，因为他们觉得英语对于以后他们在部队中开展工作并无帮助。有一名学员在最后的英语学习意见中写道：作为海军的一员，即使以后有机会随舰出国执行任务，都会有随行的翻译，所以他们并不需要掌握英语。通过平时与学员的交流也可以发现，在士官学员中普遍存在着"英语无用论"的观点。正因为对学习英语缺乏正确的认识，导致士官学员在英语学习中缺乏动力，只是在表面上应付。

正是因为士官学员英语基础十分薄弱，对英语学习又缺乏正确的认识，因而一些学员在英语学习中采取了放任自流的态度——不听、不看、不读、不写，把英语课本看成了有字天书，上课犯困，学习态度十分被动，课上不能与教员很好地进行教学互动，这也给教员授课带来了很大的困难。

2.3 缺乏专门教材，未突出军事特色

教材是教学内容和教学方法的基本载体，是院校实施教学的基本条件和重要工具(胡金成，2004：58)。目前，我校士官大专学员选用的教材是对外经济贸易大学出版社出版的统编教材《新编大学英语实用教程》第一、二册，该教材为全国高等职业学院的实用英语教材，两册书共包括了"大学生活""兴趣爱好""语言学习""生活计划与目标"等主题，共计十八个单元的内容。学员要在两学期共计100学时里完成这两册书的学习。该教材在内容设置上难度不大，主要针对的教育对象是完成了初高中教育并通过了全国普通高等院校入学考试的大专生。但是，通过分析入学复试成绩及问卷调查可以看出，我校招收的士官大专学员基础很差，基本词汇量仅为200～400，他们在学习该教材时普遍感觉比较困难。

另一方面，该教材作为全国大专实用英语教材，并未突出军事特色，更倾向于学历教育阶段的学习。教材内容所涉及的"大学生活""语言学习""购物"等内容都与学员的部队工作生活没有关联，完全没有以任职教育为导向，不能适应我国军队现代化发展和国际军事交流的需要，这也在某种程度上导致了学员上课学习提不起兴趣。笔者通过观察本校士官大专学员上课时的表现发现，当教员补充与军事相关的词汇或英语知识时，学员就会相对集中精力去听、做笔记，并主动跟读，这说明学员在学习英语的时候还是希望能以任职教育为导向的。因此，在提高学员英语基本能力的同时，可以结合未来专业需求，突出军事特色，增加军事内容，学以致用。而现在在各军事院校内，士官英语教学都面临着同样的困境：一部分院校选择地方大专院校用的教材，另一部分院校组织自己的教研室来编写临时教材。

3. 以任职教育为导向的士官英语教学内容改革的几点建议

田少华指出:“英语课程作为海军士官大专各专业科学文化课程模块中的一门必修课,它不仅仅是一门语言基础知识课程,在开拓学员视野,与国际接轨,掌握新型装备信息,满足当前部队发展建设需要方面发挥着不可或缺的作用。”(田少华,2013：1)第十六次全军院校会议之后,军委总部颁发了一系列加强士官教育的纲领性文件,明确了士官教育属于军事职业教育。因此,在英语教学内容改革方面,必须要以任职教育为导向,本文主要提以下三方面的建议:

3.1 根据入学复试成绩进行分班教学

我校一直将士官大专学员分为两个平行班进行授课。但是因为士官学员成绩存在两极分化现象,教员上课总会面临这样的问题:如果课堂设计倾向照顾基础好的那部分学员,大部分基础差的学员就会完全跟不上教员的节奏,感觉在听天书;而为了保证大部分学员的听课质量,两个课时都在进行非常基础的语言点的讲解,学习成绩较好的学员就会感觉授课内容都是自己已经掌握的,收获不大。通过上述对 2014 级大专学员成绩的分析也可以看出,成绩两极分化现象严重,如果不分快慢班教学,势必会影响授课效果,造成一部分学员上课“收益”非常低。

笔者建议分 A、B 快慢班,对 A 班学员无须再进行音标等非常基础的知识的重复讲解,在授课过程中也可以多用英语讲课,注重在原有基础上提升学员的能力;对于 B 班学员,更侧重基础知识点的学习巩固,在授课过程中多用汉语,同时放慢进度,对于重难点要多重复,拓展学员的词汇量,让学员熟悉一些语法结构。

3.2 端正学习态度,提高学习兴趣

在士官学员学习英语存在的认识上的误区中,英语学习动力不足的问题是关键。因为学员都至少有两年的时间没有接触英语了,在基层部队也不能充分了解在复杂多变的国内外军事形势下掌握英语的重要性,所以教员要在开课时将课程概述向学员解释清楚,旨在让学员了解《大学英语》这门课程在海军士官大专学习中的性质地位,充分领会人才培养方案的基本要求和理念,以及教员对本门课的设计思路和总体目标,让学员摒弃“英语无用论”的错误观点,通过对军队及国内外形势的分析,帮助学员树立正确的思想认识,从自身发展入手,让学员逐渐意识到掌握外语能为自己将来的职业发展多加一枚有力的砝码。

在平时授课的过程中,要帮助学员排除“畏难”情绪,及时肯定学员的进步。要培

养学员学习的兴趣,需要让学员积极地参与到课堂活动中来。由于学员的口语表达能力偏低,在课上回答问题时,不少学员都存在"畏难"情绪,害怕自己发音不准被笑话,最终宁愿只是被动地听别人回答也不愿意参与进来。教员要引导学员提升英语口语水平,适应我军现代化发展和国际军事交流的需要,鼓励学员在平时课堂的学习中进行简单的口头交流。在学员回答完问题后给予肯定的同时再指出其发音或者语法方面存在的不规范现象,而不是一味地批评。只有给予学员更多的鼓励和信心,才能慢慢培养其学习的兴趣。要改变只是教员讲授,学员被动接受的教学模式。

3.3 自编适合士官高职的英语教材

士官学员教材的编写要以规定的课程目标和教学要求为指导思想,教材内容应尽可能贴近士官生的文化水平和英语基础,一方面应涉及国际音标、基本句型对话、基础语法等内容,另一方面应与军事相结合,用一些军事用语来编简短的对话和小文章,在巩固基础语言知识的同时又与任职教育相结合,突出教学内容的实用性和针对性。因此,士官英语教材必须达到英语基础与岗位任职的平衡,实现二者的有机融合。士官英语教学并不是用英语进行的专业课教学,而是以军事及专业知识为内容的英语教学。

在自编英语的时候,还应注意教材应符合英语教学规律,培养听、说、读、写、译等综合能力,尤其突出对听、说能力的培养。通过对学员之前学习情况的调查发现,59%的学员在之前的英语受教育经历中没有上过专门的听说课,因此在教材编写时要有专门的听说训练专题,主题要容易表达又贴近军营,比如在某一单元中可以进行专门的军营会话听说训练。

4. 结语

本文以本校 110 名士官大专学员为研究对象,通过对英语教学现状的调查分析,尝试提出了以任职教育为导向的士官英语教学内容改革的三点建议:分级教学、调整学习态度、自编有针对性的教材。新的时代背景对士官英语教学提出了新的要求,士官的英语教学不同于一般的学历教育,士官英语教学应从学员的实际情况出发,以任职教育为导向,提高士官的英语基础,提高士官对未来军事技术发展的把握,提高其维修、管理和使用武器装备的能力,增强其处理部队营区以及军途突发涉外事件的能力。笔者本次调查在问卷设计、数据统计分析等方面还存在不足之处,在今后的教学科研工作中还要不断完善,争取在士官教学改革方面提出更有建设性的建议。

参考文献

[1] 胡金成等:《海军士官大专教育教材的研究与分析》,《海军院校教育》2004年第5期。

[2] 刘明:《士官任职教育改革初探》,《科技信息》2010年第5期。

[3] 田少华:《海军航空工程学院〈英语课程标准〉》,2013年。

[4] 田益民:《外军院校士官教育对我军院校士官教育的启示》,《世纪桥》2008年第11期。

[5] 王立民:《士官英语教学改革的几点思考》,《实践与探索》2008年第6期。

作者简介:

李佳莹(1988～　),女,汉族,山东威海人,海军航空工程学院基础部外语教研室助教。研究方向:英语翻译理论与实践。

雅思阅读对大学英语阅读教学的启示

李小洁　张信宁

［**摘要**］　本文从雅思阅读题型的设置和大学四、六级考试模式的对比入手，阐述了雅思阅读对大学英语阅读教学的启示，总结了雅思阅读对大学英语阅读教学和大学生阅读学习的启示，可以使英语教师在教授大学英语课程的过程中走出过分“精讲”的误区，通过更好地选材、更科学地教授和考查，更加有效地培养学生的阅读兴趣，并提高学生的阅读能力。

［**关键词**］　雅思；大学英语；阅读；教学启示

1. 引言

一直以来，英语都是一门非常重要的学科。虽然很多高校已经不再把通过四六级考试作为学生取得学位证书的必要条件，但是，随着国际化进程的逐步深入，英语的应用受到了越来越多的重视。作为英语学习中的一个重要组成部分，阅读可直接反映一个人从文章中获取知识和信息的能力，其重要性不言而喻。然而，很多大学生即使通过了四、六级考试，但是当他们在阅读一篇英语文章的时候，仍然感到非常费劲，无法迅速提取文章的主要信息。通过多年的大学英语教学实践，尤其是过去三年来讲授雅思阅读的体验，笔者认识到大学英语阅读教学在实践中存在不少问题，许多学生对如何提高阅读能力缺乏正确的认识，在阅读训练和词汇学习中存在误区，忽视整体阅读原则，严重影响了阅读能力的进一步提高。本文将从多方面比较雅思阅读与传统大学英语阅读，希望能在如何培养和提高学生的阅读能力方面给广大英语教师一些启发。

2. 雅思考试及学术类阅读考试简介

雅思考试(IELTS,全称为 International English Language Testing System)由剑桥大学考试委员会外语考试部、英国文化协会及 IDP 教育集团共同管理,是一种为打算到使用英语的国家学习、工作或定居的人们设置的英语水平考试。雅思考试分学术类和培训类两种,本文主要探讨学术类雅思阅读考试的相关内容。

学术类雅思考试的阅读测试共有 3 篇文章,考生需要在 60 分钟内回答 40 道题目,平均每道题耗时 1.5 分钟。阅读考试中的文章来源于杂志、期刊、书籍和报纸等,经改写而成。除了文字,文章还包括图表、图片等非文字内容,以记叙文、说明文或者议论文等文体表现出来。文章的内容包含即将学习本科、研究生课程或进行职业注册的考生所感兴趣的、与其认知程度相符的常见话题。3 篇文章均为学术性文章,内容广泛,包括经济、教育、科技、医学、环境、能源、地理、生物等方方面面。考题大多涉及当今热点话题,内容与时代发展紧密联系。其中,至少一篇文章会采用详尽的论述形式。所有文章总计长度在 3000 词左右。阅读题型可以分为五大部分:标题题、填空题、判断题、选择题和配对题。雅思阅读考查的是考生在规定的时间内查找到信息,并且把有用的信息提取出来,以及归纳和总结的能力。

3. 雅思阅读考试和大学英语四六级考试的对比

3.1 考试结构与评分标准

雅思考试分为四个部分:听力、口语、阅读和写作。每个部分都按照九分制而且独立评分,总分基本可以按照取四个部分的平均值的方法进行计算。雅思最大的特点是对考生的英语交际能力进行综合测算,而不是仅仅在答题卡上选择一个选项。雅思阅读不是考查考生的阅读理解能力,而是检索有用信息并将有用的信息提取出来且进行归纳和总结的能力。考生在做雅思阅读的时候,根本没有时间一字一句地理解,而是在有限的时间内,根据题目在文章中搜索到目标句,然后细读目标句,将答案找出来。

大学英语四、六级考试采取的是 710 分为满分的计分体制,主要由四个部分组成:听力理解 35%,阅读理解 35%,综合测试 15%和写作测试 15%。阅读理解 35%中有 25%是 careful reading(仔细阅读部分),而 10%是 fast reading(快速阅读部分)。毋庸置疑,阅读在四、六级考试中占据了相当大的比例。与雅思考试相比,大学四、六级考试仍然停留在卷面考试的形式上,并没开展全面的口语考试,无法测试考试的口语水平。因此，在一定程度上，大学四、六级考试不能全面而直观地反映考生的英语综合应用能力，而雅思考试则全面地测试了考生的听、说、读、写四个方面，不存在重阅读、轻听说的特点。

3.2 考试内容

雅思阅读有3篇文章，题目大约是40个，做题时间是一个小时。文章内容涵盖了经济、生物、科学研究、生态、地理、环保等各个方面。考查范围非常大，而且考题基本都涉及当今热点，内容和时代发展紧密相连。

较雅思阅读来说，四六级阅读文章比较短，难度也相对较低，话题不如雅思深入，且没有太多的做题技巧。由于时间充裕，考生完全可以仔仔细细读完全文再找选择题的答案，而不是像雅思阅读一样，通过题干找目标句。因此，雅思阅读考试中阅读速度是关键，而在四、六级考试中，理解文章才是关键。

3.3 考试题型

雅思阅读基本可以分为五种题型：标题题、填空题、判断题、选择题和配对题。除了这五种题型外，另外还有几种难度稍低的，如简答题、完成句子题、流程图、表格题和填图题。雅思阅读题型丰富，大部分试题是主观题而不是客观题，在一定程度上降低了考生猜对答案的概率。

四、六级阅读除了少量的填空题，绝大多数都是选择题，考试形式单一，并不能客观地考查学生的阅读能力。

3.4 考试答题技巧

经过总结，雅思阅读基本可以遵循这样的解题步骤：读文章大标题，以便了解文章大意；看题目要求；看题干，找出题干的关键词；回到文章中，根据关键词或者关键词的同义词进行定位找到目标句。找到目标句之后，要分析句子以便找到答案。在分析句子的时候，以下两点是关键：

3.4.1 高频词汇

词汇是语言的基础，纵观国内外的基础英语水平测试，词汇都是决定考生们考分高低的根本因素。而因为其文章的学术性，决定了雅思学术类考试所使用的词汇的词义有别于常见的基础词义。比如，season，hide，control，term，champion，harbor，coin 这几个词从“朗文定义词”(*Longman Defining Vocabulary*)的角度来定义，其常见义分别是：季节(名词)、躲(动词)、控制(动词)、学期(名词)、冠军(名词)、港口(名词)、硬币(名词)。这些意思也是大部分考生在日常英语学习中所学到的词义。但是如果在雅思阅读中，考生带着这些意思去阅读，那么必将出现错误理解，进而导致句子不知所云的后果。因为在雅思阅读中，这些单词的常见学术意思分别是：风干（动词）、腿（名词）、参照物（名词）、术语（名词）、支持（动词）、怀有（动词）、创造（动词）。可见很多单词不光词义发生了变化，词性也发生了变化。如果不熟知这些方面的内容，在考试时必将出现混淆动词、名词词性，主语谓语分不清等情况，影响对句子的理解，进而影响考试分数。

3.4.2　同义词替换

运用定位去找答案，除了运用同义、近义、派生、反义否定、上下义词方法之外，还可以利用重现关系，即定位词与原文词都是表示同一种方向的词，比如都表示上升、进步、增加等正向的词：develop, grow, climb, increase, upgrade, soar, fly, arise, high 等；都表示积极有益等正方向的词：good, benefit, positive, available, better, optimistic, priority, robust, favor。比如下面这句剑桥雅思真题"Technological developments contributed to the higher fish catches after the Second World War"中定位词是 contributed to，原文"Sea fishing grew rapidly in the decades after the Second World War. Mechanization increased the fisherman's catch in traditional grounds and then carried them to distant waters for more."对应的定位词是 increased，虽然两个词不同，但是在具体语境中都表示渔业中捕鱼量的增加，这两个词是同义替换词。通过定位词确定答案在雅思阅读中是重要的解题方法之一。

4. 大学英语阅读教学的现状

阅读能力的培养是大学英语教学的重要目标，阅读能力测试在大学各类英语测试中都占有重要的地位。然而，目前大学英语阅读的教学状况却不尽如人意。Jones 和 Davies 曾经把处理一篇阅读文本的方式分为两大类：TALO (Text as Linguistic Object：文本作为语言对象)和 TAVI (Text as Vehicle for Information：文本作为信息工具)(Johns, 1983)。研究观察显示，受传统语法翻译教学法的影响，很多教师都倾向于采用 TALO 模式。在讲解阅读文章时，教师往往都会挑选一些语言难点进行解释，比如长难句、语法及重点词汇和短语。课后，教师又会要求学生完成一定量的练习以帮助强化和巩固这些语言知识。在这种教学过程中，教师并未教授学生如何阅读以及如何提高自身的阅读能力，而是将一篇书面文本作为讲解新的词汇或结构的工具。传统的教学方式并不是把文本作为信息传达的工具，而是作为语言学习的载体。这种教学造成的后果是：学生养成了在阅读时逐词逐句翻译的习惯，总力求弄清楚每个词的意思，而无法有效提取有用的信息，无法迅速理解全文，更不要说归纳和总结文章内容了。这不仅造成阅读效率低下，还容易使学生产生焦虑心理。在阅读长文章或原版杂志期刊时,学生往往感到无所适从,这种焦虑心理就表现得更加明显。

此外,目前各类阅读测试题型也存在缺陷,主要特点为题型比较单一、选择题比重过大。虽然改革后的大学英语四、六级考试的阅读部分已经引入了填空题,但绝大多数题型还是选项式的完形填空和选择题,而这两种题型的效度已经受到了很多质疑。选择题虽然具有评分信度高、实施方便、题量和覆盖面大等优势,但其缺点也很明显:猜测概率大、项目设计难、负面反拨效应强,因而仅靠选择题是无法全面考查学生真实的语言运用能力的。此外,语言测试对语言教学和学习具有反拨作用,这种作用可以是积极的,也可以是消极的。考试赋予的级别越高,它的影响就越大。影响重大的考试对教师和学生的巨大作用甚至能够改变他们在教和学的过程中的行为和态度。在教学过程中,教师要求学生完成大量与考试相关的全真题、模拟题,在各类阶段性考试中也大量采用选择题,甚至很多阅读教材的编写也成了试卷的翻版,即"课文+选择题练习"。测试中选择题的过度使用也给学生造成了误导,很多学生大搞题海战术,研究猜题技巧,想当然地认为答题的正确率提高了,也就代表自己的阅读水平提高了,却忽略了真正的阅读能力的培养,背离了语言学习的根本目的。

5. 雅思阅读对大学英语阅读教学的启示

雅思作为一种国际公认的考试形式,其存在的意义不仅仅是作为教育选拔的依据,其试题的设置和考核方向对英语学习者也起到了科学引导的作用,同时影响着我国大学英语的考试、教材编写和教学实践。

5.1 雅思阅读对大学英语阅读测试题型的启示

目前测试大学英语水平最权威的考试是大学英语四、六级。然而,四六级的阅读题型基本以选择题为主,这就导致了题型过于单一,无法考查学生的综合阅读水平,反而会给教师的教学和学生的学习带来很多负面的反拨效用。所以,如果想要学生有更高的综合阅读水平,同时改变现在的教学困境,就必须改革测试题型。要尝试把单一的选择题题型变成多种题型,以便让学生更好地理解文章,提高其综合阅读能力。

5.2 雅思阅读对大学英语阅读教材的启示

通过和雅思阅读高分学员交流,笔者发现考高分者的共同点就是,英语方面的阅读量大、积累多。雅思学术类阅读材料多是科普性说明文,选材广泛,涉及医药、教育、交通、管理、历史、化学等各个领域，涉及社会热点话题，内容都是近年来报纸杂志经常讨论的热点话题，与时代发展紧密结合。然而，目前我国大学生使用的阅读教材体裁单一，文体以叙述人和事为主，故事性强，通俗易懂，但教材内容与现实生活脱节，使得教材空洞、单调、缺乏时代感，体现不出英语语言的生动性。

5.3 雅思阅读对大学英语阅读教学实践的启示

目前，精读教学只是为了学习语言而读，而提高阅读速度，即快速阅读才是为获取信息而进行的阅读。笔者发现这种能力在学生进行雅思学术阅读训练时得到了很好的体现。因此，教师或许可以借鉴雅思学术阅读的特点和做法，以促进大学英语阅读教学的发展。雅思阅读考试要求考生在一个小时内运用自己的阅读能力，排除生僻的专业词汇障碍，阅读三篇千字左右、含五种大题型共40道题的文章，最终进行正确的判断。可见，考试的目的不是测试考生对文章的完全透彻理解，而是测试学生的阅读能力。阅读能力可以体现在考生是否能灵活运用阅读技巧方面。在雅思考试中，考生主要运用三种主要的阅读技巧：猜词技巧(guessing)、略读技巧(skimming)和扫读技巧(scanning)。从雅思阅读实用性的思考可以看出，在我国高校教学的过程中，教师有必要对学生阅读能力的这三方面技巧进行训练。这三大阅读技巧不应该独立对待，在训练学生的单项技巧时，教师也要鼓励学生试着综合运用这三方面的技巧，从而实现高效率的阅读。

5.4 雅思阅读对大学生学习阅读的启示

雅思阅读对考生的词汇量要求很高，但单词量不仅仅是背出来的。有很多技巧可以运用到雅思阅读考试中。例如，可以通过前缀、词根猜词；可以通过文章上下意来分析词汇；可以通过比较同义词替换来理解词意；等等。但是，首先要保证一定的词汇量，没有词汇量的保证，任何技巧都行不通。在背诵单词的时候，也要了解相关语法。只有词汇量是不够的，因为还有整个句子的理解，甚至整篇文章的理解。考生可以购买专门的语法书，或者在平时做题训练的时候多积累语法知识。雅思阅读是讲究技巧的。没有解题技巧，就不能在一个小时内读完三篇共3000字左右的文章。所以，考生可以有意去了解雅思阅读的解题技巧。只有掌握了解题技巧，做题才能事半功倍。考生可以在课后对某种题型或者整套题进行反复大量的练习。只有词汇量、语法和解题技巧是不够的，唯有通过大量的练习，才能很好地把握考试题型和考试思路，进而更好地解题。

6. 结语

作为一套行之有效的国际性英语测试体系，IELTS对国内大学阶段英语教学的影响和渗透必将越来越明显。可以很有把握地说，国内大学阶段英语教学在观念和方法上都会经历一次重要的变化和发展。这一发展离不开教学思想的转变、教学手段的改进以及评价方式的调整，更离不开广大教师的积极研究、积极探索和积极准备。只有付诸艰苦的努力，才会使大学阶段英语阅读课的教学水平和学生的阅读理解能力逐步提高。

参考文献

[1] Johns, T. & F. Davies. Text as a vehicle for information: The classroom use of written text in teaching reading in a foreign language. *Reading in a Foreign Language*, 1983, 1(1): 1-19.

[2] 教育部高等教育司:《大学英语课程教学要求》,上海外语教育出版社 2007 年版。

[3] 全国大学英语四六级考试委员会:《大学英语四六级考试大纲》,上海外语教育出版社 2007 年版。

[4] 中文雅思官方网站 2009 数据, https://www.chinaielts.org。

作者简介：

李小洁(1982～　),女,汉族,山东威海人,哈尔滨工业大学(威海)语言文学学院讲师。研究方向:语言学。

张信宁(1980～　),男,汉族,山东烟台人,哈尔滨工业大学(威海)语言文学学院讲师。研究方向:语言学。

大学英语小班化教学环境下学习评价的方法及运用

刘红英　徐晓军

[摘要]　近年来，随着我国经济的快速发展和对高等教育投入的不断增加，一些学校的大学英语教学开始向小班化教学的方式转变。与传统教学方法相比，小班化教学是更重视个性化教学的手段，它注重学生的个体差异，能激发学生的学习兴趣；让学生进行自主的探索活动，产生成功的欲望，品尝成功。在这种背景下，本文探讨了小班化教学的真正内涵，同时，为了有效地发挥评价机制在小班化教学过程中的正面导向作用，研究人员在海军航空工程学院 2013 级本科学生中进行了小班化教学评价体系的构建研究，包括诊断性评价、形成性评价、终结性评价三方面，并提出了评价实施的原则及一些问题和建议。

[关键词]　小班化教学；诊断性评价；形成性评价；终结性评价

1. 何谓"小班化教学"

要探讨小班化教学，首先应该明确多大规模才算"小班"。陈培珊认为："班级人数缩小到多大额度才能称之为'小班'，国际上没有统一的规定。普遍意义上，小班是个相对的概念，它是相对于某个地区或国家的大班，也就是传统意义上的常规班而言的班级规模缩小。"（陈培珊，2008）从班级规模变化的趋势可以看出，发达国家的班级规模一般都控制在 25 人以内，这一数字的含义已经不再表示"相对较小的班级规模"，而是成为了标准（潘颖、李梅，2006：159）。

但是，小班教学仅仅是班级规模相对较小的教学，要把"小班教学"转变成"小班化教学"，仅缩小班级规模是远远不够的。"小班化教学"指的是：以促进学员既全面又有个性的发展为目的，在缩减班级学员规模的基础上，通过对包括教学内容、教学方法、教学组织形式、教学实施过程、教学策略和教学模式等的改革而形成的一种班级教学活动形式。(欧阳美梅，2003：3)

20世纪70年代末，欧美一些发达国家开始进行小班化教学的实验研究，其中以美国的研究最具代表性。历经四十余载的研究后，欧美国家对于小班化教学尽管还存在诸多争议，但取得的成绩却不容小视。20世纪80年代以来，我国的英语教学取得了显著的成绩，但是与国家和社会的需求相比，与全面实施素质教育的要求相比，与大学生全面发展的需要相比，还存在一定差距(刘向虹，2011)。总体来看，尽管大学英语教学经历了多次改革，井升华(1999)指出的大学英语教学“费时低效”和“温吞水”局面至今未有实质性的改变。事实上，学生对大学英语教学的满意度不高(蔡基刚，2010)。在这样的大背景下，北京、上海、天津、南京等多个地区在借鉴国外小班化教学理论与实践经验的基础上，结合各地实际进行了小班化教学实验，对中国的小班化教学展开了积极的探索。

综合国内外的小班化教学研究可以看出，小班化教育具有如下特征：①班级规模与传统教学班相比大幅缩小；②全纳性教学，其根本宗旨是不让一个学员落后；③个性化教学，注重学员的个体差异，根据学员的发展水平与需要，创造条件让每个学员进步；④具有教学情感性，师生之间、生生之间的关系更加和谐、融洽，学员的情绪、情感的表达和流露更加直接，教员易于调节学员的情绪，激发学员的学习兴趣；⑤多元性评价，比如档案袋评价、展示性评价、特长项目评价等，这些可以让每个学员产生成功的欲望，品尝成功；⑥活动化，让学员进行自主的探索活动；⑦合作化，包括师生合作和生生合作两个方面。

可见，小班化教学有着不同于大班教学的理念，有自己独有的教学内容、教学方法、评价手段和模式，是一种追求教育质量、促进学员全面发展和个性化发展的优质教育。

2. 小班化教学的学习评价系统

大学英语小班化教学是着眼于学员的全纳性教学、个性化教学，是教学情感性的素质教育，它重视学员对学习过程的体验和思维技能的发展，其英语教学的重要目标是培养学员的学习兴趣、学习态度、学习策略和文化意识。在小班化教学的过程中帮助学员学会自主学习，学会与人合作，培养学员的创新意识及科学的价值观。以上这些都是小班化教学应该承担的责任。为了有效地发挥评价机制在小班化教学过程中的正面导向作用，有必要建立一个科学、有效的小班化教学评价体系。

基于以上理论，在海军航空工程学院2013级直通车学员提高班的教学中，笔者进行了几种小班化学习评价方式的尝试。在教学过程中，笔者改变了传统的只重视反映学习结果的终结性评价（如期中、期末考试等），重视体现学员学习过程的评价；改变评价过程中只重视教员的评价，增加学员的自我评价和合作评价；改变只重视评价和测试的甄别和选拔功能，强调为学员成长发展服务的功能；改变只重视对语言知识和语言能力的考查，增加对学员情感、文化意识以及综合素质的考查；改变测试中只重视答案的公平性、客观性、唯一性，强调学员的选择性和创造性以及答案的开放性和多样性。

教员在进行小班化教学评价模式尝试之前，先从意识层面上对学员进行了正确的引导，使他们对评价模式的转变有所认识。在教学过程中，教员坚持以小班化教学理念为原则，统筹兼顾，尝试着综合使用了以下评价方式：

2.1 诊断性评价

诊断性评价也称置前评价，主要用来探察学员在学习新内容前的知识、能力准备情况。这种评价被安排在教学设计前，是制定教学目标、组织教学内容和选择学习策略的依据。海军航空工程学院2013级学员在学习大学英语课程前，先进行了书面考试、口语测试和问卷调查，教员对学员的基础情况进行了诊断性评价，并在该评价的基础上，将学员分成了普通班和高级班。

2.2 形成性评价

教育部2001年颁布的《英语课程标准》将"形成性评价"定义为"对学员日常学习过程中的表现、所取得的成绩以及所反映出的情感、态度、策略等方面的发展做出的评价，是基于对学员学习全过程的持续观察、记录、反思而做出的发展性评价"。其目的是"激励学员学习，帮助学员有效调控自己的学习过程，使学员获得成就感，增强自信心，培养合作精神"。形成性评价可以使学员"从被动接受评价转变成为评价的主体和积极参与者"。在2013级高级班的教学评价中，形成性评价主要采用了档案袋评价的方式。

档案袋评价又称为"学习档案评价"或"学员成长记录袋评价"，是以档案袋为依据而对评价对象进行的客观的综合评价，它是20世纪90年代伴随着西方"教育评价改革运动"而出现的一种新型质性教育教学评价工具。档案袋是指由学员在教员的指导下搜集起来的，可以反映学员的努力情况、进步情况、学习成就等一系列的学习作品的汇集。2013级高级班的档案袋学习评价包括四个阶段，每一学期为一个阶段，它展示了学员在一个学期内大学英语学习的综合发展。

在2013级高级班学员中，档案袋评价包括"课堂表现评价""作业质量评价"和"特长展示项目评价"三部分。

在课堂表现评价中，包括课堂学习态度（认真、积极、自信）、课堂思维能力（条理性、创新性）、合作性三个方面，每个方面分为优秀、良好、一般、较差、很差五个等级，由学员自评、同学互评、教员评价共同组成。

在作业质量评价中，由于作业是一种有目的、有指导、有组织的学习活动，是提高学员素质的重要载体，因此作业质量就反映了学员的学习态度、学习兴趣以及对所学知识和技能的掌握程度。作为教员，除了要精心设计作业，还要重视对学员作业的评价。相关研究表明：教员能否及时对学员的作业作出正确评价，将直接影响学员的学习动机、学习兴趣和学习态度，从而影响学员的学习成效。作业质量评价分为 A、B、C 三个等级，成绩与评语相结合，由学员自评、同学互评和教员评价共同组成。

在特长展示项目评价中，由于一个学员所取得的某项突出成绩往往与他的特长有着密切的联系，特长的灵感常常促使一个人在学习上获得重大突破，因此在强调学员学习课堂知识的同时，还要注意对学员特长的培养和发展。科学的特长展示项目评价不但能促使学员学习上的进步，而且能发展其特长，有利于学员自立、自强能力的培养。特长展示项目评价也分为 A、B、C 三个等级，成绩与评语相结合，由学员自评、同学互评、教员评价共同组成。

2.3 终结性评价

终结性评价就是对课堂教学所达成的结果进行恰当的评价，指的是在一个学段、一个学科教学活动结束后为判断其效果而进行的教育质量评价，如期末考试、结业考试等。其目的是对学员阶段性学习的质量做出结论性评价，给学员下结论或者分等级等。终结性评价是检测学员综合运用语言能力发展程度的重要途径，也是反映教学效果和学院办学质量的重要指标之一。

3. 小班化教学的学习评价原则

3.1 主体性原则

学员是学习的主体，无论是教学还是评价都应以学员综合语言运用能力的发展为出发点。评价应有益于学员认识自我、树立自信；应有助于学员反思和调控自己的学习过程，从而促进自身语言能力的不断发展。教员应使学员认识到自我评价对于学习能力发展的意义，并学会自我评价的方法。在各类评价活动中，学员都应是积极的参与者和合作者。评价应是教学活动的有机组成部分，通过评价使学员学会分析自己的成绩与不足，明确努力的方向。

3.2 过程性原则

形成性评价是教学的重要组成部分和推动因素。形成性评价的任务是对学员在日常学习过程中的表现、所取得的成绩以及反映出的情感、态度、策略等方面的发展作出评价。其目的是激励学员学习,帮助学员有效调控自己的学习过程,使学员获得成就感、增强自信心,培养学员的合作精神。形成性评价有利于学员从被动接受评价转变成为评价的主体和积极参与者。

3.3 发展性原则

形成性评价可采用描述性评价、等级评定或评分等评价记录方式。但无论采用何种方式,都应注意评价的正面鼓励和激励作用。教员要根据评价结果与学员进行不同形式的交流,充分肯定学员的进步,鼓励学员自我反思、自我提高。

3.4 多样性原则

教员应注意根据学员学习风格的差异采取适当的评价方式。在日常的形成性评价中,应允许学员根据自己的特长或优势选择适合自己的评价方式。如果学员对自己某次的评价成绩不满意,可以与教员协商,暂不记录成绩,然后在经过更充分的准备之后,学员可再次参加评价。

3.5 实效性原则

教员要时刻关注评价对学员学习和教员教学的反馈作用。例如:评价是否促进了学员自主性的发展和自信心的建立?是否反映了学员学习的成就?是否反映了教员教学中的成功之处与不足?是否反映了学员学习中的问题或不足?教员要根据评价的反馈信息及时调整教学计划和教学方法。

4.结论

评价是英语课程的重要组成部分。科学的评价体系是实现课程目标的重要保障。英语课程的评价应根据课程标准的目标和要求,实施对教学全过程和结果的有效监控。通过评价,使学员在英语课程的学习过程中不断体验进步与成功,认识自我,建立自信,促进学员综合语言运用能力的全面发展;使教员获取英语教学的反馈信息,对自己的教学行为进行反思和适当的调整,不断提高自己的教育教学水平;使学校及时了解课程标准的执行情况,改进教学管理,促进英语课程的不断发展和完善。

传统教学模式中的评价方式重知识、轻能力；重结果、轻过程；重教员的教授，忽视学员思维水平的发展，忽视改进与激励功能；忽视了评价主体多元、多向潜能发掘的价值。这种观念的出发点是学科本位，缺乏以人为本的发展观点。只重学科，不重视学员发展的评价缺乏科学性和全面性。对学员学习成效的评价应当是对学员的学习过程和有效结果所进行的整体价值判断。而教员在小班化教学环境下采用的多元化评价方法关注学员的一切，促进学员的发展；注重过程评价，拓展学用渠道；通过评价使学员在英语学习过程中不断体验进步与成功，认识自我，建立自信，调整学习策略，促进学员综合语言能力的全面发展。不过，评价时应当考虑评价活动占课堂整体教学时间的比例。要注重评价的实际效果。避免使用过于烦琐的评价程序，占用过多的教学时间进行评价。不能为评价而评价或以评价为目标而进行教学。

参考文献

［1］蔡基刚:《关于我国大学英语教学重新定位的思考》,《外语教学与研究》2010 年第 4 期。

［2］陈培珊:《从英语小班教学实例看小班化教育对学员成绩的影响》,《湖北经济学院学报(人文社会科学版)》2008 年第 5 期。

［3］井升华:《我国大学英语费时低效的原因》,《外语教学与研究》1999 年第 1 期。

［4］刘向虹:《再接再厉,深化改革,进一步推动大学英语教学发展》,《外语界》2011 年第 1 期。

［5］欧阳美梅:《中美两国小班化教育改革之比较》,《四川教育学院学报》2003 年第 7 期。

［6］潘颖、李梅:《班级规模与学员发展的问题研究》,《东北师大学报(哲学社会科学版)》2006 年第 6 期。

作者简介：

刘红英(1975～　),女,汉族,山东东阿人,海军航空工程学院基础部副教授。研究方向:应用语言学与语言教学。

徐晓军(1977～　),女,汉族,山东潍坊人,海军航空工程学院基础部讲师。研究方向:应用语言学与语言教学。

翻转课堂教学模式得与失
——哈尔滨工业大学(威海)英语专业文化阅读课翻转课堂实践反思

苗勇刚

[摘要] 近几年,"翻转课堂"这一理念在学界成了热门话题。一些中学和大学教师开始尝试用"翻转课堂"的教学模式进行教学,但翻转课堂模式的普适性尚未得到更深层次的研究。本文以哈尔滨工业大学(威海)英语专业文化阅读课"翻转课堂"教学实践为出发点,对该课程使用"翻转课堂"模式进行教学的可行性、具体实施过程以及与传统教学相比的优势和缺点进行了理论和数据分析。结果表明,在文化阅读等通识教育课程中,"翻转课堂"模式的恰当使用可以提高学生课堂学习的主动性与参与度,有利于学生加强知识记忆并有效地将文化知识概念现实化和实践化。但与传统课堂相比,翻转课堂模式在教师、学生以及课程考核方面存在一些不足,翻转课堂模式应因人制宜、因科目制宜、因具体教学内容制宜。

[关键词] 翻转课堂;传统教学;对比研究;得与失

1. 引言

"翻转课堂"教学模式自2007年肇始于美国科罗拉多州的"林地公园高中"以来,短短几年间在全球范围内对传统的课堂教学理念产生了极大的冲击。自2011年以来,"翻转课堂"逐渐成为了全球教育者关注的热点,并被加拿大的《环球邮报》评为"2011年影响课堂教学的重大技术变革"(张金磊等, 2012)。

教学环节一般分为"信息传输"和"知识内化"两部分。在传统教学中,教师在课堂教学中进行"信息传输",学生在课后通过复习、作业等方式完成"知识内化"。而"翻转课堂"教学模式则将这两个主要教学环节的次序进行了翻转,其基本理念是"先学后教,自主学习",基本过程包括教学材料(视频、音频、文字)的准备、学生自主学习、学生完成课堂作业、师生(生生)课堂交流、教学评价等几个阶段。根据其教学理念和教学流程设计,人们一般认为翻转课堂教学模式具有以下几个特征:教学主题的多元、动态、协商,教学资源的集成、全面、共享,教学载体的创新、高效、立体,教学过程的自主、灵活、可控(郭文良、和学新,2015:4-6)。在信息技术高度发达的社会背景下,翻转课堂教学模式俨然成为了新时代教育改革的必然目标,被众多教育研究者与实践者所推崇和接受。甚至有学者提出,在当前的教育改革中,大力发展翻转课堂将成为重要的着力点(郭文良、和学新,2015:6)。

众多对翻转课堂教学模式的研究都专注在发掘这种新模式的教学优势以及具体教学环节的设置与策略研究上,但很少有学者专门就此教学模式的普适性进行更深层次的研究。翻转课堂最初应用于中学的数学和化学的教学中,并取得了良好的教学效果。那么,在大学其他课程的教学中,其教学效果是否会优于传统教学呢?作为英语专业教师,笔者在自己开设的文化阅读课程中对翻转课堂教学模式进行了实践及反思。

2. 翻转课堂教学实施基础

本研究是哈尔滨工业大学(威海)的教学研究项目,具体实验对象是英语专业二年级的“文化阅读”课程中的“中国文化概况”部分。英语专业文化阅读课程教学内容分为理论与实践两部分,传统的以文本阅读为核心的教师主讲方式除了基本的语言教学外,既难以有效提高学生对文化理论的记忆,又无法对社会文化实践进行实地性的指导,使理论知识流于空泛。因此,翻转教学的尝试可能会消除传统教学模式的这些弊端。

在过去的学习和生活中,学生对中国文化已经具有了不同层面的认知,而作为英语专业二年级学生,他们也具备了学习英语的诸多能力,这些都是翻转课堂学生自主学习的基础。在中国文化课上实行翻转课堂教学,可以将很多教学内容放在课外由学生自主学习,在课堂上教师仅仅需要对教学重点进行梳理以及对学习过程中遇到的问题进行针对性讲解。这样,课堂的大部分时间可以交给学生进行各种练习和表演,一方面将文化知识内化,另一方面锻炼自己的英语表达,然后通过学生彼此交流、教师指导评述的方式帮助学生提高理解和表达能力。以此看来,中国文化课程比较适合采用“翻转课堂”的教学模式。

3. 翻转课堂教学实施过程

本研究中开设的“文化阅读”之“中国文化概况”是英语专业二年级下学期的专业基础课程，授课对象是22名英语专业学生，师生通过班级QQ群随时交流。教师将教学内容根据主题的不同分成10个单元，每个单元的教学流程主要分为以下三个部分：

3.1 课前准备

教师将准备好的教学材料，包括文本、音频、视频等材料以及相关练习和作业上传至班级QQ群，由学生自行下载学习，然后根据要求完成作业。

3.2 课堂教学

教师将22名学生分成6组，每组3～4人。课堂开始时首先进行组内的作业分享和交流，然后每组推举1人进行班级展示。作业内容一般包括：①特定话题的口头陈述，即由学生用英语介绍家乡具有特色的某种文化现象；②就本教学单元特定的知识点进行英语陈述与总结；③教师布置的开放性思考题；④实践性环节，如书法、绘画、曲艺与乐器表演、餐桌礼仪等。

学生的课堂展示可借助现代信息技术，通过音频、视频和PPT的方式实施。他们展示中使用的困难词汇和课下准备作业的音视频材料随着课堂陈述可随时展现在大屏幕上供师生查看。

在课堂展示之后，其他学生和教师可以就展示内容提出问题，并与展示者进行交流，对展示内容进行讨论和修正，然后由教师进行评价性总结并打分。

3.3 课后作业

教师在课后将该单元所有的教学材料、问题及答案等整理后上传至班级QQ群以便学生进行复习。此外，教师还会就教学单元的主题内容布置课后作业，如翻译、拓展阅读、作文以及其他实践性质的作业等，以便学生进一步巩固知识点，加强知识内化过程。

4. 翻转课堂成效

经过一个学期的新模式教学，翻转课堂与传统教学模式下期末考核成绩的比较如下表所示：

翻转课堂模式与传统教学模式教学效果对照

	学生人数	平时成绩与期末成绩比例	平时成绩(平均)	期末成绩(平均)	课程总成绩(平均)
传统模式	48	3∶7	84.7	67.8	73
翻转课堂	22	4∶6	84.8	71	76.4

两种教学模式下,平时成绩分数基本相同的学生在期末用相同难度的试卷进行测试后的结果表明,采用翻转课堂教学模式的学生考试成绩比采用传统教学模式的学生高3.2分,成绩提升并不十分明显。尽管考核成绩受到学生基本素质、学习时间等不同因素的影响,但考核结果还是从一定程度上表明了翻转课堂教学模式的成效。

从整个教学过程来看,众多翻转课堂倡导者和实践者所提出的翻转课堂教学的优势都在一定程度上得到了体现。

首先,翻转课堂“自主学习”的特性得以实现。没有了50分钟课堂的强制性局限,学生可以根据自己的知识结构有侧重地选择自己学习的材料,维持优点,补足弱点,将自己以前掌握或熟知的知识点的学习时间转移到陌生的或者是较为困难的知识点的学习上来,从“现有发展水平”走向“可能发展水平”。教学过程中体现比较突出的就是学生词汇量的增长。相对于课内阅读讲解来说,采用上述主动性学习方式的学生掌握词汇的数量与记忆效率大大提升。

其次,作为一种强调群体教学与个体教学相结合的教学模式,翻转课堂充分承认了个体在发展速度、兴趣爱好上的差异。不同的学生具有不同的潜能和发展倾向,学习效率各不相同。传统课堂教学对齐头并进的强调势必造成高效率学生时间上的浪费以及低效率学生学习上的延迟与困惑。要求所有学生在相同时间内掌握相同难度的知识点,实现相同的教学目标,这是不符合教学实际的。而在翻转课堂教学模式下,学生可以在课前自主地控制学习的进度,根据自己的理解程度以及对教学知识点的掌握随时调整自己的学习过程,这无疑是合乎知识获取规律的自然之道。

最后,翻转课堂对信息技术的借助使学生的创造性得以发挥,提高了学生的学习兴趣,而学生课堂主体性和教师课堂辅助性的确立则大大提高了学生学习的针对性,有助于学生自主地确立学习的内容、目标和学习策略。在学习和课堂展示作业的过程中,学生会有意识地为所关涉的单元内容留出一定空间供师生讨论,以便在讨论的过程中强化自己的知识内化。

5. 翻转课堂相对传统教学模式的不足

翻转课堂的确在很大程度上对教学过程助益很大，但在本研究的教学过程中，翻转模式的弊端也得到了不同程度的体现，主要表现在以下几个方面：

5.1 不利于教师主动性、教学特色与个人魅力的发挥

教学视频的可重复使用无疑为教师减轻了重复工作量，但教学视频在采用科技手段的同时也降低了对教师教学素质和教学水平的要求。比如在传统课堂中，教师对教学内容的熟练把握和流利的口语表达是必需的，而视频录制则使得可以在一定程度上降低对教师的这些要求，不利于教师自身素质的提升。

传统课堂中，教师的教学过程实际上是舞台表演过程，其中自由的临场发挥占据了很大部分，而这些临场的表演，包括服装、教具、仪态、眼神等，恰恰是教师的风格特色所在，也是形成教师个人魅力的主要部分。教师的个性化特征在学生的学习过程中无疑是具有极大影响的。但是，教学微视频紧凑的时间要求使得教师只能刻板地复述讲授而不是发挥性阐释知识点，在很大程度上削弱了这一重要教学环节。如果 MOOC 等教学手段普及开后，网络课程会将教师变成只是收作业打分的评价者，教师的个人特长和能动性将逐步丧失。比如在中国文化的教学过程中，像书法的演示、乐器的表演、中医诊疗的基本操作等，由于教学视频录制的局限性而难以满足课堂实践性教学的需求。

5.2 在教学硬件和学习主动性上的挑战

首先，翻转课堂对教学硬件条件要求较高，而国内大中院校的教学条件与翻转课堂发源地美国的教学条件相比，无论是在学习终端设备还是软件平台方面，都落后许多。课堂作业的现场展示对学生在软件应用等技术层面上也提高了要求，这在某种程度上也使得学生作业的重心偏移到了电脑技术上（如视频的音像效果、PPT 的华丽动态等），影响了知识内化效率的提高。

其次，翻转课堂自主灵活的特性也代表着不可控因素的增多，对学生主观能动性的要求提升太大，难以形成规律性学习。课程考试最后不及格的同学大都是不能按时完成教学内容的接收和课内外作业者。

此外，教师的课下工作量远大于课堂工作量，翻转后教师的工作时间仅限于准备教学材料、制作教学视频以及课堂点评，课堂内时间局限造成了检查作业普及面不够，小组作业使得大部分人的作业难以得到有效的点评，也就产生了学生偷懒只准备要求知识点的现象，随之也就带来了翻转课堂的第三个弊端。

5.3 课程考核难度的增加和考核准确性的不足

课堂模式的改革势必带来考核模式的变化。一般的考试课程成绩分为平时成绩和期末考试成绩，平时成绩的比率在30％～40％范围内浮动，期末成绩则为60％～70％。而翻转课堂模式下，学生课堂参与度的提升势必带来考核成绩比率的变化，其中平时成绩的比例会得到提升。期末卷面考试成绩易于把握，而平时的课堂考核成绩则成了一个较大的问题。一方面，平时成绩覆盖面的选择较为困难。是否要包含学生课前的主观学习态度？是否包含电子作业的信息技术水平？如何确保电子作业独立完成的真实性？是否包含小组协作？组内成员的成绩是否区分？另一方面，课堂作业展示打分的主观性较强，操作起来也较为困难；信息技术的运用直接影响着课堂表达的效果，而课堂作业的历时性也使得不同小组和不同学生之间的成绩差异难以得到标准化的体现。在传统课堂中，平时成绩比例较低，因此其分数差异对最终成绩影响不大，但新考核方式中心的偏移则使得主观性影响大大增加，准确性有所降低。

6. 结语

翻转课堂最初用于数学教学，后来延伸至理工类等课程。美国富兰克林学院教授 Robert Talbert(2011)结合自己“利用计算机工具解决问题”和“线性代数”等课程的教学实践，总结描述了翻转课堂的主要实施环节和系统结构，并指出该模型主要适用于理工类课程。杨晓宏和党建宁(2014)指出，当前有关翻转课堂的研究多涉及经济学、数学、机械工程等学科，仍然呈现出集中于理工学科的倾向。那么，翻转课堂模式在人文类课程或者语言类课程中是否能够取得同样良好的教学效果呢？通过一学期的教学实践，本研究并未得到支撑这一观点的论据。

本研究认为，当下的人文类教学，尤其是语言类教学早已经脱离了传统教学模式，其中多媒体的使用和学生课堂参与度的显著提升已经使得这种模式具有了传统与翻转模式的双重优势，因此，完全采取翻转课堂教学模式对教学并不能起到显著的提升作用。琳达·古加克指出：对教师自身而言，是否采用翻转学习模式不是主要问题，而是他们可以利用这种模式的情景支持，去帮助学生获取概念理解，并且在学生需要时进行指导以确保其顺畅地获取知识(Gojak, 2012)。因此，当下的高校教学完全没有必要为了教学改革而改革。一方面，我们应该努力弥补翻转课堂模式所带来的教学上的不足；另一方面，应该依据教学科目的不同以及课堂知识点的不同进行分类教学：有些传统课堂中较为枯燥、学生难以当堂吸收的话题可用翻转模式激发学生兴趣，而有些有助于发挥教师主动性、课堂教学效果好、方便学生当堂吸收的话题依然应采取传统教学的方式，以发挥教师个人特质对学生学习的影响，至于具体知识点的选择和分配则依据教师自身的特长来进行。

参考文献

[1] Gojak, L. To flip or not to flip: That is not the question! National council of teachers of mathematics. http://www.nctm.org/about/content.aspx?id=34858, 2012-10-03.

[2] Talbert, R. Inverting the linear algebra classroom. http://prezi.com/dz0rbkpy6tam/inverting-the-linear-algebra-classroom/, 2011.

[3] 郭文良、和学新：《翻转课堂：背景、理念与特征》，《教育理论与实践》2015年第11期。

[4] 杨晓宏、党建宁：《翻转课堂教学模式本土化策略研究——基于中美教育文化差异比较的视角》，《中国电化教育》2014年第11期。

[5] 张金磊、王颖、张宝辉：《翻转课堂教学模式研究》，《远程教育杂志》2012年第4期。

基金项目：

本论文系哈尔滨工业大学(威海)校级教学研究项目“英语专业文化阅读课‘翻转课堂’模式研究”阶段性成果。

作者简介：

苗勇刚(1976～)，男，汉族，河北泊头人，哈尔滨工业大学(威海)语言文学学院讲师。研究方向：英美文学与比较文学。

大学英语分级教学中两极分化问题的分析及应对措施

曲　伟

［摘要］　随着大学英语教学改革的进一步深入，英语课的教学时数变得越来越少。与此同时，学生两极分化的问题越来越严重，这给任课教师带来了极大的挑战。如何更好地应对这种情况以提高教学水平已是刻不容缓。为了提高大学英语的教学质量和教学效率，国内许多大学根据学生的英语水平采取了分级教学模式，成绩好的学生被分到A班，成绩较差的学生则被分到C班。本文从分析两极分化的原因入手，将分化原因归结为客观和主观两个方面：客观上存在着高中和大学英语教学上的脱节以及地方教学水平的差异；主观上则分析了学生学习方法和习惯上存在的问题以及C班学生由于分级对英语学习产生的心理障碍问题。鉴于上述原因，笔者提出在对待C班教学上，应在教学内容和教学态度上有所改变，通过教师的努力激发学生对英语学习的兴趣和动力，重拾信心。

［关键词］　大学英语；分级教学；两极分化；学习动力

1. 研究背景

虽然经过了初、高中阶段的英语学习，但大多数学生只具备了做考试题的应试能力，却并没有掌握良好的语言基础，很多人只能听懂和进行最简单、最基本的日常对话，听力和口语水平普遍欠缺；只有少数学生具备较好的语言基础以及娴熟的口语和听力技能。目前，国内大部分大学的英语教学都开始采用分级教学的方法，即按照考试成绩的高低把学生分到A、B、C三个层次的班级，英语程度好的学生会进入A层次班（以下简称“A班”）学习，而那些基础差的学生则被分进了成绩较差的C层次班（以下简称“C班”）。

C班的学生多数基础较差,词汇量匮乏,无法开口说英语,这给任课教师带来了严峻的挑战,使他们在完成教学大纲规定内容的过程中遇到了极大的困难。A班和C班的学生之间存在太大差距,两极分化的问题越来越显著,这已经成为大学英语分级教学中一个亟待解决的棘手问题。要想找到解决问题的办法,首先要透彻了解和分析形成这个问题的原因。本文首先将会从客观原因和主观原因两大方面入手进行深入分析,在此基础上提出了具体可行的解决措施。

2. 学生两极分化的原因分析

2.1 客观因素

2.1.1 高中英语和大学英语的教学衔接问题

导致大学生英语两极分化问题的根本原因之一是高中英语和大学英语教学衔接之间的脱节。脱节问题主要体现在教学大纲的不统一,教材的不协调以及教学方法和评估方式的差异(武力宏, 2010;张莎莎, 2014)。

《普通高中英语课程标准》强调的英语基础只是对语法的掌握,而《大学英语课程教学要求》则更重视对语言实际应用能力的培养。相关调查研究表明,高中老师对大学英语新课标的了解程度较低,大学老师对高中的课程要求也是知之甚少(郭娴娉, 2014)。而大学生也普遍认为大学英语教材和高中的教材缺乏连贯性,同时也有一定的重复性。这与学生从浅入深,从简到难的认知规律有冲突。其次,高中的英语课堂主要是应试教育,多为综合性课程,并未开设专门的口语和听力课,只注重语法、单词和作文的训练;再者很多省份的高考目前没有听力和口语考试,这导致学生升入大学之后听力和口语水平较低,跟不上大学英语的教学节奏,感到力不从心。

2.1.2 地区及教学能力的差异

由于中国不同地区的发展程度存在差异,有些地区,特别是西部地区的英语教育水平相对落后。这些地区的师资力量薄弱且教学资源也相对有限,导致学生基础差、词汇量匮乏,基本不具备英语听说能力,加之没有有效的学习方法,因此学生的自主学习意识淡薄(何婧媛, 2012)。这些学生进入大学之后,不出意外的都被分入了C班,与其他两个层次的学生表现出了较大的差距,甚至很多人连音标都没有掌握完全,一直学的是“哑巴英语”。这使他们难以适应注重培养语言实际应用能力的大学英语课程设计,进而丧失学习的兴趣和热情。

2.2 主观因素

2.2.1 个人学习方法

由于高中英语的应试教育性,很多学生养成了不好的学习习惯,比如一味地死记硬背单词或背课文,对所学知识不能举一反三地灵活利用。进入大学后,随着学习内容增多,词汇量增大,语法的加深,如果不养成课前预习、课后复习的良好习惯,渐渐地就很难跟上进度,适应不了自然就慢慢掉队了(陈午祎,2013)。其次,因为不注重听力和口语的练习,很多学生不愿开口说话,即使开口发音也不够标准,久而久之对课堂的参与感越来越低,渐渐地就对英语学习失去了兴趣。

2.2.2 分级教学带来的学生心理障碍

大学生来自全国各地,成绩差距大,大部分高校的英语教育都采取了分级教学的方法。相关调查研究表明,总的来说大部分学生对分级教学持支持态度,认为教学效果要优于传统的按照自然班授课的模式。然而在对待分级的态度上,成绩好的学生和成绩差的学生截然不同:绝大部分成绩好的学生支持分级教学,而成绩差的学生则多反对分级。许多学生也承认分级教学容易让学生产生负面情绪(沈海平、王春楠,2005)。

分到C班的学生普遍会产生消极和自暴自弃的心理,对自己失去信心,上课不敢参与,课后也不愿与A班和B班的学生交流学习。另一方面,C班的学生存在这样一种想法,即分给C班的授课老师教学水平较低或者任课教师不会重视C班学生,从而不相信老师;甚至对分级教学产生逆反心理。这些心理障碍严重影响了C班学生的学习结果。

3. 改变现状的应对措施

根据上述两大原因,解决这一现状的措施主要从两方面入手:首先从客观原因来看,高中和大学英语教学的衔接问题需要引起政府以及所有教育工作者的重视。只有解决了这个问题,才能真正提高大学英语的教学效率,帮助学生实现从高中到大学的顺利过渡,缩小学生间的两极分化。

作为一名大学英语教师,在现阶段的分级教学体制下,我们能做的就是从学生的主观原因出发,采取措施来弥补分级教学带来的弊端,应充分发挥教师的作用,让C班学生重新找回对英语学习的热情和信心,从而逐步缩小两极分化。调查研究表明,教师的教学内容和态度对引导学生树立正确动机、提高学习热情和兴趣有重要的作用(吕中舌、杨元辰,2013),教师完全可以通过主动改进教学方法等各种措施,达到改善学生对英语学习的态度的目的(徐智鑫、张黎黎,2013)。那么对于

C班学生，到底什么样的教学方法和态度才是正确有效的？我们又应采取哪些具体可行的措施呢？

3.1 教学内容上有所侧重，为学生打好基础

考虑到C班学生基础较差的情况，教学内容也要区别于A班和B班，难易程度要符合C班的水平。首先教学内容上要增加音标课，部分学生由于基础太差，仍然认不全48音素，导致英语发音上存在较大问题。不能正确朗读单词直接降低了学生对英语的学习兴趣，导致其不愿参与课堂活动。因此，可先让学生彻底掌握音标，当他们发现以前不会的单词现在都可以准确读出来了，这对原本英语基础很差的学生而言将会是一个非常巨大的鼓舞，这种直接的、看得见的进步会大大提高他们对英语学习的兴趣，让他们觉得原来英语并没有看起来的那么难。

其次，教师在输入知识的时候要保证教学内容在学生的理解范围之内，也就是一些学者提出的“易解性”原则（李晓，2003），方法之一就是充分运用学生已经学到的句型和词汇。对待刚进入大学的C班学生，不能一上来就让他们接触对他们来说难度很高的文章、阅读理解、完形填空、翻译等，那会让他们迅速对学习失去信心；而是要根据他们的水平降低教学内容的难度，在传授新知识的时候结合已学知识。例如在教过音标和发音后，上课中遇到较长的单词可以分成小的音节写，比如“institution”这个单词，可在黑板上写成“in-sti-tu-tion”，这样学生就会清楚地读出来，也更容易记忆。

再者，词汇的学习也是学生学好英语的重点和难点。笔者在教学中经常结合构词法、近义词、近形词等方法帮助学生复习、巩固和扩大词汇量，收到了良好的效果。例如：课文里学了“bomb”这个词时，就顺便提一下“comb”和“tomb”这两个词；学了crash，就别忘了点一下这个词的构成：ash-rash（皮疹，轻率的）-crash，更别忘了帮助学生扩大一下以-ash结尾的词汇：如cash-dash-flash-gash-mash-smash-slash-splash-squash-thrash-trash等。这些词汇学习方法的应用极大地增加了学习词汇的趣味性，也增强了学生学好英语的信心。

3.2 教学态度上以鼓励为主，让学生重拾信心

在教学态度上，要始终坚持鼓励学生，表扬学生的每一点小进步。事实证明，正面的赞扬和积极的肯定会对学生产生极大的鼓舞（季小民，2004），有助于学生建立学习信心，这对于C班学生尤为重要。当学生发言时，即使他因为紧张说得不流畅或者回答地不正确，也不要对学生进行批评，而要先肯定他们发言的勇气。特别对于基础差的C班学生，和英语水平好的学生相比，尽管他们会说的是最基本最简单的，但是对于他们自身来说已经是很大的进步了。教师可以在学生发言时通

过微笑、点头等肢体语言给予鼓励；在回答问题时，经常用“Well done!”“Excellent!”“Good Job!”“Very good!”等赞扬性语句对学生进行肯定；对于一些有发挥空间的问题，可以说：“I agree with what you said. ”“What else?”“Do you have anything else to say? ”以激励学生自主回答更多的内容。

3.3 教学方法上多样化，激发学生的兴趣和动力

影响语言学习成绩的因素有很多，其中学习的兴趣和动机是至关重要的两个因素。一直以来，学生都把期末考试和英语四、六级考试当做学习英语的动机，希望通过拿到通过四、六级的证明对将来找工作有所帮助。有的学生已经做好出国的打算，或者将来想从事和英语相关的工作，英语的重要性可以成为他们学习英语的动力。然而对于那些没有出国打算，将来工作也不需要用到英文的，基础较差的学生来说，这种为了考试而学习的想法并不能激发他们学习的兴趣和热情（刘影，2004）。

真正有效的方法是通过激发学生对英语语言本身的喜爱，变成他们学习的动机。年轻人一般对新鲜事物都会充满好奇心，如果教学方式太单一学生很容易对学习失去兴趣。所以我们应该充分利用这一点，采用多种教学方式来提高学生的兴趣和学习动机。

3.3.1 将教材与社会实际结合

语言不仅具有交流的作用，本身也具有载体的功能，里面承载着很多文化和历史。教师在进行授课时，除了讲解语言本身的知识点外，也可以适时加入一些包含具有时代感、知识性和趣味性的内容，这样可以大大吸引学生的注意力，调动他们的积极性。比如在教学中时不时穿插一些国外的风土人情、文化、美食、旅游、科技等各方面的信息或者联系国外的时事和新闻，让学生了解并对这个国家感兴趣，自然会对他们的语言产生兴趣。在介绍这些内容的时候，教师可以联系学生学过的知识点，编成难易适中的英语向学生讲述，将学习内容渗透到有趣的内容中，会让学生印象更加深刻。

3.3.2 营造语言环境，课内课外结合

大学英语仅靠课堂不够，还需要通过各种各样与英语有关的课外活动来营造语言环境，激发学生的兴趣，包括开展校园英语演讲比赛、英语辩论赛、英语讲座等多种多样的英语学术性活动，每次课前的课堂报告，以及组织英语角、英语歌唱比赛、英语话剧演出等丰富多彩的文化性活动。通过这些和英语学习相关的课外活动，可以充分调动学生学习英语的主动性、积极性，同时也能充分发挥学生的想象力、创造力，将课堂学到的知识活学活用。同时还可以创办英语学习校刊、杂志等，让学生通过这个平台交流学习英语的心得，让学生掌握学习的主动权（王宁武等，

2003)。这些丰富多彩的课外活动能够让学生们逐渐在行为上产生自主学习的状态,不仅对他们的英语学习有着极大的帮助,甚至对将来走向社会也有深远的积极影响。

3.3.3 利用多媒体等现代化教学设备进行教学

随着信息时代科技的不断发展,越来越多的现代化设备都可以应用在英语教学中。多媒体的教学方法可以更加生动有趣地展示教学,教学课件可以通过文字、声音、图片等多种形式将知识展现在学生面前,让学生对内容更感兴趣。例如可以利用每次课间的短暂时间给学生放一些美剧或经典的电影看,让学生能身临其境感受到语言的实际运用和魅力所在,也会在不知不觉中提高学生的听说能力。网络的普及也使得教与学更加方便,还可以在班里建立 QQ 群,学生有什么问题可以通过这个群或微信随时向老师咨询不懂的问题,向学生推荐一些好的学习网站、资源等。

3.3.4 了解学生的不同需求,努力做到因材施教

课下多与学生聊天,尽可能多地了解学生在学习、生活、活动以及家庭等方面的情况,尽力帮助他们反映、说明、解决所遇到的问题,让学生们信赖、喜欢教师,有什么心里话也愿意与教师讲,努力成为他们的良师益友。在学业上要尽可能地了解每一个学生在英语学习上的弱点和需求,争取做到有的放矢、因材施教。例如尽量做到每个学期都要给每一个学生面批一次作文,当面指出他们作文里的错误,这既有利于学生们对他们所犯的错误印象深刻,能很快地掌握正确的英语表达形式,更有利于增进师生之间的相互了解和信任,也使教师能及时地了解学生们的需求,做到具体问题具体分析,更有针对性地帮助他们解决问题。

4. 结论

本文针对英语分级教学在实践中暴露出的各种不可回避的问题,特别是对 C 班学生的学习心理的影响、学习动机和积极性的降低以及教学方法和管理方面的影响,提出了在英语教学中的应对措施,强调了教师应努力发挥能动性,从教学内容、态度和形式上引导学生树立学习信心,更重要的是要调动学生学习英语的兴趣,激发学生自主学习的动力,这样才能真正提高学生的学习效率。

参考文献

[1] 陈午祎:《浅析大学英语教学两极分化的原因及对策》,《考试周刊》2013 年第 33 期。

[2] 郭娴娉:《大学与高中英语教学衔接:问题与对策》,《江苏理工学院学报》2014 年第 5 期。

[3] 何婧媛:《地缘劣势院校高中与大学英语教学衔接主要影响因素分析》,《英语广场》2012 年第 6 期。

[4] 季小民:《论英语教学中教师的"助手"角色》,《阿坝师范高等专科学校校报》2004 年第 1 期。

[5] 李晓:《试论外语教学三大原则及其实践途径》,《外语与外语教学》2003 年第 8 期。

[6] 刘影:《英语分级教学中 C 级学生的英语学习动机研究》,《黑龙江教育学院学报》2004 年第 2 期。

[7] 吕中舌、杨元辰:《大学英语动机自我系统及其学习投入程度的相关研性》,《清华大学教育研究》2013 年第 3 期。

[8] 沈海平、王春楠:《大学英语分级教学现存问题的调查与分析》,《天津工程师范学院学报》2005 年第 2 期。

[9] 王宁武、康鹄伟、严新焕:《调动学生学习兴趣,提高英语学习效率》,《陕西师范大学学报》(专辑)2003 年。

[10] 武力宏:《大学英语教学改革探析——兼谈高中与大学英语教学的衔接》,《教育理论与实践》2010 年第 18 期。

[11] 徐智鑫、张黎黎:《大学生二语动机自我体系和动机学习行为的内在结构分析》,《西安外国语大学学报》2013 年第 4 期。

[12] 张莎莎:《大学英语教学与高中英语教学的有效衔接》,《教育研究》2014 年第 12 期。

[13] 中华人民共和国教育部:《普通高中英语课程标准(实验)》,人民教育出版社 2003 年版。

[14] 中华人民共和国教育部高等教育司:《大学英语课程教学要求》,高等教育出版社 2007 年版。

作者简介:

曲伟(1962～),男,汉族,吉林省长春市人,哈尔滨工业大学(威海)语言文学学院副教授。研究方向:英语教学。

《亚洲学术英语:全球语境视角下的教学与实践探究》述评

苏　敏

[**摘要**]《亚洲学术英语:全球语境视角下的教学与实践探究》一书是学术英语研究领域的一项最新成果。在亚洲各国的中等教育和高等教育阶段,对于学术英语(EAP)教学和研究人员如何实现西方与本地的学术实践融合问题,现阶段的学术英语教学至少在方法上存在明显的文献缺失,而该书恰好填补了这一空白。该书的两位编者采用文献述评、实践论证与案例分析等研究方法,为亚洲学术英语在全球语境视角下的教学与实践研究提供了新的模式。两位编者在书中重申,出版该书的目的不单单是强调西方教育观点和实践对亚洲教育体系的影响,更为重要的是探索学术英语教学和研究人员接纳这些观点并付诸实践的途径,从而摸索出适合自身学科教学、基于语境反馈的高效教学方法。

[**关键词**]　学术英语;教学与实践;全球语境;亚洲地区

1. 引言

在当代全球化语境下,英语正逐渐在亚洲高等教育机构里取代本地语言成为最主要的教学媒介语(medium of instruction, MOI)。因此,在亚洲各国的高等教育阶段普及学术英语教学就变得刻不容缓。正是在这一背景下,Sense Publisher出版社在2014年出版了《亚洲学术英语:全球语境视角下的教学与实践探究》一书。该书专门介绍了亚洲学术英语教学与实践的现状和最新进展,探讨了该地区学术英语研究人员使用学术英语完成本地学术实践的途径,以及这些途径在以英语为母语的国家的教育机构所开展的学术项目中的应用问题。该书的所有章节或源自原创性研究,或反映章节作者所处语境中学术英语研究的新观点和新方法。

本书的两位编者 Indika Liyanage 和 Tony Walker 与 11 位章节作者均来自亚洲国家和地区的教学和科研机构。

2. 内容简介

全书由前言、七章正文和主题索引构成。在前言中,编者指出英语国家高等教育的国际化给生源的个人背景特征带来了巨大变化。虽然外国学生(尤其是来自亚洲地区的学生)参与学术活动的比例出现了大幅增长,但在以英语为主要教学媒介语的国际学术领域,这些外国学生的学术实践在很大程度上无法取得成功。编者认为,本书主要探究 EAP 实践者在本国 EAP 语境中完成本地学术实践的方法,以及这些方法如何与英语国家教育机构 EAP 项目中的研究方法相适应。

第一章为"研究生师资培训项目中的亚洲 EAP 实践:基于澳大利亚的视角"。作为本书的编者和第一章的作者,Liyanage 和 Walker 提出了西方高等教育体系中学术英语的概念形成和使用的几个基本假设,同时这一章也通过对问题的界定起到了统领本书余下章节内容的作用。两位作者在文章中强调了西方标准英语中所体现的文化中立性,并认为这种"标准英语"直接导致了全球其他类型英语的边缘化。他们对澳大利亚一所大学的研究生师资培训专家进行了访谈,以探究这些专家在培训过程中如何对待和适应非标准类型的英语,尤其是亚洲学生的英语。访谈结果显示,专家们倾向于将学生的语言不标准现象视为缺陷。而两位作者认为,这种倾向存在问题,并提醒读者学术交流的复杂性往往与文化背景和个人认识紧密相关。因此,他们建议包容和接纳非标准英语,而不是强迫学生必须进行纠正。随着理论和研究的不断深入,当前标准英语在学术实践和学术话语中的垄断地位可能会被削弱,而本书正是推动亚洲学术英语教学与实践的一本范例。尽管第一章对上述一系列的复杂问题只进行了简单交代,但却很好地让读者熟悉了编者的视角和目的。

第二章为"机遇与挑战:中国学术英语实践探索"。两位作者 Gao 和 Bartlett 在北京大学完成了关于学术英语的需求分析研究,并在论文中展示了研究成果。两位作者首先向读者介绍了近年来在中国高等教育阶段逐渐升温的双语教学和以英语为教学语言的发展背景,因此他们在北京大学针对教师和学生对学术英语课程和具体实施细节进行了调查研究。在研究进行之时,北京大学唯一开设的以英语为教学语言的课程就是大学英语课程项目。这是一门提高学生语言技能的普适性课程,因此无法满足学生对于学术语言的需求。在调研过程中,无论是学生还是教师都认识到了开设学术英语课程以弥补大学英语课程不足的必要性。然而两位作者也谨慎地指出,为了适应中国高等教育阶段大班教学的客观形势,采用何种教学方法成为学术英语课程能否在中国大学里成功推行的关键所在。与此同时,教师也需要积极地适应中国大学教育阶段英语语言教育类课程的改革趋势。本章对在中国大学开设学术英语课程的机遇与必要性进行了全面探讨,而来自教师和学生的反馈则让这项研究的成果更加具有说服力。

第三章为"巴基斯坦多种语言语境下的学术英语探索"。三位作者 Ashraf, Hakim 和 Zulfiqar 介绍了巴基斯坦的多种语言语境对学术英语教学和学习的影响。通过对巴基斯坦高中生和大学生所做的三种听力反馈实验(英语、乌尔都语、两种语言的混合),三位作者发现巴基斯坦学生在交流的过程中习惯于在两种语言之间进行转化,而这种语言转化(translanguaging)已经成为巴基斯坦社会话语和学术话语的固有属性。这些话语鼓励多语制和语言转换的自然生成,这一属性与巴基斯坦学术英语政策和课程的指导性话语属性大相径庭,因为后者引导学生规避其他语言的干扰,学习和掌握标准的学术英语。在对比巴基斯坦社会话语与学术英语教学时,作者突出了重视本地交流话语的重要性。虽然作者最后没有给出如何在具体课程中将学术英语教学和巴基斯坦多语种语境相融合的建议,但将学生的语言倾向视为语言教学法形成的先决条件还是体现出了本章的创新性。

第四章为"尼泊尔的学术英语教学:教师对多语境教学的看法"。Kafle 介绍了尼泊尔多种语言语境下英语教师在学术英语教学过程中的体验和看法。本章向读者展示了作者所从事的一项定性研究的成果,揭示了英语教师在教学过程中所遇到的挑战、将西方教学实践与本地语境特点的结合过程以及未来在尼泊尔开展学术英语教学的多种选择。根据英语教师在问卷调查中的反馈,作者提出了关于尼泊尔学术英语教学的一系列突出问题,其中包括教学资源、语言政策、学生学习引导、教师组织以及教师对学术英语的理解等。然而,受篇幅所限,上述问题并没有在本章中被充分展开讨论,很多想法也没有得到充分落实。然而,作者在总结本章时还是给出了非常重要的建议,即我们在学术语境中应该认识到多模态、多语种语言实践的有效性和重要性。本书中其他章节的几位作者也提出了类似的建议。

第五章为"学术英语课堂中的批判性思维技巧教学:以斯里兰卡为例"。从在斯里兰卡大学任教的学术英语授课教师的角度出发,本章的两位作者 Gunawardena 和 Petraki 介绍了批判性思维技巧教授和习得的过程。两位作者驳斥了此前关于亚洲学生缺乏批判性思维的固有看法。他们对斯里兰卡大学里从事学术英语教学的 10 位教师进行了访谈,并展示和讨论了关于英语学习者的需求、教师对批判性思维的认可度以及教授批判性思维过程中所遇到的困难这三方面的成果。作者在本章强调指出,参与访谈的教师对批判性思维的理解非常深入和全面,这些教师都认为批判性思维对于学生的教育非常重要,并驳斥了关于斯里兰卡学术缺乏批判性思维的观点。与此同时,这些教师也指出了他们在批判性思维教学过程中遇到的限制性因素以及具体实施过程中遇到的阻力。对于如何在学术英语教学中完善批判性思维的教学和习得过程，两位作者在本章中提出了几条非常有效的建议，比如将批判性思维融入语言学习任务之中以及允许学生在表达困难时进行语码转换等。总体来看，本章强调了教授批判性思维的多面性以及教师在授课过程中所遇到的诸多挑战。

第六章为"墨守成规抑或赋权：达卡大学学术英语课程的批判性需求分析"。两位章节作者 Chowdhury 和 Kamal 在孟加拉国达卡大学完成了一项针对学术英语课程的需求分析研究。他们对达卡大学英语系教师以及课程设计者进行了访谈，并提出了西方批判性需求分析的观点能否在孟加拉国教育环境中发挥实际作用的问题。两位作者回顾了批判法和务实法在学术英语教学过程中所体现出的利与弊，并提出采用批判与务实相结合的批判-务实法能够激发学生的学术创造力。他们在研究中发现，批判教学法并没有在达卡大学得到充分实施，这也就意味着预期的教学改革很难对学术英语课程的教学效果产生实质性影响。他们在总结时指出，使用批判-务实法进行学术英语教学能够通过学生和教师的主动参与给教学过程和效果带来更加深刻的变化。

在最后一章"亚洲学术英语：挑战与机遇"中，Canagarajah 对于如何促进多语种语境和多文化背景下的学术英语教学实践表达了自己的真知灼见。他反驳了在学术英语教学中将本地实践和西方实践彻底一分为二的观点，转而指出应从全球视角看待学术惯例相互融合的复杂性。作为斯里兰卡贾夫纳大学英语语言教学中心的主任，Canagarajah 主持了该校的学术英语教学项目，并在该校本地学术实践和国际学术实践相互冲突、进而相互融合的过程中发现了多种问题。Canagarajah 把这些问题归结于本地学术英语项目和实施环境的特有属性，诸如本地知识导向、学术文化和写作实践、语言标准、学生的沟通能力以及本地教学实践。与西方教育体系下的学术英语教学相比，这些属性可能存在着一定的不足，但作者并没有将这些属性视为影响学生学术语言熟练度的障碍。相反，作者认为学生对本地实践和知识导向的了解有助于拓宽他们对学术交流各个领域的深入理解。作者在总结时鼓励推动学术多语制的学术英语教学法，并以此来巩固学生在不同学术惯例之间的语言转换能力，从而使学生在本地和全球都能够成为高效的交际沟通者。凭借对全球学术交流领域多文化、多语言现实情况的敏锐洞察力，本章内容可谓对全书起到了画龙点睛的作用。

3. 内容评价和展望

《亚洲学术英语：全球语境视角下的教学与实践探究》虽然称不上是学术英语

领域的鸿篇巨制,但却反映了近年来该领域的学者在亚洲范围内从事学术英语研究的最新进展,是我国学术英语教师和语言教学政策制定者的重要参考资料。其突出优点表现如下:一是选文新颖,可操作性强。本书的所有文章都是近五年来相关学者的最新研究成果,集中体现了亚洲范围内学术英语研究领域的最新成果。全书的所有章节都给出了所论述课题的研究设计过程和参考文献,方便读者自行设计研究和验证。二是调研充分,体现了学术英语教学在亚洲各国的不同特点。本书的两位编者和11位章节作者分别来自亚洲国家和地区的教学和科研机构,主持或参与了各自国家学术英语教学大纲的制定和项目实施工作。他们对澳大利亚、中国、巴基斯坦、尼泊尔、斯里兰卡、孟加拉等国的学术英语教学和实践进行了深入调研,其中不乏长期关注亚洲地区学术英语教学和实践研究的知名学者,比如美国宾夕法尼亚州立大学应用语言学系的Canagarajah教授。

本书对国内学术英语教学和实践的启示主要有二。一是本书多篇文章都聚焦了本地学术英语语言与西方标准学术英语语言的融合性研究。学术英语不是专业英语,更不是双语教学或全英语教学中(蔡基刚,2014a)。因此,编者本着务实的态度,鼓励包容和接纳非标准英语,而不是强迫学生必须做出纠正。多位章节作者都表达了重视本地交流话语的重要性,以及学生的语言倾向对语言教学法形成所起的关键作用。二是本书特别强调了批判性思维在学术英语教学中的重要性。学术英语不仅涉及语言能力的培养,而且无论是理论层面还是教学实践层面都涉及批判性思维能力的培养(Hyland & Hamp-Lyons, 2002)。批判性思维能力的培养是学术英语的灵魂,它体现在学术英语教学的每一个环节(蔡基刚,2014b)。本书的多位章节作者指出了将批判性思维融入语言学习任务之中的重要性,并强调使用批判-务实法进行学术英语教学能够通过学生和教师的主动参与给教学过程和效果带来更加深刻的变化。

综上所述,Liyanage和Walker主编的《亚洲学术英语:全球语境视角下的教学与实践探究》一书探索了亚洲国家和地区的学术英语教学和研究人员如何将西方教育惯例和观点融入本地实践的过程,从而有助于他们找到适合自身学科教学、基于语境反馈的本地学术英语教学方法。

参考文献

[1] Hyland, K. & Hamp-Lyons. EAP: Issues and directions. *Journal of English for Academic Purposes*, 2002, 1: 1-12.

[2] 蔡基刚:《一个具有颠覆性的外语教学理念和方法——学术英语与大学英语差异研究》,《外语教学理论与实践》2014年第2期。

[3] 蔡基刚:《学业用途英语、学术用途英语及优质外语教育》,《外语电化教学》2014 年第 3 期。

基金项目:

本论文系山东省社会科学规划研究项目“课程论视角下的大学英语课程体系构建研究”的阶段性成果。

作者简介:

苏敏(1983～　),女,汉族,山东淄博人,哈尔滨工业大学(威海)语言文学学院讲师。研究方向:应用语言学和学术英语教学。

对大学英语写作教学中档案袋评价模式的探讨

徐晓娟　聂爱民

[摘要]　大规模限时性测试一直是大学英语写作教学的主要评价方式，但是这种方式对于衡量和评价英语学习者的写作能力有一定的局限性。作为形成性评价模式的档案袋评价可以弥补大规模限时性测试的局限。本文阐述了档案袋评价模式的内涵以及理论依据，对档案袋评价模式在大学英语写作教学中的一项实践案例进行了描述，并据此指出了档案袋评价模式在大学英语写作教学中的意义。

[关键词]　大规模限时性测试；档案袋评价；大学英语写作教学

1. 引言

如何评价英语学习者的写作能力一直是广大英语教育工作者密切关注和研究的话题。在大学英语写作教学中，大规模限时性写作测试一直是写作评价的主要方式，但这种评价方式对于检验和衡量英语学习者的综合写作能力存在一定的局限性：首先，在限定时间内对限定体裁针对某个特定读者群写出来的文章并不能全面地体现写作者的写作能力；其次，如果测试中写作的主题是写作者不熟悉甚至非常陌生的话题，写出来的文章也不能准确地反映写作者的写作能力。相对于存在上述局限性的大规模限时性写作测试，档案袋评价模式包含了更多的学生信息，更注重学生写作能力发展的过程性，可以更加准确而全面地反映写作者的写作能力。

档案袋评价一直是视觉艺术领域例如建筑、设计和摄影等的标准评价模式，在语言教学中的应用也并非新鲜事物。根据 Hamp-Lyons 和 Condon(2000)的研究，在英国的教育体系中，档案袋评价作为第一语言写作评价的主要模式已有半个世纪之久；美国从 20 世纪 70 年代也开始采用档案袋评价模式。从 20 世纪 60 年代开始，档案袋评价已经开始作为项目评价工具使用。根据 Belanoff 和 Elbow

(1986)的研究,档案袋评价模式作为项目评价工具不仅是可行的,而且对学生、教师以及项目管理者都有积极的影响。正如其他写作评价模式一样,档案袋评价模式也是从第一语言的应用中发展而来。20世纪末,档案袋评价模式被引入我国,并受到了广大教育工作者的关注和推广,在理论和实践上都得到了很大的发展。

2. 档案袋评价的内涵及分类

从广义上讲,档案袋是指为了展示学生在某一领域的努力程度、进步或者成绩而刻意收集的学生作品的集合。从写作评价的角度而言,档案袋是为了不同的目的而收集的学生在某一阶段内写作文本的集合。档案袋的应用比较广泛,档案袋如何收集、如何评价以及如何使用都是应该注意的问题。

针对这些问题,Hamps-Lyons 和 Condon(2000)指出了档案袋评价中有关档案袋的九大特征:①档案内收集的不是一个文本,而是多个文本的集合;②使用档案袋可以使写作者展示其综合写作能力,因为档案袋内收集的文章可以是为了不同目的,针对不同体裁、面对不同读者群体写出的文本;③档案袋内的文本体现了丰富的语境信息,反映了写作者的学习环境,表现了写作者取得的进步;④档案袋评价属于延迟性评价,在最终评价之前,为写作者提供了不断修改文本的机会;⑤具有文本选择性,即通常情况下,写作者在教师的指导下选择收入档案袋的文本;⑥延迟性评价和文本的选择性为写作者提供了自主管理文本的机会,例如学生可以自主选择较为满意的文本收入档案袋,并且还能加以修正;⑦可用于反思和自我评价,即写作者要经常就自己的进展情况写反思性总结,说明档案袋的文本是如何体现阶段性进展的;⑧档案袋提供了一个更加具体的衡量学生进步的方法,例如从语言的准确性或者语言的组织能力等方面考察;⑨档案袋评价属于形成性评价,是对学生某一阶段内的写作能力的发展情况的评价。在所有这些特征中,最关键的是档案袋的收集和反思。

按照不同的标准可以把档案袋分成不同的类型。最具代表性的是美国课程专家Johnson(1996)对档案袋的分类,他按照档案袋使用的不同目的把档案袋分成最佳成果型档案袋、精选型档案袋和过程型档案袋三种类型。其中,最佳成果型档案袋是指收集学生在某个领域或某个学科内的最佳成果,以此对学生的水平做出评定;精选型档案袋要求更广泛地了解学生的成果,纳入档案袋的不仅是标志学生已经达到最高水平的成果,还包括他们感到最困难的典型成果;过程型档案袋致力于寻求发展性成果,更注重发展的过程,要求学生收集从初始阶段到完成阶段完成的所有成果。

3. 档案袋评价的理论依据

建构主义的学习理论和加德纳的多元智能理论为档案袋评价提供了理论基础。建构主义学习理论主张以学习者为中心,强调学习者的主动性,学生不是外部刺激的被动接受者,而是信息加工的主体,是意义的主动构建者,因此在学习中要充分发挥学生的主体作用,教师要充分重视学生的见解和看法,与学生之间加强交流,在共同探索的过程中发现问题、解决问题,让学生也参与到评价过程中来。作为一种动态、过程性的评价模式,档案袋评价模式为学生提供了发挥其主体作用的机会。例如,在选择和决定档案袋的内容时,学生是积极的参与者和决策者;在对学习结果进行评价时,学生可以在教师的指导和帮助下进行自我评价,并对不同阶段的学习结果进行比较和反思。

多元智能理论也称多元智力理论,是美国著名心理学教授霍华德·加德纳提出的一种关于智力的新理论。在1983年出版的《智力的结构:多元智能理论》一书中,加德纳把智力定义为"在某种社会和文化背景的价值标准下,个体用于解决自己遇到的真正难题或生产以及创造出某种产品所需要的能力"。加德纳认为,每个人的智力都有其独特的表现方式,每一种智力都有多种表现方式,在教学中,要用多维度的、全面的、发展的眼光评价学生。他还认为,每一个学生都有自己的"学习风格",教师应该尊重他们的学习风格,认识并发挥学生的长处。在评价方法上,加德纳推荐了"学习档案"的评价方法。

4. 实践案例

笔者进行了为期12周的实证研究,研究采用的档案袋类型是过程型档案袋;研究目的是检验档案袋评价能否更有效地评价学生写作能力的进步,促进学生的自主能力的发展以及教学效率的提高;研究对象为海军航空工程学院2014级机械工程专业一班的20名学生。研究分三个阶段进行:实验准备、文本选择和收集、最终评价和反思。

4.1 实验准备

教师要求每个学生准备一个档案袋,并向学生说明研究的目的和方式,使他们能够严肃认真地参与这项研究。教师提前设计好评价标准,打印并发给学生每人一份,使学生明确评价标准,作为写作时的参考。评价标准如表1所示。

表 1　　档案袋评价模式的评价标准

评价标准	文章构思(立意是否新颖、深刻)
	语篇的衔接与连贯(句子之间的衔接,段落与段落之间的衔接,意义的连贯性)
	语言表达能力(语言表达的多样性、准确性、生动性)
	写作技巧(是否可以灵活运用多种修辞方式)
	语法能力(是否有中式表达、语法错误)

研究正式开始之前,组织学生进行一次 45 分钟的限时性写作测试,测试文体为议论文,按照表 1 的评价标准给出一个综合的评定并做好记录。

此外,教师应就档案袋评价模式设计好相关问题,用于研究结束后对学生进行访谈,相关问题如表 2 所示。

表 2　　档案袋评价模式研究访谈问题

编号	问题
1	在写作过程中实行档案袋评价模式,对此你是什么立场?(支持、反对、无所谓)并解释原因。
2	在实施该评价模式的过程中,你面临的主要问题和困难是什么?
3	在与学习伙伴进行互评的过程中,你主要关注对方写作中哪些方面的问题?
4	你是如何对待学习伙伴提供的评价意见的?
5	你认为有没有必要撰写反思性日记?(有、无、无所谓)并解释原因。
6	你比较擅长哪种体裁以及哪类话题的文章?
7	在这 12 周的写作过程中,你认为自己在哪些方面得到了改进?还存在哪些问题?

4.2　文本的选择和收集

在本研究中,档案袋内主要收集以下四项内容:①评价标准;②每周教师布置命题作文 1 篇,体裁为议论文,命题作文在每周末上交给教师批改之前,学生可以有足够的时间查阅资料、相互交流、修改、润色,并且可与其他同学互评,最后提交自己最满意的版本,再由教师进行评价,给出书面的反馈意见,命题作文设定最少 350 词,不设上限,但是要保留初稿,一并收入档案袋;③每周 1 篇自由写作的文章,体裁、字数等自主决定,方式同命题作文,初稿和最终稿都一并收入档案袋;④每两周完成 1 篇反思性日记,对自己两周内的写作情况进行反思,鼓励学生一定要结合自己的实际情况,切忌为应付而流于形式。所有的写作文本都要注明写作完成的时间。

本次研究中所用命题作文如表 3 所示。

表 3　　档案袋评价模式中命题作文要求

Time	Writing requirements
Week-1	With the development of market economy, advertisements have become a dominant feature in television industry, but there still exits strong criticism against TV advertisements. Write an article to analyze the passive and negative effects of TV advertisements.
Week-2	Some people think that the developed countries should fund international aid to poor countries to help these developing countries to develop domestic health, education and trade. What is your opinion?
Week-3	Tourism is a multibillion dollars industry that supports economic development, but some people think that it causes damage to local environment and culture. What is your opinion?
Week-4	In some countries, if parents hit children or punish children physically, they will break the law and will be arrested. Some people think that punishment is good for teaching children to discipline their behavior; others say it's the matter of parents. What is your opinion?
Week-5	With the development of modern science and technology, some aspects of the traditional culture are being lost, so some people think that the traditional culture and technology will be replaced by the modern science and technology such as computer or Internet. What is your opinion?
Week-6	Nowadays, people get information through news and papers, but meanwhile they are uncertain about the truth of the news. Should we believe the journalists? What's your opinion? What qualities should a good journalist or correspondent own?
Week-7	The use of mobile phones in certain places is just as antisocial as smoking. Do you think mobile phones should be banned like smoking? To what extent do you agree or disagree?
Week-8	Some people think that it is acceptable to use animals in medical research for the benefit of human beings, while other people argue that it is wrong. Discuss both views and give your opinion.

续表

Time	Writing requirements
Week-9	The surest indicator of a great nation is represented not by the achievements of its rulers, artists, or scientists, but by the general welfare of its people. Write a response in which you discuss the extent to which you agree or disagree with the statement and explain your reasoning for the position you take. In developing and supporting your position, you should consider the ways in which the statement might or might not hold true and explain how these considerations shape your position.
Week-10	Formal education tends to restrain our minds and spirits rather than set them free. Write a response in which you discuss the extent to which you agree or disagree with the statement and explain your reasoning for the position you take. In developing and supporting your position, you should consider the ways in which the statement might or might not hold true and explain how these considerations shape your position.
Week-11	Some people believe that in order to be effective, political leaders must yield to public opinions and abandon principles for the sake of compromise. Others believe that the most essential quality of an effective leader is the ability to remain consistently committed to particular principles and objectives. Write a response in which you discuss which view more closely aligns with your own position and explain your reasoning for the position you take. In developing and supporting your position, you should address both of the views presented.
Week-12	The luxuries and conveniences of contemporary life prevent people from developing into truly strong and independent individuals. Write a response in which you discuss the extent to which you agree or disagree with the statement and explain your reasoning for the position you take. In developing and supporting your position, you should consider the ways in which the statement might or might not hold true and explain how these considerations shape your position.

实验结束后，组织一次45分钟的限时性写作测试，写作体裁是议论文，字数为350～500词，按照评价标准作出评定，并与实验前的写作测试成绩进行对比。

4.3 实验效果反馈

实验结束后，把学生的档案袋收集起来，对学生在为期12周的研究阶段内所写作的文本按照写作时间进行对比，并阅读学生的反思日记，然后把学生在实验前后的两次限时性测试成绩进行对比。最后，采用个别访谈的方式，根据准备阶段设计好的问题对参与研究的20名学生进行访谈，询问他们对档案袋评价模式的看法和感受。通过这几种方法，笔者得出了以下几点结论。

首先，从实验前后两次限时性测试的成绩对比来看，约75%的学生写作水平有了明显的进步，由此可以看出，档案袋评价模式的使用对提高学生的写作能力发挥了积极的推动作用。

其次，通过比较学生每次写作的初稿和终稿可以看出，约80%的学生都能不同程度地发挥自主学习能力，不断扩大自己的阅读面，认真查阅收集素材，丰富自己的文章；从初稿上学生之间的互评记录以及学生据此对文章做出的修改也可以看出学生合作式学习的积极作用。

第三，在学生互评中，因为个体英语水平和态度的差异，互评结果的水平也参差不齐。例如，英语水平较差的学生仅能发现拼写错误和低级语法错误，对文章的内容、结构等方面几乎没有任何评价；即使那些英语水平较高的学生，对文章的衔接、连贯等方面也很难作出比较深入而全面的评价。除此之外，还存在部分学生对互评结果不以为然，仍然不修改的问题。

第四，大部分学生都能认真地撰写反思性日记，但是也有部分学生敷衍了事。因此，在学习过程中，无论采用何种评价模式，学习者的主动性很关键。

第五，从学生自由写作的文章可以看出，虽然有的学生某一篇命题作文写得差强人意，但是对于自己感兴趣的话题和擅长的体裁则可以写出一篇不错的文章。由此也反映出我们使用限时性命题写作测试来评价学生写作能力的局限性。

第六，对学生的访谈显示，85%以上的学生对档案袋评价模式持肯定态度，认为这种评价模式给他们提供了更多自主学习的空间，并且可以对自己在写作过程中存在的问题进行及时的反思。同时，由于学生在写作过程中的努力得到了认可，他们的自信心和写作的积极性也因此而得以增强。

5. 结束语

传统的大学英语写作教学主要采用大规模限时性测试来评价学生的写作能力，这种评价模式注重写作的结果，忽略了学生写作过程中所付出的努力。此外，由于大规模限时性测试以命题作文为主，没有考虑到学生在写作中对不同体裁文章的驾驭能力存在个体差异,忽视了学生中不同“写作风格”的存在。而作为一种过程性评价模式,档案袋评价恰恰弥补了大规模限时性测试的不足,使学生能够更多地关注自己的写作过程并及时反思,从而不断提高自己的写作能力。

参考文献

[1] Belanoff, P. & P. Elbow. Using portfolios to increase collaboration and community in a writing program. *Writing Program Administration*, 1986, 9(3): 27-40.

[2] Douglas, D. *Assessing Languages for Specific Purposes*. Cambridge: Cambridge University Press, 2000.

[3] Gardner, H. *Frames of Mind: The Theory of Multiple Intelligences*. Basic Books, 1983.

[4] Hamp-Lyons, L. & W. Condon. *Assessing the Portfolio: Principles for Practice Theory and Research*. Cresskill, NJ: Hampton Press, 2000.

[5] Weigle, Sara Cushing. *Assessing Writing*. Cambridge: Cambridge University Press, 2002.

作者简介:

徐晓娟(1982～),女,汉族,山东济南人,海军航空工程学院基础部外语教研室讲师。研究方向:英语语言学与英语教学。

聂爱民(1964～),女,汉族,山东蓬莱人,海军航空工程学院基础部外语教研室教授。研究方向:二语习得与外语教学。

关于在高校非英语专业开设电影欣赏课的一些探讨

杨秀芬

[摘要] 本文借鉴国内高校一线教师关于影视课程的研究成果，分析了国内高校影视课程的开设现状和影视欣赏课开设过程中暴露的问题。结合自己的教学积累和商务活动实践以及对电影欣赏课的热情，笔者丰富了电影欣赏课程的教学目标，即在商务环境、社交环境日趋国际化的今天，有意识地培养对来自不同区域英语语言风格的辨识能力。笔者以外研社的电影视听说教材所选影片为例，分析了电影欣赏课制定教学内容的原则，并通过大量的实例来进行课堂活动安排。最后借鉴印度和澳大利亚等国高校的做法，结合本校实际情况，提出了详细的电影欣赏课多样化的教学内容和教师课程合作和专业化的建议。

[关键词] 教学目标；重新定位；双赢；文化意识；艺术性

1. 引言

教育部在 1985 年 4 月提出，我国有条件的高校应当把电影课程作为重要的选修课列入教学计划，并纳入大学英语的后续课程。从过去若干年的实施情况来看，电影课程的形式和效果不容乐观，暴露出了许多问题：由于学科年轻，因此没有大学英语课程相对完善的教学理论体系；教师对课程教学目标和教学方法的理解不同，导致教学内容、课堂教学模式上的随意性；大部分教师都主讲大学英语，没有接受过电影相关知识的专业训练，缺乏对电影的欣赏能力及有关英美国家的文化、历史知识；教学方法和观念陈旧；教师之间进行教学研讨的氛围很弱，出版社和学术团体会定期举行大学英语教学研讨会、商务英语教学研讨、翻译研讨会和语言学研讨会，但是关于电影类课程的研讨会，比如影视艺术发展与教育学术研讨会则显得凤毛麟角;电影欣赏课内容的深度和广度也有待进一步商榷;课程评价考核体系亟待完善;学生对该课程的学习目的不明确,把电影欣赏课当做是休闲娱乐,不能予以足够的重视。因此,笔者认为有必要对非英语专业电影欣赏课的实施现状进行总结与分析,规范教学目标和教学内容,探讨教学方法,提出一些切实可行的有效方法。电影欣赏课是一门集词语学习、语用知识学习和文化知识学习为一体的综合课程,同时其培养大学生人文情怀和自身修养的作用也不容忽视(张津海,2002)。

2. 电影欣赏课的教学目标

2.1 重新定位电影欣赏课的教学目标

作为大学英语的后续课程之一,英语电影欣赏的教学目标应该服务于大学英语课程的总目标,即培养学生在真实语境中的英语应用能力(特别是听说能力)及其延伸目标,即有意识地培养学生对不同英语语言风格的辨识能力,使他们在今后的继续教育、工作场景和社会交往中能用英语进行有深度的、得体的、有效的交流。此外,欣赏语言风格迥异的电影能够让学生们意识到不是说英语的人都说标准的美式或英式英语,帮助学生体会母语及非母语国家的不同语言风格、语言表达习惯和思维方式。例如,英国人用词稍显正式,讲究语言的美感,并保留了相当数量的古英语;欧洲大陆的英语易懂,俚语少,用词也比较自由奔放,尤其是地中海国家如意大利、法国和希腊的英语;而南亚如印度、巴基斯坦的英语听起来就比较古怪,印度人英语口音重、语速快,说起话来满嘴里跑舌头,辅音“r”发颤音,乍听起来很难懂。1968 年美国拍摄的《狂欢宴》(*The Party*)里面的印式英语一直都是英美人模仿印度腔英语的经典。

电影赏析课应该在欣赏影片的同时,让学生花费大量时间反复听并研读分析电影中的英文剧本,从电影中接触来自不同国家的英语,通过语言了解其思维方式及交流习惯和用词造句的方式,培养学生对不同国家以及不同职业的英语语言鉴赏力,帮助交流者在今后的社交活动、国际交往、商务活动中做到知己知彼,进而达到预期的交流目的。

2.2 使学生掌握每部所选经典电影传达的文化信息

电影取材广泛,语言环境直接地道,影视教学不仅营造出了轻松愉快的氛围,给学生提供了纯正地道的英语口语和使用情境(党燕,2007: 86),还能使学生更直观地了解电影所涉及的英语国家的文化,包括人们的思维方式、生活习俗、历史传统等。语言是文化的载体，学习语言也就是学习文化的过程。例如《费城》中 Andrew Beckett 在出庭前征求家人的意见，母亲的回答委婉地表明了自己的态度："I didn't raise my kid to sit at the back of the bus"，这句话蕴藏着深厚的美国文化——黑人在美国受歧视的历史。而从某种意义上来说，电影就是包罗万象的文化载体，多方面、多角度地展示了英美国家的文化特质和民族精神：从影片《死亡诗社》我们看到了 20 世纪 50 年代美国大学预备学校里教育制度存在的弊端，使学生们反思我们自己的教育状况；通过《费城》一窥美国 20 世纪 80 年代的同性恋和艾滋病等社会问题及其引发的道德探讨，美国人爱诉讼的民族特征、司法体制和宗教在法律方面的体现；史诗般的力作《特洛伊》给我们提供了更广阔的视野和更多的思考空间，除了展现希腊神话在古希腊人日常生活中的地位外，电影还触及了很多有关人生的问题，比如古希腊人如何看待名誉、尊严、古希腊人的生死观、英雄情结、爱以及生存的意义；《喜福会》除了展示四位在大陆出生、婚姻不幸的母亲与她们的四个在美国出生的女儿之间的文化冲突外，也反映了中美教育观念、婚姻观念的不同，以及女人在中美家庭中分别扮演的角色和夫妻的家庭费用负担问题。英语电影给我们提供了这样一个直观感性的渠道，把抽象的文化变得具体形象，这是其他教学方式所不能比拟的。

2.3 拓展大学生的艺术视野，培养审美情趣

通过对经典影视作品的鉴赏可提高学生的文化修养。大学生在性格成型期都需要人生的楷模，某部电影或者电影中的某一个人物，其言行举止和生活经历或许会影响一个人的一生，这就是电影的魅力所在。我们的学生不仅需要掌握专业知识技能，更需要有想象力与创造力，有人格魅力，有绅士风度，有丰富的感情，善于继承本国文化的精华，同时积极汲取英语国家的文化及民族精神为我所用。电影会潜移默化地发挥它的这种优势。

3. 根据教学目的选择影片

选择影片首先要考虑语言，并不是所有影片中的语言都适合用来教学。一些影片语速快，术语、俚语多，脏话多，若将这类影片用于教学，结果是学生更多地注重影片的情节，反而忽视了语言的学习和积累，即便口语会有所提高，其语言也不符合大学生的身份。所以，影片的语言特点，语速、语音、语调以及词汇领域，语言的流畅自然、不做作是首要的考虑因素。其次，选择的影片应在视觉、听觉上给人以美的享受，能激发人的思考，应尽量选择学生可以借鉴人生经历的电影。外研社的《英语电影视听说》在影片的选择上就考虑到了上述各种因素。如《死亡诗社》反

映的是校园文化,语言文雅,富有诗意,符合电影中教师和学生的身份;《费城》里面法律词汇较多,法庭辩护语言睿智,运用了大量的比喻和委婉语,语言的严密逻辑反映出了律师的智慧;《喜福会》的语言特点是有中式英语的痕迹,语言风格比较杂。再次,所选电影中体现的文化因素应尽可能地反映外国的主流文化。电影欣赏课的选课对象为非英语专业学生,由于《英美国家概况》等课程在大部分高校只为英语专业的学生开设,非英语专业的学生在英语学习的过程中没有系统地接受过有关英语国家文化的教育,因此教师应适当补充一些文化及文学常识。选择影片时也要注意文化的时代性和多样性。要正确引导学生看优秀影片,因为好作品一定不是仅靠感官刺激来吸引人的,而是通过一定的文化品位来引起观众的共鸣、思考和交流。通过观赏不同国家和文化背景的影片,使学生接触多元文化,培养学生对不同文化的包容性。

4.根据教学目标和学生特点安排教学活动

英语电影欣赏课的教学目标是注重对学生英语语言应用能力和跨文化意识的培养,教学活动应围绕该目标展开。非英语专业学生的特点是英语词汇量较大,擅长书面表达,但口语表达能力普遍较弱,跨文化意识淡薄。因此,教学活动的安排就要侧重激发学生的思考,加大口语训练的力度。结合电影赏析过程,可按照"准备—进入—共鸣性高潮—回味性延伸"四个阶段来设计课堂活动(袁智忠,2000)。

4.1 放映前准备工作

教师在放映前给学生布置本单元要进行的所有课堂活动,以便学生有充足的时间进行准备,如课上未看完的影片可以让学生讲述电影的结局;对电影做出简短的评价;讨论该部电影的卖点(如《死亡诗社》的卖点除了演员的演技,十几首原创音乐和名曲的选用恰到好处地突出了电影的主题和故事发展的高潮和低谷,喜剧色彩和悲剧色彩),用图形画出电影的叙事方法;总结每部影片的关键词,通过关键词来回顾和熟悉电影情节;简要介绍故事梗概;故事情节描述(几名学生合作完成);与上一单元的电影进行对比(对导演故事情节的安排、每部电影的卖点、语言特点以及艺术手法等方面进行对比)(梁艳,2012:163);可通过教师引导、学生自主学习的方式学习文化背景知识,如《费城》中涉及的文化背景就是费城,它是美国的革命圣地、1776年两届大陆会议、《独立宣言》起草和1787年奠定三权分立政治制度的美国宪法签订的地方。学生借此可以深入了解美国的独立战争和美国内战;还可以启发学生关注电影的时代色彩,如《死亡诗社》里面可以看出20世纪50

年代美国教育的状况和与我们今天相似的教育理念,美国人着装的变化(20 世纪 50～60 年代人们不穿牛仔裤,尽管 1910 年李维斯牛仔裤已经风靡美国,一战时由美军士兵带到了欧洲),采用的语言正式,语音语调刻板,没有脏字,与当今的美国电影形成了强烈的反差和对比。

4.2 影片欣赏阶段

一般影片的播放时间都不会少于一个半小时,而一节课的时间只有 50 分钟左右,学生一般往往都要求一次性播完整部电影,为了平衡进度,教师们不得已在有限的课时安排内对电影教学内容进行删减。事实上,大部分英语影片并不适合全部在课堂上播放,因为导演在拍摄电影的时候并不是为了迎合英语教学的需要,而是迎合商业的需求,是为了满足观众的娱乐诉求。导演张艺谋曾说过:“电影需要制作的美轮美奂,而不需要有多么深邃的思想,最需要的是吸引力,把观众吸引到电影院,至少大家过目不忘。”导演李安也坦言:“电影不是讲道德,习惯或者法律,而是当中的模糊地带。”所以大部分电影中只有部分内容适合在课堂上播放,并且只有进行合理的使用才能服务于英语教学。整部电影的欣赏建议学生在课后进行,教师也要针对不同的电影在思想上对学生加强引导,避免理解上的偏差和偏激。

4.3 共鸣性高潮阶段

该阶段是课堂教学的重头戏。课堂安排应以学生为中心,教师发挥“黏合剂”的作用,如鼓励启发、提示关键词,目的是让设计的课堂内容顺利高效地进行。教师可对所选电影进行简单的介绍,比如发行日期和票房,也可以教授一些与电影有关的英语术语。要让学生各抒己见,发表观后感,参与不同阶段的讨论,给学生提供使用英语的机会,这有助于教师了解学生对电影的理解程度和角度。教师还可以介绍一些电影拍摄手法,如蒙太奇、长镜头、短镜头等,既兼顾电影的文学性,又兼顾艺术性和影像性(李灵芝,2010: 49)。有很多导演精心设计的电影表现手法不敏感,教师可以引导学生来思考这类问题。以《费城》这部电影为例,在进行课堂讨论时,不可避免地要谈到 20 世纪 80 年代人们对待同性恋和艾滋病的立场,导演并未正面回答这个问题,而是巧妙地安排了一些细节,如图书管理员坚持 Andrew Beckett 使用私人数据室;法庭外愤怒的人群;辩护律师 Joe Miller 与妻子在厨房的一段对话;Andrew Beckett 的家人对待他及其性伴侣 Migel 的方式;Joe Miller 在超市、酒吧里的遭遇;律师事务所的高级合伙人对同性恋和艾滋病人的恐惧、排斥、敌意等不为人关注的情节;等等。导演通过这一切来间接地回答了这个问题,这样学生就会学会关注一些通常被人们所忽视的细节。电影中导演安排了一条主线、两条副线，三条线索使这部电影形散而神不散，使学生对导演的匠心升起敬意。《费城》也从一些细节展现了美国的司法体系，如陪审员制度和法庭的设置。要自由娴熟地驾驭电影欣赏课，教师必须在开设这门课之前就加强对电影理论知识的学习，对所选影片要反复地观看、琢磨和深入地思考，设计有创意的教学环节。此外，对所选电影的知名演员的其他电影推介也是电影欣赏课很重要的教学环节。对这些电影的推介可以激发学生对电影欣赏课的热情，既练习了听力、扩大了词汇量，又了解了别样的文化，愉悦了身心，从别人的生活中获得了启示。教师在推介影片时要介绍每部电影的关注点，这样学生在看电影时就会有所侧重。

4.4 回味性延伸阶段

此阶段主要是欣赏体会剧本的语言风格，体会富有文化内涵的习语和取材于生活的地道用语，还有一些平时想表达但是找不到的恰当的词语，此时剧本里面现成的妙笔生花的语言就可以直接搬过来用。比如《特洛伊》里面特洛伊王子对男人一生的使命有一段精彩的概括："all my life, I have lived by one code, the code is simple: honor the Gods, love your women, and defend your country"，从中既可以看出古希腊人敬神，也可以看出古希腊人对女性的尊重，同时我们也可以比较中国古代对男人的使命的概括："齐家，治国，平天下"，进而比较两大文明古国文化的异同。这些教学活动要求教师对外国文化有准确的了解，不能模棱两可，还要求教师了解本土文化及其英语表达方式。

经典片段可以重复播放、精听、精练、背诵。背诵这些台词不但能培养学生欣赏语言的美感和其中蕴含的深意，提高学生语言表达的整体水平。更重要的是，其对写作和口语表达水平的提高会有很大的帮助，因此学生要经常储备一些英语名段。此外，教师可选择一些难度适中的片段进行台词填空、对台词的校正（很多电影剧本的台词由于翻译者的文化积累和语言功底等原因，漏洞百出）、中英文互译等练习。此外，教师还可通过具体的例子展示语言中体现的智慧和文化内涵，如《费城》结尾陪审团在最后量刑定罪的时候，陪审团团长运用一段生动的比喻，恰到好处地说服了其他的陪审团成员；在另外一个法庭辩护的情景中，一位证人的证词发生了变化，辩护律师 Joe Miller 巧妙地用西餐中的美食鱼子酱、香槟、烤鸭和油炸冰激凌来形容当初向证人采证时他对 Andrew Beckett 的工作表现的评价，而用杂肉三明治来形容证人出庭时在被告的唆使下推翻原证词的情景，让学生感受律师这一特殊群体在法庭辩护时睿智的语言所蕴藏的智慧与缜密的逻辑。

5. 丰富课程考核体系的内容

目前，电影欣赏课的考核体系已经有所改进，基本上都能把平时和期末成绩结合起来对学生的学习效果进行综合评价，学生的平时成绩考核包括上课出勤、平时作业、课堂参与情况等。笔者认为，应把欣赏影片后写影评作为学生平时成绩的主要判定依据，影评可以反映学生多方面的能力，如组织语言和表达的能力、独立思考的能力等；口语考试的形式也可以实现多样性，如可以给某个电影片段配音，也可以提供几部课外经典电影供学生选择，让学生分组就某部电影进行自由式交谈，模拟情景剧表演，如能进行影像实时录制则效果会更好，使考核体系更趋于合理。期末考试的卷面考核除了考核听写的准确性，文化、历史等重要知识点的内容考核也要适当涉及。

6. 结束语

对电影欣赏课的教学目标、教学内容和教学方法等各方面的探索还在进行之中，值得思考的问题还很多。电影欣赏课堂教学要寻求更大的发展空间，除了要摒弃传统的教学模式以外，还可以对教学模式进行创新，例如可以借鉴印度的 FTII 电影欣赏课所采用的教师课程合作的方式，每位教师专攻一部或者一类电影。电影欣赏课的内容可以完全推翻传统的框架，自成体系，如系统讲授电影的发展、早期电影的历史、电影制作的过程、百年电影风格及发展、电影心理学、电影科技和电影的未来等。教师之间应加强联系和合作，互通有无，共享资源，建立丰富、专业的英语影像资料库。随着学生的家庭背景、教育背景和文化背景的多元化特征越来越明显，教学模式、内容、方法和课堂活动设计也要针对不同的群体进行相应的调整。

讲授电影欣赏课是一种双赢的教学体验，因为这门课融娱乐性、思想性、多变性、多元性于一体。在电影欣赏课的教学中，教师体会到的是学术自由的乐趣。通过欣赏电影，能促使教师学习电影相关的专业知识，研究电影欣赏课的教学规律，提高自身的业务能力以适应大部分学生文化素质不断提高的需求。对学生来讲，通过欣赏电影而轻松愉快地学习英语，可以启发他们的心智，提高其语言表达能力，提高审美品位，重塑自我，提高自己的人格魅力，让学生们慢慢领悟到“the Making of Gentleman/Lady”(如何成为一位绅士/淑女)，进而积极地去改变自己。寓教于乐，这难道不是古人一直提倡和努力践行的教学目标以及我们一直倡导的素质教育的一个有效途径吗？

参考文献

[1] 党燕:《浅析大学英语电影欣赏课》,《电影评介》2007 年第 18 期。

[2] 李灵芝:《大学英语选修课的现状分析》,《云南农业大学学报》2010 年第 2 期。

[3] 梁艳:《论大学英语电影欣赏课的多元分析模式》,《电影文学》2012 年第 3 期。

[4] 袁智忠:《电影欣赏过程论》,《西南民族学院学报》2000 年第 3 期。

[5] 张津海:《根据影视课特点改进教学模式》,《外语电化教学》2002 年第 2 期。

作者简介:

杨秀芬 (1965～),女,山东威海人,硕士,哈尔滨工业大学(威海)语言文学学院副教授。研究方向:国际贸易。

基于Skype网络技术的跨文化交际实践教学研究
——以山东青年政治学院外国语学院China Calling项目为例

武丽娜　张　金

[摘要]　为培养具有较强实践能力与创新能力的应用型英语专业人才，我们对英语专业的实践教学进行了积极的探索，运用智能网络工具Skype技术对以跨文化交际能力的培养为导向的实践教学进行了创新性尝试与探索，通过一个学期的China Calling（中美互联语言）项目实践研究，以调查问卷及访谈的形式对采集的数据用SPSS 11.0统计软件进行了统计分析。结果显示：学生普遍认为基于Skype网络技术的跨文化交际实践教学比传统的跨文化交际教学更优越，并且学生的学习兴趣、学习信心和学习能力都得到了较大的提高。

[关键词]　China Calling; Skype; 跨文化交际

1. 研究背景

伴随着全球化的迅速发展，各国之间的交往日趋频繁，跨文化交际逐渐成为越来越多的人在工作和生活中的必需技能(Belz, 2001)。然而，现行的跨文化交际能力培养大多局限于对书本上文化知识的传授。二语习得者往往不能很好地运用所学的跨文化交际知识，导致其在实际的交际情景中束手无策，这在跨文化交际能力的提高中是一个比较突出的问题(Belz & Muller-Hartmann, 2003)。造成这一问题的主要原因是，真实的语言文化环境，特别是对话与交流对象相对比较缺乏。随着网络技术的迅速发展，各式各样的语音工具相继问世，这就为我们克服对话与交流对象缺乏的问题提供了新的机遇和可能性(Hofstede, 2001)。为此，山东青年政治学院外国语学院英语教研室的中外教师经过反复探讨及不断论证，研发了

China Calling(中美互联语言)项目,试图通过智能工具 Skype 网络技术与母语习得者的交互学习,从而提高二语习得者的跨文化交际能力。

China Calling 是由山东青年政治学院外国语学院英语教研室中外教师与美国的波士顿学院、皮吉声大学、哥伦比亚特区大学、莱斯利学院师生合作开展的外语实践教学项目,力求探讨中美学生的跨文化交际学习模式,积极探索并推进教学改革,为跨文化交际教学的发展提供有效途径。

本研究定位于跨文化交际方面的研究和网络交往方面的研究,试图通过智能工具 Skype 网络技术将跨文化交际放在网络空间的研究视角下进行考察,并关注互动主体间的文化差异和互动空间的差异两个方面对互动的影响,如图 1 所示。

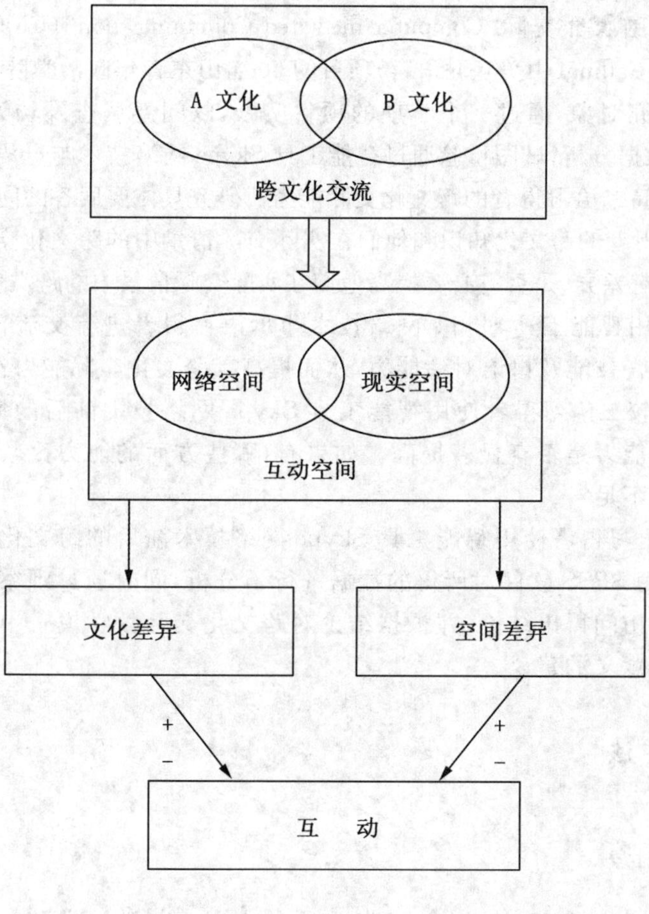

图 1　互动主体间的文化空间

项目组通过中国知网CNKI数据库对目前与Skype相关的研究文献进行了检索，总共检索出330条记录。这些研究文献多以介绍Skype或以针对计算机领域的研究为主，较少涉及外语方面的研究（检索记录中与外语方面相关的记录不足10条），而将Skype软件运用于外语课堂教学方面的研究更是少之又少，基本没有参考文献。鉴于此，我们的China Calling项目研究不失为一种创新和尝试。项目旨在创造真实的语言环境，让学生在此环境中逐步提高语言会话能力及跨文化交际能力。

2.研究问题

本研究以电脑媒介交际"Computer-mediated Communication"（CMC）为理论基础，以参加China Calling（中美互联语言）项目的50名山东青年政治学院2013级英语专业的学生为研究对象，通过一个学期的项目实践，以问卷调查及访谈的形式，用SPSS软件进行数据分析，试图检验通过智能工具Skype网络技术与母语习得者的交互学习是否能提高二语习得者的跨文化交际能力。研究具体要回答的问题包括：

(1) 二语习得者的跨文化知识和他们在实际交际情景中的跨文化交际能力是否存在差异？如果有差异，是否有必要提高他们在实际交际情景中的跨文化交际能力？

(2) 如何使用智能工具Skype网络技术与母语习得者进行交流，使二语习得者掌握一定的语言技能及口语对话能力，从而提高其跨文化交际能力？

(3) 通过比较二语习得者使用智能工具Skype网络技术前后的情况，确定他们的跨文化交际能力是否有显著提高。如果有，哪些方面的能力比较突出？哪些方面的能力存在不足？

此外，对二语习得者使用智能工具Skype网络技术前后的跨文化交际能力进行了问卷调查，用SPSS软件对所得的数据进行了分析，同时通过观察和学习期间对二语习得者的访问得出结论，并根据结论对跨文化交际教学模式中要注意的问题提出了一些有意义的建议。

3.研究方法

3.1 研究对象

参加研究的学生共50名，为2013年入学的山东青年政治学院外国语学院英语专业学生。之所以选择大学三年级的学生进行研究，是因为他们经过两年的学习，对跨文化因素在其学习过程中的影响有更深刻的体会，因而更具有代表意义。

3.2 研究工具

本研究采用 Likert 五级量表形式，并在该量表的基础上，针对学生的实际学习情况，设计了稍作修改的五级量表(见表 1)。每个问题以其影响程度的大小分为"从不、很少、有时、经常、总是"五个级别，分别计 1、2、3、4、5 分。其得分划分标准如表 2 所示，并对采集的数据用 SPSS 11.0 软件进行了统计分析。

表 1　五级量表

编号	问题
1	我认为 Skype 英语教学模式比传统的教学模式更优越。
2	我经常用 Skype 与美国同伴完成老师布置的作业。
3	Skype 增强了我的学习信心，降低了我的学习焦虑。
4	我认为自己利用网络进行英语学习的能力增强了。
5	Skype 使我了解了美国文化、美国学生的学习和生活。
6	Skype 增强了我的跨文化交际能力。
7	Skype 提高了我学习英语的兴趣。
8	Skype 提供的各种功能可使我更好地进行自主学习。
9	Skype 是一个比较实用、可靠的学习平台。
10	Skype 应推广到其他外语科目的教学中。
11	美国学生对我作文的反馈让我提高了写作水平。
12	在英语学习中遇到问题后我能与美国同伴进行交流。

表 2　频率标准 (Oxford, 1990)

均值	频率	描述
1.0～1.4	低	从不
1.5～2.4		很少
2.5～3.4	中	有时
3.5～4.4	高	经常
4.5～5.0		总是

本研究调查问卷包含 12 个项目，在笔者发放的 50 份调查问卷中，收回有效问卷 50 份，有效率为 100%。

3.3 研究过程

本项目研究历时一年，分为两个阶段：

3.3.1 项目研究准备阶段

主要涉及项目的调研、中美学生的遴选注册、学生的动员、教育和培训等。

3.3.2 项目实施教学阶段

主要涉及以智能工具 Skype 网络技术提供的先进的扩展功能以促进学生跨文化交际能力的提高。

(1)智能工具 Skype 网络技术的语音、视频通话功能。开学初，所有参与 China Calling(中美互联语言)项目的教师与学生进行了为期一周的 Skype 网络技术使用技能培训，然后将所有学生与美国波士顿学院三年级的学生进行了配对，让他们进行交互式学习。通过一段时间的交互式学习，这 50 名学生全部熟练掌握了使用语音和视频进行通话的功能。

(2)文件传递。此功能在学生进行自主学习和网络课堂教学中都发挥着重要的作用，其类似发送电子邮件的附件功能，使用者可以发送任何形式的文件(如 PPT 或 Word 文档)，不同的是这种附件是在双方进行在线通话时发送的，使用者可在交谈中对其进行讨论(Leh, A. S. C., 1999)。教师在指导过程中设计相关主题，通过文件传递，中美学生可以围绕主题共同完成一项学习任务或写作反馈，实现资源共享，提高跨文化交际能力。

(3)屏幕共享功能。智能工具 Skype 是一种机对机的工作方式，因此一台计算机可以与一个投影仪相连接，这样显示屏上所显示的内容可以投射到大屏幕上，供全班同学观看。用这种方法教师可利用 Skype 网络技术邀请美方教师或学生走进课堂，参与课堂教学活动。

4. 研究结果

通过运用 SPSS 软件进行数据分析，本研究结果如表 3 所示。

表 3　China Calling 学生跨文化交际约束特点数据分析

问题项目	回答为 4 分、5 分学生所占百分比	平均值	标准差
1. 我认为 Skype 英语教学模式比传统的教学模式更优越。	70%	4	0.6
2. 我经常用 Skype 与美国同伴完成老师布置的作业。	50%	3.45	0.7475

续表

问题项目	回答为 4 分、5 分学生所占百分比	平均值	标准差
3. Skype 增强了我的学习信心，降低了我的学习焦虑。	55％	3.65	0.4275
4. 我认为自己利用网络进行英语学习的能力增强了。	55％	3.75	0.4875
5. Skype 使我了解了美国文化、美国学生的学习和生活。	60％	3.75	0.4875
6. Skype 增强了我的跨文化交际能力。	50％	3.5	0.25
7. Skype 提高我英语学习的兴趣。	80％	4.2	0.56
8. Skype 提供的各种功能使我更好地进行自主学习。	65％	3.9	0.59
9. Skype 是一个比较实用、可靠的学习平台。	70％	4	0.6
10. Skype 应推广到其他英语科目的教学中。	85％	4.3	0.51
11. 美国学生对我作文的反馈让我提高了写作水平。	70％	3.8	0.36
12. 在英语学习中遇到问题我能与美国同伴进行交流。	60％	3.8	0.56

从表 3 可以看出，学生普遍认为 Skype 应用于网络教学比传统的教学模式更优越，并且学生的学习兴趣、学习信心和学习能力都有了很大的提高。

此外，我们对参与 China Calling（中美互联语言）项目的 50 名学生进行了访谈，访谈的内容主要围绕两个问题："你对 Skype 应用于英语教学的态度"和"你认为智能工具 Skype 网络技术在教学中的应用是否能提高你的英语综合能力"。总体而言，参与者几乎都对该学习项目持积极的态度，不满意者仅占总数的 5％，究其原因，主要是由于语言技能较薄弱，对文化差异了解不足。另外，70％的同学认为智能工具 Skype 网络技术在教学中的应用对提高他们的英语综合能力有较大的帮助，有 30％的同学对此认为说不清。结果显示，参加项目的学生比较喜欢使用这种软件和母语习得者进行语言的学习，在教师的指导下，围绕主题共同完成课堂教学活动。

5. 研究启示

在教育国际化的背景下，教学已不单单局限在单纯的课堂和平面的教材中。通过现代通信技术，教师要建立跨国教学与学术交流的理念，学生要培养起跨国协作式学习的观念。一方面，现代信息技术与外语课程的整合对大学外语教学提出了更新的挑战，教师已不再是学生学习知识的唯一来源(高一虹，2009)。因此，教师的"信息—教学"素养是运用智能工具 Skype 网络技术进行交互式外语教学的重要保证。具体来说，该素养包括：①消除技术使用焦虑，建立和更新技术使用信心；②教师利用 Skype 网络技术的基本功能进行交流的能力；③利用 Skype 扩展功能进行网络教学的能力。另一方面，还需提高学生运用工具技能的素养。所谓工具素养，是指学生为了有效实现网络环境下的各种学习活动、完成学习任务而必须掌握通信工具、表达手段、阅读能力等相关的基本技能素养(Warschauer，1998)。在教学实验过程中，我们发现 20％的学生不能熟练地使用计算机和网络技术。因此，应加强培养学生利用网络搜集信息和交换信息的能力、创建电子文档和制作 PPT 的能力以及网络交流协作的能力，以提高其跨文化交际的能力。

6. 结语

全球化和信息化已成为人类进入新世纪所必须面对的生存背景。对二语习得者来说，只有了解语言发生的文化背景，才能真正掌握一种语言(胡文仲，1998)。在网络外语教学不断发展的今天，智能工具 Skype 网络技术可以用来提供丰富的、真实的语言学习经历，可以促进学生进行国际合作，共同完成学习任务。新技术的应用大大提高了学生外语学习的自主性和能动性，使语言学习变得简单、有趣、真实。通过为学生提供更多的交流、互动，真实体验英语使用的机会和环境，智能工具 Skype 网络技术将传统教学模式下的英语学习变为真实情景中的英语"习得"(关世杰，2008)，进而实现了教学语境的社会化、真实化，真正有利于学生跨文化交际能力的培养。

7. 研究局限性

本研究的局限性主要表现在以下两方面：①网络系统的稳定性与技术支持在一定程度上会影响项目的实施。②由于相关局限性，本研究没有对非通用语种习得者进行样本分析。今后应力求进一步扩大研究对象，将此项目推广到非通用语种的跨文化交际教学中。

参考文献

[1] Belz, J. A. Institutional and individual dimension of transatlantic group work in network-based language teaching. *Recall*, 2001, 13(2): 213-231.

[2] Belz, J. A. & A. Muller-Hartmann. Teachers negotiating German-American tele-collaboration: Between a rock and an institutional hard place. *Modern Language Journal*, 2003, 87(1): 71-89.

[3] Hofstede, G. *Cultures Consequences, Comparing Values, Behaviors, Institutions, and Organization Across Nations*. Thousand Oaks, CA: Sag Publications, 2001.

[4] Leh, A. S. C. Computer-mediated communication and foreign language learning via electronic Mai. http://imej. wfu. edu/articles/1999/2/08/index. asp, 1999.

[5] Warschauer, M. Online learning in socio-cultural context. *Anthropology and Education Quarterly*, 1998, 29(1): 68-88.

[6] 胡文仲:《跨文化交际与英语学习》,上海译文出版社 1998 年版。

[7] 高一虹:《语言文化差异的认识与超越》,外语教学与研究出版社 2009 年版。

[8] 关世杰:《跨文化交流学:提高涉外交流能力的学问》,北京大学出版社 2008 年版。

作者简介:

武丽娜(1957～　),女,汉族,山东阳谷人,山东青年政治学院外国语学院教授。研究方向:应用语言学与外语教学。

张金(1980～　),男,汉族,山东泰安人,山东青年政治学院外国语学院副教授。研究方向:跨文化交际与英语教学。

基于微课的"翻转课堂"模式在大学英语教学中的应用研究

张　晶

［**摘要**］　基于微课的"翻转课堂"教学模式是近年来全球教育界关注的热点。它实现了知识传授与内化教学流程的颠倒，转变了课堂与师生的角色。这种新兴的教学模式具有灵活性、时效性、开放性、模块化和多模态输入等特点，有利于实现学生的个性化学习和为学生创建良好的语言学习环境与条件。本文通过对"微课"和"翻转课堂"的概念、特点的研究，以及对我国高校英语教师的特征、大学生的学习特点、现行英语教学模式、教学环境的分析，尝试探讨了基于微课的"翻转课堂"模式在我国大学基础英语教学中应用的可行性，并针对"翻转课堂"教学进行了理论与实践相结合的解读。

［**关键词**］　微课；翻转课堂；大学英语教学；可行性；实践策略

随着现代教育技术的发展及其在教学领域广泛而又深入的应用，基于微课形式的"翻转课堂"教学模式应运而生。"微课"这种教学模式合理利用先进技术，从学生的角度出发，通过微型教学视频使重点内容清晰化，因此具有较高的可行性。经过一段时间的教学实践，其多样化的教学方式及良好的教学效果已经凸显，从而受到了国内外教师和学者的认可和重视。

1. 相关概念界定

1.1　微课

"微课"(Micro-class)的全称为"微型视频网络课程"。具体来说，它是以微型的系列教学视频作为主要的承载体，然后针对某一个学科或课程的知识点(如重点、难点、疑点、考点等)或教学环节(如学习活动、主题、实验、任务等)而设计的一种情景化、情境化的在线课程资源(关中客，2011：14)。追根溯源，“微课”最早的雏形是美国北爱荷华大学的一位教授所提出的“60 seconds”课程，以及英国纳皮尔大学的一位教授所提出的“一分钟的演讲”(梁乐明等，2013：65-73)。最早将这一概念应用于教学的则是美国新墨西哥州圣胡安学院的一位高级教学设计师，他将微课称为“知识脉冲”(Knowledge Burst)，其核心理念是：在课程中把教学内容和教学目标完美、紧密、有机地结合在一起，以便产生一种“更加聚焦的学习体验”(胡铁生、詹春青，2012：65-69)。“微课”作为新型的教学方式，是传统课堂学习的一种重要补充和资源拓展。

1.2 翻转课堂

“翻转课堂”(Flipped Classroom)的概念是21世纪初从国外引进的，又称“反转课堂”或“颠倒教室”，是指通过知识传授和知识内化的颠倒来改变传统教学中的师生角色并对课堂时间的使用进行重新规划的新型教学模式。“翻转课堂”的核心是“先学后教”，它颠覆了传统的“先教后学”的教学模式，先由学生自行主动地学习相关要点，然后将学习中发现的问题及个人学习心得带到课堂上，与大家探讨与分享。这种主动学习的过程更符合“信息的接受—编码—储存—交换”的心理认识规律。它改变了传统的“以教为中心”的教学模式，采用“以学生为中心”的个性化教学，极大地提高了学生学习的积极性以及教师的工作热情(万敏，2015：181)。

“翻转课堂”的显著特征在于将学的责任与权利由教师转移给了学生。作为翻转课堂的推崇者，Jonathan Bergmann 和 Aaron Sams(2012)对其基本特点进行了概括：增加师生间的互动和个性化沟通；学生为自己的学习负责；老师不是讲台上的“智者”，而是学生身边的“指导者”；直接教学与建构主义学习相融合；由于患病或课外活动而缺席的学生不会落下功课；课程内容将被永久保存以便于查阅和修正；所有的学生都参与其中；所有学生都能得到个性化的教育。

2. 基于微课的翻转课堂教学新模式

基于微课的翻转课堂为我们展示了逆序创新的具体思路与做法：从不同的思维方向思考教学系统，通过教学流程的转变突破教与学的时空限制、思维限制，改变教师角色，使学习由浅表学习走向深度学习，这为我们开展信息化教学实践带来了新的启示。

2.1 基于微课的翻转课堂教学模式的概念图

所谓“翻转课堂”教学模式，就是教师或教学团队为实现特定的教学任务和教学目标，在对课程进行整体分析和设计的基础上，利用各种信息技术开发制作微视频课件，学生在课前利用网络平台学习、观看视频课件完成知识的传授（外化）过程，在课堂上通过教师与学生、学生与学生的互动完成知识内化过程的一种教学模式。其概念如图1所示。

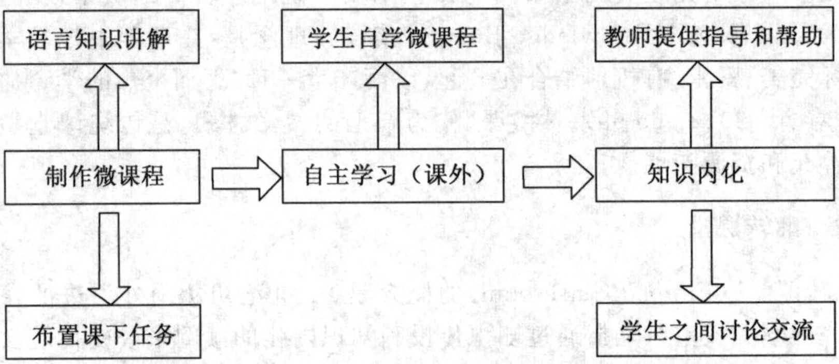

图1　基于微课的翻转课堂教学模式的概念

2.2　基于微课的翻转课堂教学模式的基本流程图

从已有的关于翻转课堂的研究可以看出，翻转课堂的基本教学流程是“学生提前看材料-做练习-教师指导-总结提升”。其大致分为两个部分：一是在课前进行的，主要包括教学微视频的制作与发布、学生自定步调的自主化学习；二是在课堂教学过程中师生面对面进行的，包括测试、反馈与合作化学习等。有的学校在翻转课堂的实践中将翻转课堂的教学模式提炼为课前四环节和课堂五步骤：课前四环节为制作导学案、创建教学视频、学生自主预习和学习、教师了解预习和学习情况；课堂五步骤则为课堂教学过程中的合作探究、释疑拓展、练习巩固、自主纠错和反思总结（张跃国、李金川，2012：82-83），其基本流程如图2所示。

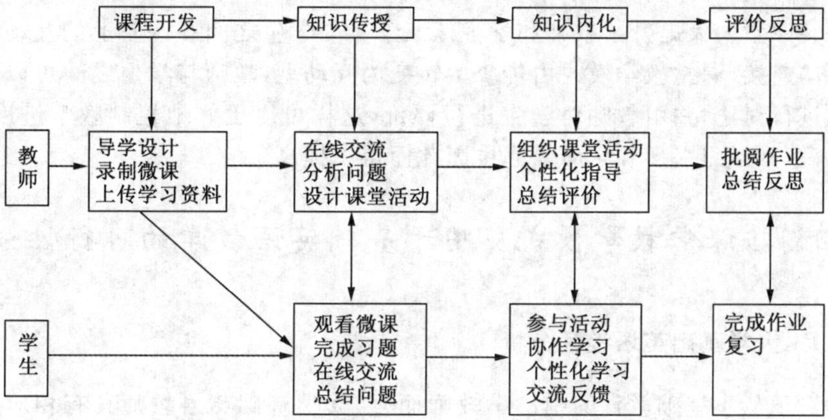

图 2　基于微课的翻转课堂教学模式的基本流程

2.3　基于微课的翻转课堂教学模式的特征

2.3.1　教师角色的转变

翻转课堂模式下,学生借助微型视频来完成学业。教师由传统课堂知识的传授者变成了学习的促进者和指导者。课堂不再专属于教师,教师不再是课堂的主宰。在这个过程中,英语教师主要负责微视频的制作,这需要教师了解学生的需求,制作具有针对性的教学内容。另外,在学生学习的过程中,教师应随时解答其存在的疑惑。为了提高教学效率,教师还应在课前对视频内容进行初步的解释,使学生了解如何合理利用微视频。因此,教师即成为了学生便捷地获取资源、利用资源、处理信息、应用知识到实际情境中去的"脚手架"(左宝霞、张马建，2014：56)。

2.3.2　学生角色的转变

在"翻转课堂"这种崭新的教学模式下,学生成了学习的主体,可以自由分配学习时间。学生既可以控制学习时间、学习地点,也可以控制学习内容和学习量。在这一过程中,学生也就完成了华丽的转身,由传统课堂上的被动接受者转变为知识的探究者。从另一种视角来看,学生由过去完全的知识消费者转变为了知识生产者,一些优秀的学生甚至还可以帮助教师承担教学的任务。

2.3.3　课堂时间的重新分配

在翻转课堂模式中,原来教师在课堂上讲授的内容通过网络技术在课前完成,留给学生更多的时间进行学习活动。在不减少基本知识传授的基础上,增强了课堂中教师和学生的交互性,通过将"预习时间"最大化来完成对教与学时间的延长,实现了知识的深度内化,从而提高了学习效率(马秀麟等，2013：80-84)。

2.3.4 翻转课堂增加了学习中的互动

翻转课堂大大提升了教师和学生以及学生与学生之间在课堂上的互动。通过微视频的连接,课堂教学模式由传统型转变为互动型,教师与学生之间可以针对某一问题进行讨论,并由教师对学生进行评价,这样可以更好地控制教学进度;对于学生来说,其学习兴趣和学习效率也因此而得以提高。

3. 翻转课堂教学模式应用于基础英语教学的可行性分析

3.1 大学基础英语教师分析

相对于从事基础教育的中小学教师而言,大学基础英语教师具有相对较高的学历和较快地接受新兴事物的能力。经调查,全国大学英语教师的平均年龄约为31.19岁,年轻化的年龄结构表明其接受新事物和新技术的能力更高(左宝霞、张马建,2014:56)。大学英语教师大部分具备了一定的语言和教学知识体系,能够结合自身的语言学习经验,实现大学英语教学的创新与发展,这为大学英语微课教学资源的开发奠定了坚实的人力资源基础。此外,大学英语教师还具有较好的信息技术应用能力。在我国教育信息化的过程中,高等教育的信息化走在了其他教育层次信息化的前列。而大学英语教学改革的推行使得大学英语教师较早地开始熟悉并使用计算机,并较早地应用了计算机网络,因此他们在诸如多媒体课件的制作、教学资源的搜索与下载、多媒体资源的获取与处理等方面具有异常扎实的基础,这些都为翻转课堂教学方式的实施提供了良好的技术基础。

3.2 大学生的学习特点分析

大学生已具有较强的自主学习能力,能够完成微课程的学习。随着教育体制改革的进行,大学生逐渐不再认同传统的教育理念,而是能够通过多种方式进行自主学习,现代丰富的教学资源更是为大学生提供了自主学习的条件。以微视频为主的翻转课堂不但为学生提供了条件,还能够激发其学习兴趣。大学生具有一定的英语表达能力,基本能够实现课堂交流。高校为大学生提供了外教、英语角,借此可以使学生的英语交际能力得到一定程度的提高。此外,还可以让大学生对工作的认识更加深刻,了解英语交际能力的重要性。翻转课堂符合大学生的特点,因此其接受翻转课堂模式的可能性较高,故基于微课的翻转课堂模式具有一定的可行性。

3.3 教学环境特征分析

我国高校现行的主要英语课程的教学模式就是利用多媒体方式集中授课结合

学生利用网络自主学习的模式。这种教学模式不外乎教师将自己所要讲的内容制作成多媒体课件，学生在教师的指引下通过观看多媒体课件的展示内容进行学习。课下学生利用课余时间完成作业，并利用课余时间在与教材配套的自主学习平台上进一步巩固或深入学习。这种利用多媒体授课的方式优点在于可以将图片、文字、声音和图像有机地融为一体，从而实现多模态化的语言输入，寓知识学习、技能训练和智力开发于生动活泼的形象之中，从而最大限度地激发学生的学习兴趣。

有研究（刘淑香，2010：103-104）认为，现行教学模式的缺点也是显而易见的：播放课件时一闪即过，知识点得不到突出；课堂教学时间有限，学生无法及时发现学习中的问题，导致学生丧失主体地位；学生自主学习资料非常有限，不能实现个性化学习。因此，我们需要更为完善、更为科学的基础英语教学新模式。在信息技术飞速发展的今天，基于多媒体和网络自主学习平台的大学英语教学模式在全国各地的高等院校已基本确立，高校的教师和学生使用电脑、电子阅览室和自主学习平台的情况已经相当普遍了。这一切为实现基于微课的翻转课堂模式进行基础英语教学提供了必不可少的硬件基础。

4. 基于微课的翻转课堂在大学基础英语教学中的应用设计

下面以外语教学与研究出版社的《新视野大学英语读写教程》中的“Charlie Chaplin”一课作为案例，将翻转课堂的教学模式融入其中，从而详细阐述翻转课堂在大学英语教学中的实际效果。

4.1 微视频的收集与制作

教师要对微视频进行认真详尽的设计，明确教学内容和目标，归纳重难点。教师先要制作一段时长 15 分钟左右的关于“Charlie Chaplin”的微视频，可以采用包括视频、动画、讲解等呈现方式，内容的讲授要生动全面、清晰明确，最好使用专业的视频制作软件，如 Adobe Captivatel 等。Adobe Captivatel 除了具有录屏功能外，还可以实现交互性，可以在观看视频的过程中插入一些自主练习题，一方面可以检验学生对学习内容的掌握程度，另一方面可以刺激学生的思维。在录制微课的过程中，无论是教师的语言还是微课中的文字都应尽量使用英语，生僻的单词可以配上汉语解释。这样做有利于锻炼学生的英语听说能力，营造良好的英语学习氛围。

4.2 课前视频发布

在制作完成微视频之后，教师将资料上传到网络学习平台。学生可以结合具体条件，通过移动学习、网络学习等多种学习方式学习教师上传的微视频。学生在课前观看微课，在学习任务单的指导下进行自主学习，自主控制学习的进度、时间，及时完成相关练习以便检测学习过程，主动记录有困难、有疑惑的地方及存在的问题，然后在课堂上交流解决。

虽然翻转课堂将知识传授放到课外，教师无法亲眼观察学生的学习状况，但他们可以通过现代化的通讯设备及时了解学生的学习进度。教师可以通过手机或电脑定时给每位同学发消息以提醒他们按时完成学习任务。教师应积极地与学生进行网络在线交流，及时给予学生指导并了解他们的学习进度。教师应将学生提出的问题记录下来进行归纳整理，对于大多数学生都提出的普遍性问题，教师应在课堂上统一安排时间进行解答。

4.3 课堂教学

在课堂教学环节中，教师和学生都不再是被动的角色，教师可以补充板书、电子文档、Flash 等其他形式的学习资源，以满足学生多方面的学习需要。在课堂上教师要完成的第一个任务就是解答学生在课前学习过程中遇到的难题，这样才能保证其他学习任务的顺利完成。但是教师集中授课的时间不宜过长，只需要花费10～15分钟的时间进行简明扼要的讲解即可。

讲授结束之后，教师就可以布置学习任务了。如前所述，根据学生反馈的问题和教学内容的特点，教师在课前就应将课堂活动设计好。课堂任务依次为：解决课前学习过程中的难题；复习课文中所出现的生词词组，如“applause”“revolt”“postpone”等单词的用法、读音和例句；阅读课文，听课文录音，分析课文结构，更好地了解查理·卓别林这位喜剧大师；完成相关的课后练习题。

宣布完任务要求后，教师就要把学习的主动权交给学生，让学生依靠自己的能力完成任务。在学生进行协作学习的过程中，教师需要掌控全局，密切关注各个小组的学习动态，在发现问题时予以指正，在学生需要帮助的时候及时指导，保证每组都能高效顺利地完成学习任务。学生经过独立解决问题、小组间开展协作学习之后，要将个人或者小组的作业成果在课堂上进行交流展示，各小组间进行交流、评论和分享。翻转教学课堂提高了学生的学习兴趣，同时也顺利地将知识进行了高效的传达。

4.4 课后反思与互动交流

教师课后要进行总结，主要包括对学生的学习情况和对整个教学过程进行总结。如果在总结过程中发现有任何不足，教师应及时更正，以保证今后的教学过程更加完善，教学效率不断得到提高。

学生要在充分消化课堂教师补充的资料和师生线上、线下交互讨论的基础上，利用课后时间进行深刻的反思。学生在反思之后应就课堂中的问题继续进行网络讨论，充分发表自己的观点，并与教师深入互动。

5. 基于微课的翻转课堂模式实践的发展策略

5.1 对翻转课堂模式进行适当调整

作为外来产物的翻转课堂是在国外兴起并应用的，我们不能直接照搬，而是要根据中国实情加以调整以适应我国的教学实际。

5.2 重视微课程与传统基础英语课堂教学的融合与衔接

作为对传统教学方式的创新与突破，从知识切分、选题、制作到使用，微课程都必须注重突出学生的主体地位，使得教与学活动有机融合、天衣无缝。完整的微课程不仅仅是“教学微视频”，还应具备各种教学资料和教学资源，即“微教学资源”，如教案、讲稿、课件、练习、教学反思、课堂反馈等。

5.3 大学基础英语教师必须提高多媒体网络操作技能与技巧

微课的制作要求教师掌握相应的信息技术，提升整合学科教学与信息技术的综合能力。此外，还需要教师适当涉猎相关的技术领域，在视频拍摄剪辑、镜头切换、实景拍摄、本色出演等方面进行一定的学习和积累。

6. 结语

基于微课的翻转课堂教学模式是一个以信息技术为基础的创新性教学模式，它很容易融入大学英语这种极其注重相互交流和互动性的学科教学中。基于微课的翻转课堂教学模式能够让学生成为教学的主体，提高学生在英语学习中的主观能动性和利用有限资源自行发挥、突破学习瓶颈的创造能力；能够实现个性化教学，使因材施教成为现实；能够增进师生之间的交流，令教师及时获得教学反馈，不断完善教学过程，提升教学效率。用“授人以鱼不如授人以渔”来形容翻转课堂教学模式再合适不过了，现实也的确如此。不仅是大学英语教学，对任何科目的教学来说，都应该勇于尝试和善于运用翻转课堂这种教育新模式。总而言之，基于微课的翻转课堂教学模式将彻底颠覆传统的英语教学，为英语教学改革开辟新的途径。

参考文献

[1] Bergmam, Jonathan & Aaron Sams. The flipped class: What it is and what it is not. *The Daily Riff*, July 2011.

[2] 关中客:《微课程》,《中国信息技术教育》2011 年第 17 期。

[3] 胡铁生、詹春青:《中小学优质"微课"资源开发的区域实践与启示》,《中国教育信息化》2012 年第 11 期。

[4] 梁乐明、曹俏俏、张宝辉:《微课程设计模式研究——基于国内外微课程的对比分析》,《开放教育研究》2013 年第 2 期。

[5] 刘淑香:《浅析高校多媒体课堂教学的质量问题》,《理论观察》2010 年第 3 期。

[6] 马秀麟、赵国庆、邬彤:《大学信息技术公共课翻转课堂教学的实证研究》,《远程教育杂志》2013 年第 1 期。

[7] 万敏:《基于微课的翻转课堂模式在大学英语教学中的应用》,《教育教法探讨与实践》2015 年第 6 期。

[8] 张跃国、李金川:《"三四五六":翻转课堂的操作实务》,《中小学信息技术教育》2012 年第 11 期。

[9] 左宝霞、张马建:《基于微课程的"翻转课堂"教学模式在基础英语教学中的应用的研究》,《读书文摘》2014 年第 5 期。

作者简介:

张晶(1980～),女,汉族,山东临沂人,临沂大学外国语学院讲师。研究方向:应用语言学。

大学英语课堂口语教学模式研究

张学伟

[摘要] 随着社会的发展和全球化趋势的加强,英语在国际交往中发挥着越来越重要的作用,而社会对英语人才的需求也越来越大。在英语教学中,英语口语的教学是目前我国大学英语教学中的重点和难点。本文主要针对国内外的英语口语教学的差异性进行了一些研究,并在此基础上提出了一些建议,希望能够为我国英语口语教学质量的提高有所帮助。

[关键词] 英语口语教学;差异性;口语教学改革

1. 引言

随着全球化趋势的不断加强,具备一定的英语交际能力已经成为了现代社会人才应当具备的基本素质之一。因此,作为高校的大学生,学好英语也成为了最基本的要求。根据《大学英语课程教学要求》中的规定,学生要达到"能在学习过程中用英语交流,并能就某一主题进行讨论,能就日常话题用英语进行交谈,能经准备后就所熟悉的话题作简短发言,表达比较清楚,语音、语调基本正确。能在交谈中使用基本的会话策略"(教育部高等教育司, 2007)。然而,如今我国的高校英语教学却出现了很多令人尴尬的问题,如很多在大学里已经通过了四、六级考试的学生却连一些基本的英语交际能力都不具备,很多学生多年来虽然总是能够在英语考试中取得不错的成绩,但是所学习的英语却是我们常说的那种"聋哑英语",学生学了英语以后既听不懂,又不会说。要知道,作为一门语言,英语首要的功能就是用于交际,如果学生在学习了英语以后无法把它作为交际工具来使用,可以说就失去学习英语的意义了。因此,针对这些问题,目前我国高校也开始大力开展英语教学改革,其主要目的就是希望提高学生的英语交际能力,而这一改革的核心内容则主要是围绕着英语口语的教学工作来进行的。在英语教学中，口语教学往往承担了培养学生交际能力的重要任务，因此，我们要想提高学生的英语交际能力，就要想办法不断地改进高校英语的口语教学工作，使得学生能够通过有效的口语教学来不断提升自己的口语交际能力，进而实现学习英语的最终目的(程世禄、龚由志，2006)。

如今，在我国高校的英语口语教学工作中存在着很多的弊端，而这些弊端的存在直接影响了口语教学的效果。为了更加有效地解决这些弊端，我们可以对国内外的英语口语教学模式进行一些比较，适当借鉴一些国外英语口语教学的经验来不断完善自己的口语教学工作。

2. 国内外教师口语教学模式的差异

2.1 教育理念和教学方式不同

在传统教学理念的影响下，国内的英语教师往往习惯于“以教师为中心”来开展教学活动，高校英语口语教学也不例外。在我国很多高校的英语口语教学中，虽然很多教师也认同“以学生为中心”的教学理念，但是在实际的操作中却无法做到理论与实践相结合，很多教师在口语教学上依然盲目地“以教师为中心”开展教学，在一节口语课上，教师讲课的时间往往占到 80％以上甚至更多，很多教师在口语教学中几乎都是围绕着精读课文来进行的。这样一节口语课下来，几乎都是教师自己在说，而学生则更多的是在听，口语课就成为了教师练习口语的地方，而学生的口语能力却没有得到明显的提高。与国内口语教学不同的是，在国外，很多教师在开展口语教学的过程中往往不断强调“以学生为中心”的教学理念，并且在实际的教学实践中也能够很好地把这些理念运用于实际，从而在口语课堂上把大部分的时间都用来开展学生活动，而教师在旁边更多从事的是组织和指导的工作。以英国为例，在英国的高校中，教师在开展口语教学活动的时候，很少会在课堂上给学生讲大量的理论，他们更倾向于组织学生进行各种学生活动。例如，教师常常会在课前给学生留下一些讨论题目，让他们在课下搜集一些相关的资料，做一些准备工作，然后在课堂上进行小组讨论，而教师则在旁边时而指导、时而点评、时而总结。总之，就是让学生在课堂上真正扮演主角，而教师则尽职尽责地在旁边演好配角。在英国高校的课堂上，教师留给学生的信息量往往是非常少的，这一点与中国的教师差别很大。很多中国教师在上课的时候总是希望给学生传授尽可能多的信息和知识，他们更加强调对学生的信息输入，而不注重学生对信息的接受。从中英两国教师的教学方式来看，英国老师似乎要轻松多了，但这里所说的“轻松”并不是说英国教师的工作量少，其实他们的工作更多的是在课堂教学之外进行的。很多教师在开展课堂教学之前会花很多精力来阅读和搜集各种相关资料、确定课堂教学中学生讨论的话题、设计讲课步骤、想办法引导学生进行讨论并设计一些问题等，正是有了大量课前准备工作作为基础，教师在课堂教学中才能够做到心中有数、游刃有余，很多看起来纷乱的课堂实际上都在教师的掌控之中，都是沿着明确的教学路线来进行的。

2.2 课堂教学环境存在差异

很多中国教师往往认为，一个优秀的课堂环境是学生在安静的课堂上认真听老师讲课，这也是保证课堂教学顺利进行的重要条件。在中国的课堂上，我们经常可以听见老师说："同学们请安静，不要讨论，听我说……"类似这种话国外的教师就很少说。很多国外的教师一旦发现学生在课堂上安静地默不作声，教师可能都不知道接下来的课程应该如何进行了。因此，与国内井然有序的课堂教学环境相比，国外的课堂教学环境相对来说要宽松活泼很多，尤其是英语口语这样的课程，课堂环境更是非常活泼生动。例如，在国外，教师在讲到"job interview"的时候，可能就真的会把课堂变成一个真实的招聘会现场，教师会引导学生自己设计一些面试中常会问到的问题，并且在此过程中在求职者、面试官、企业老板等角色中不断地变换。这种真实现场的模拟教学不但可以最大限度地发挥学生的综合能力，激发他们的学习兴趣，更重要的是让学生在真实的场景中来进行口语锻炼，这对他们口语实际应用能力的提高效果也是非常显著的。除了在课堂教学环境上非常轻松以外，在国外很多教师还会不断地改变课堂教学场所，像是图书馆、资料室、操场、草坪等都可以作为教师讲课的课堂，这样学生不但可以在这种灵活、和谐的课堂环境中更好地进行学习，同时也能够增加学生的新鲜感，激发他们学习的兴趣。

2.3 教学内容存在差异

一般而言，中国教师在开展教学工作的时候往往会有一本固定的教材，教学内容的主体部分都是根据教材来确定的，并且在讲课的过程中，知识体系的构建也基本上是参照教材来进行的。这样，中国教师在开展英语教学的时候最大的优点就是所讲授的知识更加系统化，有利于学生系统构建知识结构，而这一点与国外的教师相比就存在很大的差异。在国外，很多教师在开展教学工作的时候往往没有什么固定的教材，尤其是教授英语口语这样的科目，很多的教学内容往往都是教师和学生共同设计的一些活动课程，这些活动在开展的过程中充满了即兴的知识。这种不确定的教学内容相对于有固定内容的中国式教学显得更加灵活多变，无论是教师还是学生在活动的过程中都能够有更大的发挥空间，再加上英语口语教学本身的目的就是要促进学生英语口语沟通能力的提高，因此，这种活动的设计会更加有利于提高学生英语口语的实际应用能力。虽然这种没有固定教材的教法在进行口语教学的时候有明显的优势，但是在具体的实施过程中也出现了很多的问题，尤其是一些外籍教师在对中国学生运用这种教学方式的时候，由于中国学生本身的特点和长期以来中国式教学模式的影响，很多学生无法很快适应教师的这种过于灵活的教法，在知识语法的掌握上往往难以做到足够扎实。

2.4 教学的侧重点不同

中国教师在开展口语教学的时候会把大量的精力放在纠正学生的发音和语法错误上，这样做虽然可以让学生的口语更加规范和准确，但同时也存在一些负面的影响，例如，很多教师习惯在学生出现错误的时候立马打断他们来进行纠正，这样就会给学生造成一些心理阴影。很多学生由于害怕出错受到同学的讥笑，而越来越不敢开口说英语，久而久之就成了“哑巴英语”。而在国外，教师在进行口语教学的时候更多的是把重点放在培养学生口语的流利性和连贯性上，国外的老师很少会帮助学生纠正语法错误，因为在他们看来，学习英语是为了交流，只要能够流利通顺，一点语法错误影响不会很大，学生在以后的学习过程中会自然而然地纠正。很多学生在这种教学方式的鼓励下往往对开口说英语这件事会显得信心十足，这样对他们口语能力的提高是非常有帮助的。

3. 口语教学改革常见的误区

3.1 过分迷信国外的口语教学模式

国外的口语教学模式相较于我国的口语教学有很多优势，但是这些优势都是建立在符合国情的基础之上的，倘若我们在进行口语教学改革的过程中机械地照搬国外的口语教学模式，则难免会出现水土不服的问题，这样所取得的效果往往也差强人意。例如，国外过于灵活化的教学往往不适合我国学生的实际情况，不利于他们系统地掌握知识，从而导致学生的基础知识不扎实。

3.2 坚持传统的教学理念

我国传统的口语教学在语法、语音、语调等方面具有一定的优势，但是如果我们在教学过程中过分强调语音、语法而不注重口语的连贯性，在教学改革的过程中依然固执地坚持原有的教学理念，不抱开放的心态，这样将会给我们的改革工作带来很多的阻碍。

3.3 注意避免改革措施流于形式

很多教师为了响应改革的大潮，在进行口语教学活动的时候积极进行改革活动，把口语教学工作变成了一个个的学生活动。然而，由于经验不足或者准备不充分等原因，这些学生活动没有能够得到有效的指导和监控，从而使很多学生为了活动而活动，导致教学改革措施流于形式，这显然不是进行改革的初衷。

4. 推进英语口语教学改革的措施

4.1 营造语言环境和语言交际的平台

很多教师在进行口语教学改革的过程中，希望能够改变过去"以教师为中心"的教学模式，转而用"以学生为中心"的理念加以替代。由于缺乏牢固的基础，很多学生在开口说英语或者开展活动的时候会出现很多错误，这往往使得很多活动无法正常开展或者流于形式，因此，教师要改变这种片面的"以学生为中心"的概念，在进行口语教学的时候要积极发挥教师的作用来尽量为学生创设地道的语言环境。根据建构主义学习理论产生的交际教学法认为："教师在进行教学活动的时候一定要强调生生、师生之间的交际能力的培养。"通过各种交际活动来开展的学习活动相对于常规的教学方式有很多明显的优势：首先，它可以让学生获得综合的语言使用能力；其次，它可以让学生意识到语言作为一种交际工具的重要性，从而激发他们学习的兴趣；最后，这种交际教学法可以让学生在一个更加轻松自然的环境下进行学习，从而有利于学生放松身心，提高学习效果。

4.2 注意丰富教学手段

在任务型教学理论中，往往以意义优先，教学过程就是围绕着完成任务来进行的，而进行评价的时候也是以任务的完成与否作为最基本的依据。在这种教学理念的主导之下，教师在进行教学的时候不必过分强调学生的具体学习方式，而是通过一系列语言学习活动，使用目标语或解决问题、或达成一致意见、或重组信息，让学生在完成任务的过程中通过运用一系列认知和交际程序实现语言习得，以最终实现口语交际能力的提高。因此，根据这种任务型教学理论，教师在开展口语教学活动的时候切莫局限于某一种教学形式，而是要不断地采用各种教学手段，例如设计情景剧、开展学生演讲活动、进行真实场景模拟教学、引进多媒体技术等，只有通过这种丰富的教学手段和教学内容才能够更好地提升口语教学的实效。同时，这种任务型教学理念一个最明显的优势就是能够充分做到"以学生为中心"，并且在学习的过程中充分发挥学生的个性，挖掘出学生的潜能，从而促进学生既全面又富于个性的发展。

4.3 尝试分层教学理论，进行小班教学

虽然在大学阶段很多学生都具有了一定的英语水平，但是由于高考中口语分数不计入总分，故高校学生的口语还相当不熟练。因此，要想让口语教学更加具有针对性，更符合学生的实际，在实际的口语教学中，我们可以尝试采用分层教学理论，把学生按照一定的标准进行分层，实施分层教学。如果条件允许，也可以通过小班教学模式的开展来实施分层教学，这样就可以在一定程度上避免“吃不饱”和“消化不良”现象的出现，从而更有利于提高学生学习的积极性和适应性，提高学习的实效。

4.4 重视英语文化教学

学习语言其实就是在学习一种文化，因为任何语言都承载着相应的文化，英语当然也不例外。因此，我们要想学好它，一定不能忽视对英语中文化内涵的学习，要培养学生的跨文化交际能力。所谓的跨文化交际能力是指“根据不同文化背景的语言交际者的习惯，得体地、合理地使用语言的能力”（邓炎昌、刘润清，1989）。在中国，我们对于英语中所承载的西方文化的认识是非常有限的，我们获得西方文化的一个最普遍的途径就是通过媒体，而媒体中所展示的文化往往又带有一定的主观色彩。因此，通过这种途径认识的西方文化往往又具有一定的局限性，甚至在很多情况下，我们所获得的文化都是扭曲了的文化。在实际的英语口语交际中，很多错误的发生往往就是因为文化差异所造成的。在进行口语教学时，教师一定要有意识地培养学生的文化敏感性，要帮助学生深入了解英语中所蕴含的文化，这样才不至于在用英语进行交流的时候因为文化的隔阂而出现错误。

4.5 改进评价方式

教学评价是教学活动的重要组成部分，科学的评价方式对于教学效果具有明显的促进作用。反之，则会严重影响教学效果。在中国，教师对学生进行评价的方式最多就是采取考试的形式，而国外的教师对学生进行评价的时候却不拘泥于考试这种单一的形式，除了考试还有学生平时在活动中的表现、作业等多种形式，并且考核的频率也非常高，很多教师经常会上完一课或者一个单元就进行一次简单的考核，这种形式多样、频率较高的评价方式可以更全面地考察学生的综合能力。鉴于国外一些评价方式所具有的科学性，我们在对英语口语教学工作进行改革的时候可以进行借鉴，努力通过科学有效的评价来推进英语口语教学质量的提高。

5. 结束语

英语口语教学是整个英语教学工作中的重要组成部分，然而在我国，口语教学向来也是英语教学工作中的弱项。作为英语教师，我们一定要把握住当今英语教学改革的契机，努力推进英语教学改革的实施，在改革的过程中结合本国国情，同时不断借鉴国外的一些先进的教学经验来推动我国高校口语教学质量的提高。

参考文献

[1] 程世禄、龚由志:《大英口语教学改革:愿景与现实》,《外语界》2006 年第 1 期。

[2] 邓炎昌、刘润清:《语言与文化》,外语研究与教学出版社 1989 年版。

[3] 教育部高等教育司:《大学英语课程教学要求》,上海外语教育出版社 2007 年版。

作者简介：

张学伟(1967～　),男,汉族,山东威海人,哈尔滨工业大学(威海)语言文学学院副教授。研究方向:跨文化与英语教学。

不同人格的教与学

毕慧玉

［摘要］ 在过去的一百多年里，人类信息接收和决策制定的原理一直是人们研究的对象。1921年，心理学家荣格出版了个性研究著作《心理类型》，他指出每个人都具有外向和内向的自然倾向，以及感觉和思考、情绪和直觉两个维度。随着这个理论被广泛地运用于团队建设、职业培训和其他领域，它对教育的意义也逐渐凸显出来。人与人之间确实存在着人格类型差异，教师和学生也有教与学的差异。教师如何认知自己的人格特点与教学风格，如何认知学生的人格特点与学习风格，在班集体教学中如何根据学生的心理类型特点激发学生的学习兴趣，都是教师们普遍感到困惑的问题。本文从MBTI人格类型入手，并以此为基础对中文系学生的人格类型进行了划分，再结合课堂实证研究和教学实践个案研究，使用质性研究方法，分析了中文系学生不同人格的学习风格，以及教师差异化教学的方法与实践。

［关键词］ 人格类型；差异化教学；MBTI

1. 引言

在过去的一百多年里，人类信息接收和决策制定的原理一直是人们研究的对象。1921年，心理学家荣格出版了个性研究著作《心理类型》，他指出每个人都具有外向和内向的自然倾向，以及感觉和思考、情绪和直觉两个维度。美国迈尔斯母女在荣格理论的基础上，发展出了MBTI (Myers-Briggs Type Indicator)测量表及理论，在国外已经得到了广泛的应用，理论研究资料已相当丰富，实证研究也步入了成熟阶段。在中国，根据中国知网历年核心期刊以上有关MBTI的研究统计显示，共有期刊类文章57篇，硕士论文6篇，专门讨论MBTI的博士论文目前还没有。将 MBTI 人格理论用于教学研究，在国外也是一个新兴的研究领域。2010 年凯斯(J. A. G. Kise)出版的《不同的人格，不同的教学》是唯一一部该领域翻译介绍到国内的著作，该领域的研究在国内尚处于初始阶段。

在现有的国内研究中，学者们主要通过对不同人格类型的学生与其学习成绩相联系、比较，从而分析出二者之间关系的密切性，比如刘静(2010)通过自身的教学实践，分析目前教学的现状，指出了老师将学生按成绩优劣分类的传统方法的弊端，进而探讨了教师应利用 MBTI 这一相对更成熟的性格测查工具针对学生的性格特点进行因材施教的可能性。李云霞(2007)探寻了大学生人格类型与学习风格的相关性，思考了什么样的人格类型应该采用什么样的学习风格才更有利于改善和提高学习质量，以及为改进教学方法、优化教学风格、提高教学质量、实施个性化教学提供了科学、合理以及行之有效的建议。还有的研究人员从人格类型与学习成绩的关系入手，深入挖掘了背后的原因，指出了当前教育模式和考试内容的不合理之处，从而提出了基于 MBTI 人格理论的教学建议和国内个性化教育改革方向。游华娟(2015)点明了人格类型从根本上控制着个体的学习行为，了解不同学生的人格类型有助于教师更好地预测学生的阅读学习行为，并可在此基础上更好地帮助不同人格类型的学生提高阅读成绩。其文章以 MBTI 人格类型理论为基础，探讨了高中学生的人格类型与英语阅读成绩的关系。研究发现，学生的人格类型与阅读成绩存在一定关系，在教学过程中关注学生的人格类型与阅读成绩的关系十分有必要，在阅读教学中应尽量做到选择恰当的阅读教学方法和关注少数学生的阅读学习习惯。

目前将 MBTI 理论用于实践研究有以下几个障碍：一是主流的心理学家认为该理论不够严谨，无法求证；二是许多人对自我认知不清导致类型判断错误；三是每一维度都可能出现平衡，所以行为上就很难辨析；四是技能也可能影响到人格表现，从而造成混淆。但是，我们对于人格的利用旨在了解自我，而不是奉为圭臬。

2. MBTI 人格理论解决教育难题的实践案例

只有良好的沟通，才能有良好的教育。笔者希望用以下几个案例来说明人格类型如何用于学生之间以及学生和老师、家长之间的沟通和理解。

2.1 案例一

有一位学生哭诉了对老师的不满，原因是上课的时候，老师批评她“能不能稳当点儿？别老转头说话！”这两句话对学生的打击非常大，使得这个女孩情绪崩溃，不能安心学习。

分析:案例中的女孩明显属于情感型的学生,对事情采取价值判断的方式,即事情对自身的意义是判断的标准。对这一类型的学生而言,最大的动力来自于外界的欣赏赞美。相反,最大的打击则是来自于外界的批评。她会把就事论事的批评,放大成对人格的否定。而老师属于理智型人格,这一人格类型的人往往喜欢批评挑剔,甚至挖苦嘲讽,他们采取是非判断,按照事情本来的是非曲直进行判断,很少掺杂情感因素。老师的这两句话仅仅是让学生坐稳,并非说她是不稳当的人。明白了这一点,女孩儿认识到这属于人格差异,并非人身攻击,情绪也就得到了平复。

2.2 案例二

有一位新生,高考成绩不理想来到小地方的学校,产生了很大的失落感,对环境、同学都不满意,认为同学都不上进,生活态度懒散,不积极进取,遂萌生了退学的想法。

分析:这位同学属于直觉思维和理智思维,即理性主义者的气质类型。这一类人最大的价值观,不是奉献,不是安全感,不是自由精彩,不是权力地位,而是智慧;最大的动力来自于别人对他能力的欣赏。因此,高考失利其实是对其能力的彻底否定,使其失去了自信,对自己不满,进而将这种不满投射到环境和同学身上。我们经常会发现,课堂上总有个别学生特别有个性,喜欢挑剔老师,跟老师对着干,但是做事情都会做得很好,这其实就是理性主义者的惯常表现。明白了自己的思维特点,这位同学也就平复了情绪,逐渐学会了欣赏别人的优点,跟同学和睦相处。

2.3 案例三

有一位妈妈对孩子的学习非常焦虑,不是因为孩子成绩不好,而是因为每次孩子回到家,妈妈问“今天的学习怎么样”时,孩子的回答都是“还行”。于是妈妈就抓狂了。

分析:妈妈的思维属于实感思维,孩子属于直觉思维。实感思维的人要求对方的回答具体清晰,落实到细节;直觉思维的人思维为跳跃式,最厌烦细致地描述细节。因此,妈妈和孩子的矛盾越来越激化,甚至上升到了焦虑和厌烦的地步。其实,孩子只要在回答妈妈问话的时候,体谅到母亲关怀孩子的出发点,多提供几句具体的、事实层面的回答,比如说“今天数学课上哪几道题不会,怎么解决的”,等等,这样母亲的焦虑情绪就会得到很大的缓解。

2.4 案例四

有一位同学上数学课无法跟上老师的讲解节奏,搞不清楚解决数学大题的基本解题思路。

分析:该数学老师是感觉型人格,属于实感思维,讲解数学问题时直接从细节性的具体步骤入手;而该生属于直觉思维,需要在明白每个解题步骤的目的和原因后才能深入理解每个具体细节的用处,从而掌握解题思路。因此,老师只需在讲解问题前宏观地简要解释一下便可解决这类问题。

2.5 案例五

有位同学面临着这样的苦恼:在课堂上,当老师提出问题后自己立刻就有回答的愿望,但当自己举手获得老师批准进行回答后,却总会忘记刚才所想的答案。于是老师便认为这是该同学在搞恶作剧。

分析:该生属于外倾直觉型人格,思维敏捷,并有与他人讨论时立即表达想法的欲望。这种类型的学生需要在表达中巩固、完善自己的想法,与相反类型的人格需要思考后表达的方式截然不同。因而在该案例中,这位同学会出现回答问题时忘记想法的情况。可以建议这种类型人格的同学在脑中形成想法时随手记录下来,捕捉自己稍纵即逝的思路。

人格类型不是用来贴标签或者局限自己的,而只是给自己一个认识自我的拐杖,了解自己的思维和行为风格,了解自己的学习风格,从而提升为人处世和学习的效率。

3. 不同人格中文系学生差异化学习表现

MBTI理论认为,我们在以下的行为方式上有类似的人格偏好:外倾与内倾(获得动力)、感觉与直觉(接收信息)、情感与理智(作出决策)、判断与感知(接近生活)。

哈尔滨工业大学(威海)中文系2012级总共18名学生,经调查发现其中属于内倾感觉型学习风格的有7名,属于外倾感觉型学习风格的有2名,属于内倾直觉型学习风格的有7名,属于外倾直觉型学习风格的有2名。我们概括出了六个问题对学生进行了一对一的深度访谈,以研究学习风格是否与人格类型有密切的关系。访谈问题如下:①课堂学习中倾向于个人独立学习还是小组讨论?②课堂上老师提出问题时,倾向于立即表达还是思考成熟后表达(或不表达)?③学习过程中希望老师先给出宏观解释和解题目的再讲解细节,还是直接可以从具体细节切入?④喜欢和擅长解答细节题还是具有发散性的创新题?⑤老师对你的态度对你的学习是否有影响?⑥对于即将来临的重要考试,会对未来可能出现的意外而焦虑还是会沉浸于对过去失败的担忧?

访谈结果表明学生的学习风格确实会受到人格类型的影响，具体表现为：①外向的学生倾向于一边思考一边回答问题，而内向的学生倾向于思考成熟后再回答问题。②直觉型学生倾向于老师给出理论全貌和实践意义再进入细节讲解，而感觉型学生倾向于按照步骤有序讲解。③判断型学生倾向于目标明确的归纳思维，感知型学生倾向于创新发散思维。④情感型学生特别重视老师对自己的态度，理智型学生只重事实。

我们假定了一个课堂教学目标“《红楼梦》艺术赏析”，并安排了以下四项任务：

任务一：小组讨论《红楼梦》细节描写的作用，并与宏大的主题相比较。

任务二：借助明清服饰史、建筑史等书籍，与《红楼梦》中的服饰描写、居处环境描写进行对比并讨论。

任务三：将《红楼梦》中的服饰描写、环境描写、人物表情描写等进行分类整理。

任务四：小组讨论细节描写的艺术成就，阐发其微言大义。

我们将以上四项任务交给学生，并让其选择自己喜欢的任务。学生的选择结果为：外倾直觉型人格的学生选择任务一；外倾感觉型人格的学生选择任务二；内倾感觉型人格的学生选择任务三；内倾直觉型人格的学生选择任务四。

对四种学习风格学生的特点总结如下：

内倾感觉型：让我知道要做什么？规定、举例、记忆、联系、反馈。

内倾直觉型：让我自己决定要做什么？兴趣、钻研、探索、独自、想象。

外倾感觉型：让我做些事情。实践、说话、合作、明确、练习。

外倾直觉型：让我当学习的主导者。传授、负责、发言、创新、尝试。

针对学生不同的人格类型和学习风格，教师在课堂上要做到差异化管理。具体措施为：①平衡学生的参与性。教师应注意到课堂上主动发言的大多是外倾型人格类型的学生，因此要给内倾型人格类型的学生更多的思考等待时间。②要认识到不同人格类型的学生的需求，给学生布置具有差异化的课堂任务，如给予感觉型人格类型的学生足够多的指导说明，给予直觉型人格类型的学生高水平思考的机会。③要做到情感化与理性化的教学内容相搭配，对情感化的学生提供欣赏，对理智型的学生提供智慧。④针对不同人格类型的学生提供不同的方式，引导其进入学习状态，调动其积极性。⑤分清学生对自己态度的心理来源。情感直觉型的学生出于理想主义的情怀而乐观欣赏，理智直觉型的学生出于高标准而挑剔，感觉感知型的学生出于兴奋感而参与或挑起课堂冲突，感觉判断型的学生出于坚守秩序而服从。

4. 不同人格中文系学生差异化阅读、写作的教与学

对中文系的学生而言，阅读是最重要的学习环节。尽管大多数中文系的学生

都喜欢阅读,但不同人格类型的学生阅读的侧重点并不相同:直觉型的学生在阅读方面偏好恐怖小说、纪实文学、系列丛书,感觉型的学生在阅读方面偏好科幻小说、幻想小说、哲思类小说、主题宏大的小说,以及主题式阅读和有选择的阅读。此外,有相当多的学生并没有养成良好的阅读习惯。尤其是对古典文献的阅读,需要教师在兴趣和方法两方面加以引导。以阅读《论语》为例,我们安排了以下四项任务:

任务一:标注《论语》中提到的人名、地名,梳理孔子及学生的年谱。

任务二:标注《论语》中关于治学、处事、修身等的言论,进行分门别类的整理。

任务三:比较不同学生的语言风格,推测学生的性格特点。

任务四:分析哪些语句可以用于哲学咨询。

任务一和任务二适合引导感觉型人格的学生进入阅读情境,任务三和任务四适合激发直觉型人格的学生的阅读兴趣。

要想引导感觉型人格的学生投入阅读,还可以让他们按照信、达、雅的标准翻译《论语・八佾》中的这段原文:"子语鲁大师乐,曰:'乐其可知也:始作,翕如也;从之,纯如也,皦如也,绎如也,以成。'"然后,教师再将《论语注疏》中的解释、《论语集注》中朱熹的解释、今人杨伯峻的翻译,以及钱穆、李泽厚、南怀瑾、傅佩荣、于丹的阐释罗列出来,让学生对比以上九个版本,寻找自己的差距及最高的翻译境界。这种有步骤、有对比、从细节入手的方法,很能调动感觉型学习者的兴趣。

对于直觉型人格的学生,要想引导他们投入阅读,可以先向他们出示这样一段原文:"子曰:学而时习之,不亦说乎?有朋自远方来,不亦乐乎?人不知而不愠,不亦君子乎?"然后教师提出这样的问题:孔子的这句话,可以用于解决哲学咨询中哪些相关的问题?以此来引导学生进入深度思考、意义思考,从而激发学生的阅读兴趣。对于直觉型人格的学生,教师一定要将意义、价值讲清楚,对于感觉型人格的学生,则一定要从细节入手,有层次、有步骤地达到目的。当然,读者在使用差异化教学方法的时候要避免标签化,笔者在这里只是提供新的学习策略而已。

笔者所在学校的中文系有让学生对名著进行研读这一教学环节,并要求学生做好阅读记录,但是,很多学生都是通过在最后摘抄名著文字的方式来完成任务的。其实,教师可以根据学生的不同人格而分别给予其不同的指导,例如对内倾感觉型的学生可以让其做阅读日记,对外倾感觉型的学生可以让其对情节复杂的名著尝试做思维导图,对内倾直觉型的学生可以让其预测情节、创作新情节,对外倾直觉型的学生可以让其进行角色代入、自问自答等。

在笔者所在学校中文系的教学计划中,几乎每门课程都要求学生完成一篇学术论文。在布置论文题目时,教师通常给出两个以上的题目供学生选择。以《国外汉学》和《西方文论》为例,《国外汉学》课程中教师给出的题目为"1.从19世纪到20世纪前半期,英美传教士在中国的工作对中国的现代化有哪些积极的贡献?2.沙俄时期俄国汉学家在政府经费支持很少的情况下坚持学术研究，20世纪60、70年代中苏关系紧张时苏联的中国学者仍然进行了大量的研究，为什么?”再比如在《西方文论》课程中，论文的题目为“1.从新古典主义、浪漫主义、现实主义、唯美主义这几个流派中选取你最喜欢的一种，介绍其文学艺术风格(可结合一些具体的文学作品来介绍)，并分析其主要观点和主张的理论依据。2.试析从新古典主义到浪漫主义到现实主义再到唯美主义的辩证运动。”这两门课程的两种类型的论文题目，一种更具体，注重学生查找资料和归纳概括的能力，更适合感觉型人格的学生完成；另一种更为宏观发散，注重学生的思考和创新能力，更适合直觉型人格的学生完成。最终的统计结果表明:的确是感觉型人格的学生多数选择了第一个题目，而直觉型人格的学生多数选择了第二个题目。通过这种方式，教师根据学生的不同人格特点，激发了学生的写作兴趣，从而使学生能够有效地完成阅读记录这一任务。

5.根据人格类型差异化培养专业核心能力

每一种人格类型都有一种主导功能，主导功能是学生的最优能力，也是最大动力。研究表明，中文系学生人格类型的主导功能如下：

第一功能为内倾感觉型:ISTJ ISFJ

第一功能为内倾情感型:ISFP INFP

第一功能为内倾直觉型:INTJ INFJ

第一功能为内倾理智型:INTP

第一功能为外倾情感型:ESFJ ENFJ

内倾感觉型人格同学的最大优势是安静、专注、重事实、重细节，按部就班，有计划、有层次；内倾情感型人格同学的最大优势是专注、安静、情感丰富细腻，外界的奖赏是其最大的动力；内倾直觉型人格同学的最大优势是专注、安静、独立，在自己的内心世界中形成完整的思想，有很好的第六感；内倾理智型人格同学的最大优势是逻辑思维发达，理性、严谨、专注、重效率；外倾情感型人格同学的最大优势是喜欢人与人的连接，能量来自于外界的互动和欣赏，擅长人际沟通。

将主导功能与个人的兴趣、能力相结合，有效选择能发挥主导功能的学习方式，是培养学生专业核心技能的有效途径。比如外倾直觉型人格的王昊同学，其最弱的能力是感觉，因此对写实性的小说不感兴趣，写作方面也不喜欢细节叙事描写，但却喜欢心理学的书籍，因此可以让其发挥自己外倾直觉的优势，在大量相关阅读的基础上通过直觉形成自己的核心能力，并通过考研出国，研读儿童心理学，完成自己最优功能的实现。

综上所述，MBTI人格理论用于教学是可行的，且具有很大的潜力。笔者在所在学校中文系的教学实践中已经积累了初步的经验，同时希望这一理论能在更多的教学领域中起到更大的指导作用。

参考文献

[1] 凯斯：《不同的人格，不同的教学》，王文秀译，中国轻工业出版社 2010 年版。

[2] 李云霞：《大学生人格类型与英语自主学习的相关研究》，《菏泽学院学报》2007 年第 1 期。

[3] 刘静：《教师如何利用 MBTI 在教学中进行因材施教》，《史教资料》2010 年第 8 期。

[4] 游华娟：《浅析高中生人格类型与英语阅读理解成绩的关系》，《金田》2015 年第 7 期。

基金项目：

山东省高等学校人文社会科学项目“生涯人物生命史研究”阶段成果。

作者简介：

毕慧玉（1977～　），女，汉族，山东威海人，哈尔滨工业大学（威海）语言文学学院讲师。研究方向：青少年生涯管理 EAP 研究。

中日表达方式差异对日语学习者的影响及教学对策

李　力

［摘要］　中日两国在政治、经济、文化等各方面的交流长达数千年，因而在许多方面都有共同之处，但仍然保持了各自的优良传统，特别是在语言方面尤为如此。要准确熟练地掌握一门外语，充分了解和掌握母语与目的语之间在表达方式上的异同很重要，特别是对中国的日语学习者而言，由于不少日语初学者看到日语中有很多的汉字，而且认为中日同为亚洲国家，日本自古受中国传统文化的影响较深，因此觉得学起日语来会比较轻松一些，从而在学习的过程中容易忽略中日表达方式的差异，造成中式日语频出的现象。为避免这种现象的发生，就要求教学工作者在教学过程中及时对此进行预防与纠正。本文就中日表达方式的几点差异进行了比较，着重指出了中国的日语学习者（特别是初学者）常出现的几类日语错误表达形式，并对错误产生的原因进行了分析，还提出了相应的教学应对措施。

［关键词］　第二人称；拒绝；询问对方愿望；请求许可；语句连贯性

1. 引言

中日两国交流的历史源远流长，从古代的日本向中国学习，到近代的中国向日本学习，两国相互学习、相互借鉴的过程中有不少你中有我、我中有你的共同之点，但仍不乏差异之处。中日表达方式的差异体现在很多方面，本文就笔者在教学过程中发现的学生常常容易出现错误的几个方面进行阐述。

2. 中日文第二人称表达方式的差异

在中文里，当称呼对方时，习惯使用“你”或“您”，对一般人可用“你”，如果要对

对方表示尊敬时,使用"您"。在日文里,「あなた」通常被译成"你""您",是初学日语时就会碰到的单词,但实际上,「あなた」在日文中的使用与中文的"你"和"您"还是有不小的差异的。首先,「あなた」在日文中只能用于平辈或晚辈,不用于上级、长辈,在《スーパー大辞林 3.0》中,对「あなた」就有这样的解释:「やや気がねのある、ある距離を置いて接する場合に同輩または同輩以下の人に対して用いる。普通、目上には使えない」(用于有一定距离、稍需客气的同辈或同辈以下的人,一般不能用于上级)。由此可见,中文里的"您"如果用日语「あなた」来表达的话,只能是在对平辈或以下的人表示礼貌、尊敬时使用。教师在教授「あなた」这个词语时一般都会告知学生这一点,但仍有学生时不时地误用「あなた」,这是为什么呢?原因在于,人们无论讲哪一门外语,初学时都自觉不自觉地会受到母语的思维方式及表达方式的影响,所以往往会无意识地用错。例如中文的"李老师,您是什么时候来这儿的呀?"这句话,不少学生会按照中文的表达习惯,直接将其翻译成「李先生、あなたは いつ こちらへ いらっしゃいましたか」,这里显然是没有弄清「あなた」的适用范围,完全是按照中文的表达方式直译过来的,即所谓的"中式日语"。当然,译文作为一句日语,是没有任何语法方面的错误的,日本人也能听得懂,但它不是地道的日语,同时也是对该句中「李先生」(李老师)的失礼。那么,该如何正确地表达呢?与该句意思基本相当的日语表达方式常用的有这样几种:

(1)李先生、いつ こちらへ いらっしゃいましたか。

(2)李先生は いつ こちらへ いらっしゃいましたか。

(3)李先生、(李)先生は いつ こちらへ いらっしゃいましたか。

有十分较真儿的学生会问:这三句话翻译成汉语不就是下面这三句吗?

(1)李老师,什么时候来这儿的?

(2)李老师什么时候来这儿的?

(3)李老师,(李)老师什么时候来这儿的?

按照字面的顺序直接翻译过来的确是这样的,但这三句都是地道的日语表达,是与中文的"李老师,您是什么时候来这儿的?"意思相同的日语询问方式。如果一定要和中文的"李老师,您是什么时候来这儿的?"一字不差地用地道的日语翻译的话,那就是第 3 句「李先生、(李)先生は いつ こちらへ いらっしゃいましたか。」,这句中的「(李)先生」就相当于中文的"您"。换句话说,就是若将中文的"您"用于长辈、上级时,译成日语不能使用「あなた」,而要使用对方的姓名、职称、职位等来表达。其实与"李老师,您是什么时候来这儿的"这句话意思相同的中文表达方式也不只是这一种,同样也包括以上与日语相同的几种方式来表达,传递出的信息是完全相同的,问题就出在这个第二人称"您"上。因此,教师在教学过程中要时刻提醒学生:学习哪种语言,就要按照哪种语言的习惯来表达,同时还要使学生弄清母语与所学外语之间的异同。

3. 拒绝、询问对方愿望及请求对方许可时表达方式的差异

中日文里均含有直接与间接的表达方式,但是日语里间接的表达方式要明显多于汉语。日本独特的地理位置及其传统文化营造了日本人的以心传心、语言表达间接委婉等特殊的文化氛围。在很多场合,不必直言,对方便心领神会。日本人将这种间接、委婉的表现形式视为一种郑重、有礼貌、有教养的表现。因此,掌握日语的委婉表达形式对于理解日本人的思想、与日本朋友交流都起着非常重要的作用。然而,这并不是说,无论何时、何地、何种情况下都可使用委婉表达的形式,有时间接的表达形式会使对方产生误解,或是对对方的一种失礼,而采用直接的表达形式却更为妥当(许明玲, 2011)。下面笔者将从拒绝、询问对方愿望以及请求对方许可这三种情形来分析中日在表达方式上的异同。

3.1 拒绝

在中文里,当表示拒绝时,有直接和间接两种方式,可以根据场合以及对象的不同来选择。普通朋友之间直接拒绝和间接拒绝都可以采用,例如朋友甲邀请乙:

甲:明天周日一起开车兜风,怎么样?

乙:明天呀,我不太想去,因为后天有日语测验。

甲:那下周日呢?

乙:下周日? 行啊。

甲:那就定在下周日吧。

这是很正常的一段中文对话,如果直接译成日语则如下所示:

甲:あしたの日曜、いっしょにドライブに行かない。

乙:あしたか。あまり行きたくない。あさって日本語テストがあるから。

甲:じゃ、来週の日曜は。

乙:来週の日曜。いいよ。

甲:じゃ、来週の日曜にしよう。

上面这段日文对话中的拒绝就显得太直接了。中文里拒绝对方时可以使用直接的表达方式如:"我不想去""我有事,就不去了"等,但日本人对于他人的邀请如果用「行きたくない」、「用事があるので、行かない」等直接拒绝的方式表达则会被认为是「非常識」,即没有礼貌、没有教养的表现。即使真心不想去,一般也不会说「行きたくない」(我不想去),如果真的有事不能去,也不会使用前文提到的「用事があるので、行かない」的表达形式。因为「行かない」(不去)在日文里是讲话者主

观意志的表达形式，直接将自己的主观意志表达出来拒绝对方，是对邀请者的失礼，是日本人表达方式的大忌，这时可以使用客观的表达方式，就是使用动词的可能态，用「用事があるので、行けない」。「行けない」和「行かない」只是一个假名之差，却产生了有礼与非礼的天壤之别，也正是这微小的差异，导致中国学生容易对其忽视而采用错误的中式日语表达形式。同样是朋友甲对乙的邀请，下面地道的日语表达形式就充分体现了日语间接表达方式的委婉性：

甲：あしたの日曜、いっしょに ドライブに 行かない。

乙：あしたね。

甲：都合悪いの。

乙：ええ、まあ…行きたいけど？

甲：そう、じゃ？ 次にしようか。

乙：ええ、せっかくだけど。

由此可见，日本人特别注意讲话者或听话者的感情和人际关系，根据对方的心理来研究自己的行为标准，自己的一言一行要在不伤害对方的前提下进行。因而，拒绝方式一般采用委婉的表达形式。

3.2 询问对方的愿望

对于愿望的表达方式，日语中常用的有形容词「ほしい」、动词「ます」形＋たい，相当于汉语的“想要……”“想干(做)……”，以疑问的形式可以表达对于听话者愿望的询问。但是，这种直接的询问表达方式不是在任何场合下，对任何人都可以使用的。如果是妈妈问自己的孩子「電子辞書がほしいですか」(想要电子词典吗?)或「ギョーザが食べたいですか」(想吃饺子吗?)是没有问题的，但是如果是对外人，尤其是对关系不是非常亲近的人或者是对上级、长辈时，这种直接的询问方式往往是失礼的。例如，笔者所在学校的教学楼里有热咖啡自动贩卖机，有一次，在初冬供暖之前，有位学生在课间买了一杯热咖啡，可能喝着感觉浑身暖和一些，比较舒服吧，出于对老师的关心，便问：“老师，您想来杯咖啡吗？我去给您买一杯吧。”这种直接询问对方愿望的表达方式在中文里没有什么不妥，虽然婉言拒绝了她，但当时笔者还是很感动的。可是，如果将这种直接的询问译成日语「先生もホットコーヒーがほしいですか」的话就大为不妥了，因为这种询问太直接了，被问者会觉得自己是不是流露出要喝咖啡的表情了？为此会感到很尴尬——本来询问者是好意，却给对方带来了不快感。那么，该如何表达自己的这一番好意呢？可以采用「先生もホットコーヒーいりますか」或者「ホットコーヒーかってきましょうか」的表达方式，这样既体现了自己的热心，又不伤对方的自尊，只有这样的询问方式才能被日本人所接受。因此，教师在教授「ほしい」和「したい」时就应该及时给

学生讲清楚中日的这种表达差异，以免学生在日后的交流中出错。

3.3 请求许可

在请求许可的表达形式中，无论中文还是日文都有直接与间接两种表达方式。作为母语，中文的直接与间接表达方式在正常情况下中国学生都很清楚。那么日语呢？日语的直接表达方式在一般的初级日语教材中就会学到，常用的有「……してもいいですか」「……してもよろしいですか」「……してもかまいませんか」「……してもだいじょうぶですか」等。虽然不止一种形式，但归根结底都属于要求对方允许自己做某事的直接表达形式。在口语中，是否可以直接使用这种直接的表达方式，首先要根据讲话的场合以及讲话者、听话者之间的关系来确定。一般来说，要求对方允许自己的某种行为时，多数情况下均可使用这种直接表现的形式，只不过要根据要求的具体内容，有时通过"依頼表現"来委婉地请求会达到更好的效果(徐昌华、李奇楠，2001)。比如向对方借某物，如果东西不是很贵重，或不会因向对方借此物而给对方带来较大的麻烦时，一般可以使用直接的表达形式，如「あのう、辞書を借りてもいいですか。」/"可以借用您的辞典吗?"「あのう、このボールペンを使ってもいいですか。」/"可以用一下这支圆珠笔吗?"反之，如果东西越贵重、给对方带来的麻烦越大，越应该使用"依頼表現"等其他形式来委婉地请求。例如向对方借钱时，一般不说「お金を借りてもいいですか。」/"可以向您借钱吗?"而说「お金を貸してもらえませんか。」/"能否借给我点儿钱?"学生常犯的错误就是把「……してもいいですか」当成请求许可表达形式的唯一句式，例如前文提到的借钱的例句"能借点钱吗?"，学生马上就会想到上面的译文「お金を借りてもいいですか」。这就要求教师在教学过程中及时纠正学生的错误，指出错误的原因，教给他们正确的表达方式。

除此之外，日语中常用「……したいんですけど」「……したいんですが」这种表示讲话者愿望的表达形式来间接地请求对方许可。虽然日语中间接的表达方式是一种委婉、礼貌的表达方式，但同时也是一种暧昧的表达方式，如果使用不好，不仅表达不出礼貌的意思，反而会使对方产生误解，甚至会对对方失礼。就这一点而言，不光中国学生，据说欧美学生也时常在使用该表达句式时出错。例如，在课堂上，如果有学生要去洗手间，想征得老师的同意，可以说：

(1) あのう、トイレへ行ってもいいですか。(直接表达)

(2) あのう、トイレへ行きたいんですけど、(行っても)いいですか。(愿望＋直接表达)

(3) あのう、トイレへ行きたいんですけど。(愿望→间接表达)

以上三种都可以作为请求对方许可的表达方式，(1)是请求许可的直接表达形

式，(2)是先提出自己的愿望，先有铺垫，再有征求许可的直接表达形式，不显唐突，是比(1)更受欢迎的表达形式，(3)只用了愿望的表达形式，暗示了请求许可的表达形式，是间接的请求许可的表现形式，更委婉一些。但是如果不是在教室，而是在车站等其他场所，向陌生人说(3)时，就不是请求许可的委婉表达形式，而是变成询问洗手间位置的表达形式了。再如，想吸烟时，问对方“我可以吸烟吗”、日语用「あのう、たばこを吸ってもいいですか」、「あのう、たばこを吸いたいんですけど、(吸っても)いいですか」都没有问题，但是如果使用「あのう、たばこを吸いたいんですけど」时，就要根据当时的具体情况——如果正在别人家做客，说此话时身边又没有烟灰缸，则可能是向主人要烟灰缸的意愿表达，如果身边有烟灰缸，则可作为请求吸烟许可的表达形式。从以上两组例句可以看出，愿望的表达形式虽然可以作为间接的，即礼貌、客气地请求许可的表达形式，但却受到地点、场合等情况的限制，不是任何时候都可以用作请求许可的表达形式的(高丽、刘慧云，2008)，这一点教师在教学过程中应该和学生解释清楚，可多做场景练习，使学生能够正确地使用句式，准确地表达自己的意愿。

4. 会话中语句连贯性的差异

中文表达提倡语句连贯，一气呵成，而日语则强调要酌情处理。例如，有位中国学生想请日本老师给自己修改一下日语作文，于是对老师说「田中先生，お忙しいところ，まことに 恐れいりますが，わたしの作文をよんで なおしていただけないでしょうか」(水谷信子，1999)(译文：田中老师，您这么忙，还来麻烦您，真不好意思。您能不能看看我的这篇作文，给我修改一下。)这种表达在语法上没有一点毛病，而且学生的发音也很好，中间毫无停顿，一气呵成，的确是非常完美的日语句子，中文这样表达，听话者也不会有违和感，但作为请求的表达形式却不符合日本人的习惯：对方会被这种咄咄逼人的态势、完美的句式惊呆，因为循序渐进、试探式的请求方式才符合日本人的习惯。请看下面的对话：

学生：田中先生。

老师：はい。

学生：お忙しいところまことに恐れ入りますが。

老师：いいえ，何でしょう。

学生：じつは 日本語で この作文 書いてみたのですが。

老师：はい。

学生：ちょっと読んで なおしていただけないでしょうか。

老师：ああ，いいですよ。(水谷信子，1999)

中国学生会觉得这样说显得自己日语不流利，于是才常常出现前文提到的那种一气呵成的长句。而上面的表达形式虽然看起来零乱、琐碎，但却一点一点地接近主题，给对方以心理准备，不显突然。尤其是向比自己身份高的人请求时，这种委婉的、替别人着想的、一步一步试探式的讲话方式显得很有礼貌，是对方容易接受的并深得日本人喜爱的表达方式，这才是地道的日语表达方式。

5. 结束语

无论学习哪一门外语，弄清母语与外语的异同都是十分必要的，尤其是在初学时，教师要让学生养成良好的学习方法和习惯，在比较中学习也是一个不错的方法。中日文在表达方式上的差异还有很多，本文只是从教学中发现的出错率较高的表达形式中选出了“第二人称”“拒绝”“询问对方愿望”“请求许可”“语句连贯性”等几个有代表性的方面加以阐释，以点带面来强调中日表达方式的差异对学习者的影响，并探讨了教学中解决此类问题的方法。在此，笔者也希望与广大日语爱好者、学习者和教学工作者共同分享经验，希望引起大家对上述问题的关注，从而实现共同学习、探讨和进步。

参考文献

[1] 高丽、刘慧云:《中日语言表达方式差异及跨文化交际》,《长沙大学学报》2008 年第 3 期。

[2] 水谷信子:《心を伝える日本語講座》,研究社 1999 年版。

[3] 徐昌华、李奇楠:《现代日语间接言语行为详解》,北京大学出版社 2001 年版。

[4] 许明玲:《中日语言表达方式的差异及日语跨文化教学》,《湖北成人教育学院学报》2011 年第 6 期。

作者简介：

李力(1965～　)，女，汉族，黑龙江省哈尔滨市人，哈尔滨工业大学(威海)语言文学学院副教授。研究方向：日语教学法。

翻译专业资格考试口译笔记探究

——解读全国翻译专业资格（水平）考试英语三级口译综合能力考试

秦　红

[摘要]　全国翻译专业资格（水平）考试英语三级口译综合能力考试主要考察译者的听力理解及处理信息的基本能力。该考试中"听力综述"部分占有较大的比重，对译者的要求也最高，因为该项考核涉及译者一项最基本的技能，即短期记忆的能力。本论文基于听力综述口译笔记这一问题展开讨论，对译员的短期记忆进行了分析研究，提出了可用口译笔记的方式来增强译者的短期记忆，对源语言进行有效的解读并充分传译源语言的信息，还就如何做好口译笔记提出了一些可行的建议，从而帮助译员提高其翻译质量。

[关键词]　口译综合能力；听力综述；口译笔记

1. 引言

全国翻译专业资格（水平）考试（China Accreditation Test for Translators and Interpreters，简写为 CATTI）是中国外文出版发行事业局负责实施与管理的一项国家级职业资格考试，已纳入国家职业资格证书制度，是一项在全国实行的、统一的、面向全社会的翻译专业资格水平认证，是对参试人员口译或笔译方面双语互译能力和水平的评价与认定，同时也是国内翻译领域最具权威性的翻译专业资格认证。

全国翻译专业资格（水平）考试于 2003 年 12 月率先在北京、上海、广州等城市推出，考试科目包括英语二级口、笔译考试和英语三级口、笔译考试。2004 年该考试逐步推向全国。从 2008 年起，共有英、法、日、俄、德、西、阿 7 个语种二、三级口笔译总计 29 种 58 个科目的考试在全国范围内成功推广开来，各地区、各部门已不再进行翻译系列上述 7 个语种相应级别的职称即翻译、助理翻译专业技术职务任职资格的评审工作。该资格水平考试分四个等级，即资深翻译，一级口译、笔译翻译，二级口译、笔译翻译和三级口译、笔译翻译。考试分两大类别：笔译和口译，口译又分“交替传译”和“同声传译”两个专业类别。

其中，参加二级口译考试的学员可根据本人情况选择“交替传译”和“同声传译”两个专业类别的考试。报考二级交替传译的人员需参加“口译综合能力”和“口译实务（交替传译类）”两个科目的考试；报考二级口译同声传译的人员需参加“口译综合能力”和“口译实务（同声传译类）”两个科目的考试。如果之前已通过二级口译交替传译考试并取得了证书的人员想参加同声传译科目的考试，可免试“口译综合能力”科目，直接参加“口译实务（同声传译类）”考试。二级“口译实务”科目“交替传译”和“同声传译”考试时间均为 60 分钟，而三级“口译实务”科目的考试时间为 30 分钟。

2. 英语三级口译综合能力考试

根据《全国翻译专业资格（水平）考试大纲》的规定，英语三级口译综合能力考试（下文简称为“口译三级考试”）设“口译综合能力”与“口译实务”两项测试，该科考试需要参考人员掌握全国翻译专业考试大纲要求的词汇，并具备一般场合所需要的英语听力理解力。在全国翻译专业资格水平考试中，它是最基础的一项能力测试。“口译综合能力”测试的目的是检验应试者的听力理解及处理信息的基本能力，而“口译实务”考试的目的是测试应试者的实际口译能力是否达到了最基本的专业口译员水准。

口译三级考试“口译综合能力”测试由四个模块组成，分别为“判断”“填空”“篇章理解”和“听力综述”。考试时间为 60 分钟，其中“判断”“填空”“篇章理解”各占 10 分钟，“听力综述”占 30 分钟。从考试分值看，“判断”“填空”各 20 分，“篇章理解”占 30 分，“听力综述”占 30 分。由此可见，“听力综述”在考试中不仅占用时间长、分值比例高，同时对应试者的听力、篇章理解甚至写作能力都提出了较高的要求。“听力综述”测试要求参考人员在 30 分钟内听一段长 500～600 个英语词汇的文章，听完后随即写一篇 200 词左右的英语综述。

2.1 口译综合能力测试听力综述部分

要想在口译综合能力测试中取得较好的成绩,除了积极准备其他三项考试内容之外,最要紧的是要对听力综述部分做好充分的准备。因此,在平时上课训练时要着重培养自己听懂英语篇章、把握整篇文章大意的能力,与此同时还要在听力练习时培养听抓主句的能力。正如周国强所言:"在写综述的时候要尽可能避免语法、用词搭配、修辞等方面的各种错误。"(周国强, 2004: 13)一定要写完整句,避免写没有逻辑思路、词不达意、支离破碎的句子。由于考试时间有限,汇总时要注意言简意赅、通顺简洁,用200词左右的篇幅勾勒出一幅简洁而又清晰的画面,让人一目了然。

在口译综合能力测试中,有些应试者感觉前三部分内容还较为顺手,但对听力综述部分却感觉无从下手,参考人员普遍反映无法在这么短的时间里记录如此大量的信息。也有些参考人员虽然在一瞬间能捕获到听力材料中所包含的信息,但一旦开始进行书面综述的时候却顿觉大脑一片空白,无法完成听力综述考核的内容。

2.2 关于口译三级考试听力综述部分记忆的问题

导致口译三级考试听力综述部分测试失利的原因有多种,但主要是听力理解及短期记忆出现了问题。听力理解偏差涉及应试者的知识构架及个体的思维理解力,在此我们无法一一解读,但对记忆问题我们可以探讨一二。

我们再次回到考试中来进行解读。"听力综述"考题的内容一般是小型演讲、时间较短的会议及新闻等,很少为即席发言,所以考试时选用的篇章一般来说结构完整、转接清晰、有脉可寻。虽说听力篇章有逐步增加难度的趋势,但总体来看信息量还不是特别庞大。

在听"听力综述"的过程中要紧紧抓住听力材料中连接上下文的关键点,这些节点是听力的指向标。与此同时,某些段落中转接的单词或短语也要留心,因为抓住这些信息不仅能引领听者朝正确的方向理解,同时还可以在写综述时借助这些词语顺畅地表达自己的见解,起到画龙点睛的作用。另外,综述部分开篇内容非常关键,听力材料往往会开宗明义,讲清本次演讲(或会议、新闻发布等)的主旨,有时甚至在第一部分就会给出(会议、新闻发布)等详尽的计划安排。

既然听力材料的初始部分如此重要,那么如何才能准确、快速、完整地记录下这些信息,从而在总结要义时把它们展现出来呢? 在此,我们不可避免地要涉及一个非常重要的问题,即口译记忆的问题。

从已有的心理学研究成果来看,学术界对"长期记忆"(LTM)和"短期记忆"

(STM)进行了严格的界定。长期记忆指的是为保存几天、几个星期、几年或者更长时间提取信息而建立的神经机制,而短期记忆则意味着短时间存储信息但并不确保信息提取的神经机制。短期记忆存储时间较短,少则6～12秒,最多为30秒。在此,我们暂且不讨论口译长期记忆,只对短期记忆这一问题进行探讨,因为口译是一种以短期记忆为中心的翻译活动。

在探讨口译的短期记忆之前,我们先来看一下对“口译”这种翻译活动的定义:“口译指的是用一种语言(译入语)把另外一种语言(源语)所表达的思想内容,以与源语发言人几乎同步的速度或连续传译的形式准确表达的一种口头翻译方式。”(Mahmoodzadeh, 1992: 231)从口译过程来看,口译是把源语信息经过大脑处理再转换为目标语的翻译活动,即口译员通过“听”和“视”吸收源语信息,随后在其大脑里通过解码、记录、编码等程序加工处理,最后将源语信息用目的语的形式表达出来,即完成了口译过程。正如Phelan(2001: 4-5)所说,译员应“具备较好的短期记忆来存储听取到的和处理源语信息”。而Daniel Gile(1995: 179)通过口译实践和观察,总结出连续传译包含“听取和理解信息阶段”及“信息重组阶段”,第一阶段可用公式“I=L+M+N”来表示,其中“I”代表“口译”,“L”代表“听取并分析源语信息”,“M”代表“从听到信息到以笔记形式存储信息(短期记忆)”,“N”代表“笔记”。第二阶段可用公式“I=Rem+Read+P”来表示,在这一过程中,译员从短期记忆中提取并解构源语信息(Rem),读取笔记(Read),最后重新产出译语信息(P)。

Gile之所以强调口译需要短期记忆,主要是因为译员需要在记忆中存储命题信息直至听众完全接受到该命题信息。同传译员的信息存储尤其艰难,因为所要存储的信息不仅量大,而且要与源语发言人同步,需要有极快的存储和提取速度(1995: 97-98)。Gile在文中着重强调无论是连续传译还是同声传译,短期记忆都起着非常重要的作用。

在口译现场,译员一般靠脑记和笔记形式“copy”源语信息,译员会想尽一切办法把感知到的语码信息在大脑中暂存下来,并通过记录这一方式将短时记忆拉长,把感知的信息尽可能完整地保存下来,然后再将其处理后的语码用目的语的形式将其传达出去。因此,笔记在口译中有着非常重要的作用。口译笔记不仅要求译员记录速度要快,同时也需要记录准确,因为笔记记录不当不仅会造成信息的缺失和偏差,更会影响到双方交流的顺畅,产生分歧,甚至导致谈话破裂。

3. 口译笔记

口译的信息记录一般采用两种形式,一种是“脑记”,一种是“笔记”。越是简短的信息越便于大脑记录,越是容易解码的信息越容易记录。在口译中,人脑的短时记忆所接受的信息量是非常有限的，短时记忆能力强的译员常以“脑记”代替“笔记”，但对于大段大段的信息，重“脑记”而轻“笔记”是危险的，是靠不住的（梅德明，2000：13）。使用笔记，是为了补充大脑短期记忆和耐久力的不足，从而保证译文的精确，同时也保证其不受讲话人持续、不断的发话的影响，真正做到准确、通顺、及时（张维为，1999：13）。记忆准确是口译的核心，没有了准确，通顺与及时便无从谈起。

对于译者来说，接受信息是口译的第一步，而笔记则是打开短期记忆大门的第一把钥匙。既然笔记在口译中有诸多好处，那么如何在口译考试中借助笔记加强短期记忆？它是否有章可循呢？

在《口译实战》中（林超伦，2004：4），作者提出了口译笔记的六大要点，即少写多画、少字多意、少线多指、少横多竖、快速书写、明确结束。作者不仅在宏观上给予了指导，同时也用实例阐释了其在具体实践中是如何操作的。例如下面这段材料：

In the space of a single generation, relations between the United Kingdom and the People's Republic of China have been transformed. Government-to-government and business-to-business links are closer and more varied than ever before. But the most exciting changes have been in the links between the British and Chinese peoples. Chinese communities have long existed as a respected and cherished presence in British cities.（林超伦，2004：69）

作者的口译笔记如下：

Sp——代
　　U+C 变
政——紧
商　 多
振り—— U+C 人
C ——久——尊
　　　　V——U 市り
o ————————

笔记说明：

Sp

横线（表示左右关联）

代

U+C 变

政

商

横线(表示左右关联)

紧

多

振

闪电符号(提醒后面还有话)

横线(表示左右关联)

U+C 人

C

横线(表示左右关联)

久

横线(表示左右关联)

尊

V

横线(表示左右关联)

U,市

闪电符号(提醒后面还有话)

最后画个圈,顺手画一条横线,表示本段讲话到此结束。

译文:在短短的一代人的时间内,英国和中华人民共和国之间的关系已经发生了彻底的变化。政府之间、商界之间的关系从未像如今这样紧密、多样。但是,最令人兴奋的变化当属英中两国人民之间的联系。华人社区在英国城市中长久以来都受到尊重和珍视。

从以上翻译实例笔记可以看出,译者的口译笔记逻辑思维强,对源语接受能力充分,通过笔记抓住了重点,译文准确、到位,翻译质量高。笔者曾试着在课堂上采取先观摩后动手记录的方式对口译学生进行训练,把《实战口译》中的口译笔记训练纳入了课堂教学。通过笔记训练,学生的短期记忆能力明显加强,表现为口译逻辑性较强、译文流畅,效果相当明显。翻译质量也随着训练强度的增加而提高了许多,做到了准确、顺达。

在口译教学中笔者同时也发现:学生在做口译笔记时普遍采用汉语记录,但汉字写起来较为复杂,比较浪费时间,结果往往顾此失彼,对源语信息的接受多有遗漏。如能有一套既简单又好记的符号来帮助笔记将会事半功倍。笔者把《高级口

译教程》(梅德明,2000:443)中编者向口译学生介绍的60个常用速记符号对学生进行了一一讲述,如:

国与国　□/□
越来越强　↑↑
但是　‖
会面　⊙
有关　@
替换为　∽
原因　←
因为　∵
更强、更好　＋＋
……

上述口译速记符号的特点是简单、易学、形象生动、便于记忆,如能有效掌握,在口译中将会收到事半功倍之效。但是,对于不习惯使用速记符号的学员来讲,在初次使用速记符号时会感到不太顺畅。例如,有些符号表达起来有些困难,如"替换为"这一概念用符号"∽"表示,一方面书写起来较费劲,另一方面学生对此也不熟悉、不喜欢用。面对这种情况,笔者收集了另外一些较容易书写又能表达此意的符号替换该符号,从而弥补了上述不足。此外,有些笔记还有一个特点:记录时偏重于"符号＋英语"(缩或略),所以对习惯于记汉语笔记的初学者来说是有一定的难度的。

从笔者的口译笔记经验来看,《实战口译》笔记与《高级口译教程》速记符号各有千秋:前者逻辑思维更强,更适合于汉译英的口译学生练习,如果能熟练应用,在英译汉中也未尝不可使用;而后者则更加简洁、方便、快速,口译时不易丢失信息。笔者以为,在英译汉时采用《高级口译教程》笔记而汉译英时采用《实战口译》笔记较好。因为在口译时,译员在接受源语信息时有某种趋向性和预知性,用源语记录可以采集到更多的信息,如果在口译时用目的语进行记录的话,需在脑中有个预先处理的过程,初学者对此不易在短时间内完成双语的转换。当然,对于个别有某种偏好的学员而言,则可以打破常规,反其道而行之。

4. 口译笔要点

口译笔记在翻译的过程中非常重要,在做笔记时要注意以下几个问题:

首先,口译笔记应记要点,切忌求"全"。口译时要尽可能地做到等效翻译,其宗旨是把说话者欲表达之意再现出来,求"全"会影响到听者的接收,从而影响翻译质量。口译笔记是记忆的延伸和补充,它不应取代记忆。口译笔记的主要内容是某种概念,或名称、或数字、或逻辑关系、或因果关系等,笔记应以表达意群的词语和符号为主。

其次,口译笔记要求快而且精,但不可以潦草。段落之间尤其要分清,以备将来查找。在翻译时,口译笔记可使用来源语,也可使用目标语,也可以双语兼用,同时也可以用“符号+汉语/英语”的模式来进行记录,只要有利于口译的准确性和流利性,不必过分拘泥于某种文字或符号。有时候口译笔记会大量使用常见略语,尤其是无法记录较为复杂的英语单词、词组和专业术语时。

最后我们要知道,在极其特殊的情况下,某些电子设备也可以帮助记忆,如录音笔、录音机等,但有些设备在某些口译场合不方便操作,要慎重使用。

5. 结语

口译笔记是译员在长期口译实践的基础上发展起来的,它既有共性又有个性。共性是指它的功用,即帮助译员避免了由于信息量过大而无法很好地接受信息这一不足;个性是指除了大家认可的一些速记符号、记录方法之外,译者还可以根据自己的喜好,与自己的语言系统结合起来“创造符号”进行记录,从而使笔记呈现出多元化的效果。

总之,口译笔记是一项特殊的技巧,也是由一套完整的符号组成的体系。在口译实践中逐步掌握一些简单的记录符号,学会一些常用的口译笔记方法对口译的成功是非常有益的。

参考文献

[1] Gile, D. *Basic Concepts and Models for Interpreter and Translator Training*. Amsterdam/Phialadelphia: John Benjamins, 1995.

[2] Mahmoodzadeh, K. Consecutive interpreting: “Its principles and techniques.” In C. Dollerup & A. Lidegaard(eds.), *Training, Talent and Experience*. Amsterdam/Philadephia: John Benjamins Company, 1992.

[3] Phelan, M. *The Interpreter's Resource*. Clevedon, Buffalo, Toronto, Sydney: Multilingual Matters Ltd., 2001.

[4] 林超伦:《实战口译》,外语教学与研究出版社 2004 年版。

[5] 梅德明:《高级口译教程》,外语教育出版社 2000 年版。

[6] 张维为:《英汉同声传译》,中国对外翻译出版公司 1999 年版。

[7] 周国强:《英语口译综合能力》,外文出版社 2004 年版。

作者简介:

秦红(1966～)女,汉族,山东滕州人,哈尔滨工业大学(威海)语言文学学院副教授。研究方向:口译、商务英语、语用学。

我国大学外语教育政策与少数民族大学外语教育公平性研究

王　丹

[摘要] 语言教育政策是高等教育的重要组成部分，它包含语言政策和语言教学两方面。随着我国普通高校中少数民族学生的日益增多，少数民族大学生所面临的外语教育困境也日益凸显。本文结合 Cooper(1989)以及 Kaplan 和 Baldauf (1997)关于语言教育规划的七个主要类型，探究了我国普通高等院校中少数民族大学生在语言教育规划中存在的教育公平问题。大学外语教育政策的优惠性差别待遇潜存着对少数民族学生的教育歧视，凸显了少数民族学生在大学中所面临的语言教育问题。在对我国的大学外语教育政策进行了文献回顾和总结之后笔者发现：外语语种的单一化不能满足少数民族大学生对外语语种多样性的需求；普通高校忽视少数民族语言文化的教育，造成少数民族学生民族文化认同感低，加剧了少数民族的语言危机；以汉语为媒介语学习英语增加了少数民族学生学习英语的难度；以大学英语等级考试为主要学业成绩评级的体系导致了少数民族大学生的学业焦虑。所以，我国现存的大学外语教育政策存在着对少数民族学生的语言教育歧视，亟待调整。

[关键词] 综合性大学；语言教育政策；少数民族学生；社会公平

1. 引言

一个国家的语言政策是国家做出的重要决定，这些决定已经蕴含了社会公平(Mohanty, 2009)。教育公平是社会公平的重要内容，也是获得社会公平的主要手段和途径。国家的语言政策影响着语言教学的决策，如课程中所要教授的语言、时间和资源的分配及整个课程中用来授课的中介语言等，这些决策也因此影响了少数民族学生得到有效教育的机会——这种有效教育指既能让少数民族学生保持他们自己的民族文化认同，又能让他们参与主流社会的活动(郭慧香，2013)。

少数民族大学生的学习和教育问题引起了众多研究者的关注，尤其是关于英语语言学习的研究。吴汉平(2010)认为，近十年来少数民族英语高等教育的研究主要集中在以下几个方面：有关教学管理和教学改革的研究；民族聚居地区少数民族学生的语言学习问题；有关英语学习障碍及对策的研究；民族院校中少数民族学生的语言学习问题；有关学生英语学习动机、态度及策略的研究；有关某个少数民族学生英语学习的针对性研究。这些研究大都集中在民族院校的少数民族大学生的英语学习身上，鲜少论及普通高校中少数民族学生的英语学习问题，更没有从语言政策和教育公平的视角来研究少数民族学生的英语学习困境。

我国各级普通高校中少数民族学生正在日益增多。1950 年，我国普通高等学校中少数民族在校生人数为 1285 人，占全国在校生人员总数的 1.4%；而到了 2008 年，这一数字增长为 128 万人，占全国在校生人员总数的 6.33%。目前，非民族院校普通高等学校中约有 128 万少数民族在校生(2007 年全国民族院校在校生人数为 17 万人)，少数民族学生培养的全社会化已是不争的客观事实(张诗亚，2010)。不同于汉族学生只需要学习汉语和英语，少数民族大学生在小学和中学阶段都要接受三语教育：本民族语、汉语和英语。2000 年以后，民族教育中外语教育的必要性不断被强调，少数民族地区的民族学校已陆续开始开设英语课程并以此作为教育改革的重点(塔娜，2014)；从 2002 年起，在条件允许的小学开始开设英语课程(Lam，2007)。但是，由于大部分少数民族学生来自经济条件和教育条件欠发达的地区，因此在进入高等院校以后他们难以按照学校要求要完成大学英语的学习和通过大学英语等级考试。Skutnabb-Kangas (2009)指出：英语的特权地位是以牺牲其他语言为代价的。英语开启了一扇门，但也关闭了其他的门。对一些人来说它就像“芝麻开门”的咒语一般，但是它也使得另一些人陷入了贫穷和被遗忘的境地。

根据 Cooper(1989)的理论，习得规划同语言规划的其他类型一样，包含规划主体、规划过程、规划对象、规划目的、规划所处的社会语言环境、规划方式、规划的效果和影响这几个组成部分。Kaplan 和 Baldauf(1997)认为，语言教育政策的实施涉及以下七个方面的内容：教学对象(Access policy)、师资政策(Personnel policy)、教学目标(Curriculum policy)、教学法和教材(Methodology and materials policy)、财力资源(Resourcing policy)、社区政策(Community policy)以及课程评价(Evaluation policy)。外语教学是语言教育规划的主要内容之一，以上七个方面的实施情况对大学语言教育政策能否成功具有重要的影响，同时也是实施任何语言教育规划活动所要考虑的问题之一。

2. 大学外语教育政策特点

2.1 规划主体

我国重大外语教育方针政策的制定和调整都是我国为适应社会、政治和经济发展的需要，由教育部相关部门的专家学者共同研讨后制定的，然后通过各类学校来实施，都要经历一个自上而下的过程。《大学英语课程教学要求(2007)》由国家教育部组织有关专家制定，以此作为各高等学校开展非英语专业本科生英语教学的主要依据，为指导大学英语教学工作、推动大学英语教学改革起了重要的作用。

2.2 目标和设置

在全球化时代，英语的霸权地位和优势地位日益凸显，大学外语教育的目标逐渐由“将外语作为政治斗争的工具”这一政治性的目标转变为以培养学生的外语综合应用能力为主，着重实用性和工具性。2002 年 9 月召开的大学英语教学改革座谈会上明确提出，大学英语教学的目的是“培养大量既懂专业又有一定英语应用能力的高层次人才，加强英语综合应用能力的培养，提高高等学校的大学英语教学质量”。2002 年 12 月教育部颁发了《关于启动大学英语教学改革部分项目的通知》，并推动高校建设大学英语网络与多媒体教学体系。

2003 年，教育部启动了“高等学校教学质量和教学改革工程”，要求高校应“将综合英语类、语言技能类、语言应用类、语言文化类和专业英语类等必修课程与选修课程相结合”，确保不同层次的学生在英语应用能力方面得到充分的训练，并鼓励各高校开设多样化的大学英语后续课程。然而，与大学英语相比，其他外语语种的教学出现了边缘化的趋势。由于受师资和课时等方面的限制，目前只有少数高校开设了非英语的大学外语课程，而且选修非英语大学外语课程的大多也只是少数学有余力的学生(王守仁，2008)。

2.3 教学法和教材

《大学英语课程教学要求(2007)》明确指出：“各高等学校应充分利用现代信息技术，采用基于计算机和课堂的英语教学模式，改进以教师讲授为主的单一教学模式。”此后，我国的大学英语教学开始实施以基于信息技术的新教学模式为核心的大学英语教学改革。这种新模式将计算机网络自主学习和教师课堂讲授与辅导结合了起来，在教学中以学生为中心，着力发展学生的个性化学习和自主式学习能力。正是为了适应这种教学模式，大学英语教材由平面形式转化为既有纸介质和录音带形式又有光盘和网络形式的立体化大学英语教材。上海外语教育出版社出版的全新版《大学英语》(2001)和外语教学与研究出版社出版的《新视野大学英语》(2002)就是立体化教材的代表。

2.4 课程评估

大学英语考试(College English Test)终结性的评估方式严重影响了学生学习英语的积极性和实际英语使用能力的提高。不过,大学英语四、六级考试的考生人数仍然在逐年增长,考试规模仍在扩大。虽然大学英语考试不再与学位证挂钩,但是由于四、六级考试的通过率已成为教育部检查各高校大学英语教学质量的重要依据之一,因此各高校都加大了对大学英语教学的投入,追求四、六级考试高通过率的应试教学大面积出现。由于社会影响力较大,因此大学英语考试仍然给大学生的学习和就业带来了巨大的压力。

2.5 师资

我国大学英语教师群体的主要特征是:学历层次总体偏低、研究能力整体较弱、有高级职称人数的比例极小、女性教师数量过多、基础课程教学任务繁重、科研能力相对较弱、发表纯学术性论文和申请到课题的人数较少(王守仁、王海啸,2011: 4)。

由于高校招生规模的扩大,大学英语教师的教学工作比较繁重,同时还要承担研究工作。据统计,有四分之一的高校的英语教师每周工作量达16课时。面对日益增长的学生数量,大学英语师资队伍在数量上仍存在较大的缺口。在数量上,由于高校扩大招生的政策,教师培养速度无法跟上扩招速度,有调查数据显示,2001年全国大学英语课程每班平均超过50人,大学英语教师总数与学生人数之比达到了1∶130(王建新,2003)。这一现象还在变得愈加严重。

近年来,随着资金和投入力度的加大,国家对大学英语教师职业的发展也越来越重视,这促使大学英语教师的学历水平逐年提高,但大部分大学英语教师的专业方向和研究方向都是英美文学或语言学,缺乏教育心理学、教育学和教学法等真正以语言教学研究为方向的课程的系统学习和研究。

3. 我国少数民族语言教育政策

我国宪法中在语言使用方面有两条规定:“各民族都有使用和发展自己语言文字的自由”和“国家推广全国通用的普通话”。这些政策突出了英语的第一外语地位和汉语的通用语地位。

我国是一个多民族的国家，有55个少数民族。除回族、满族和畲族通用汉语以外，其他少数民族均有本民族的语言，部分少数民族还有本民族的文字（汝信、易克信，1988）。新中国成立后，我国实行各民族之间一律平等的政策，并先后成立了一大批民族自治区、自治州、自治县、自治旗，对发展民族教育事业发挥了重要作用。作为一种发展规划和全局安排，同时也为了适应全球经济一体化的新格局，国家规定学校必须把英语作为一门课程来教授。我国的少数民族语言教育政策对少数民族学生实行三语教育：少数民族本族语、汉语、英语。为了维持少数民族文化身份、保护少数民族语言，少数民族学生在小学阶段被要求学习本民族语。为了维护国家统一、社会政治经济的和谐发展，少数民族学生还要学习汉语，这不但使他们在中学阶段获得了更多的学习机会，同时汉语还是课程教学的主要媒介和互动交流的中介语，也是他们和其他民族或汉族进行交流的重要工具（Adamson & Feng，2009）。少数民族学生学习英语的情况比较复杂，有些地区从小学三年级开始，有的地区则从中学开始。相对于教育发达的地区的英语教育，少数民族学生会经历一个本民族语、汉语、英语的三语习得的过程，在学习英语的过程中学生需要通过汉语学习英语。少数民族学生的语言学习压力来自为了获得中等教育而必须培养汉语能力，以及为了获得高等教育必须学习英语的客观需要。1984年，英语正式列入高考科目，从此英语成绩开始对学生获得高等学校的录取机会发挥举足轻重的作用。

4. 大学外语教育政策与少数民族大学生的外语教育公平问题

本文根据Kaplan和Baldauf(1997)语言教育政策的实施涉及的七个方面探讨了我国大学外语教育政策和大学外语教育的特点。这些特点凸显了大学外语教育政策中少数民族大学生的外语教育公平问题。

4.1 语种单一化

语种单一化、凸显英语的强势地位弱化了汉语和其他外语的地位，限制了少数民族语言文化的发展空间，使得少数民族的语言文化更加边缘化。在高校中，大学英语仍是本科生一、二年级的必修课。2013年湖北省“大学语文研究会”公布的大学语文课程现状调查结果显示：在全国91所参与调查的高校中，将大学语文列为必修课的仅为34.8%，课时也在逐渐减少。也就是说，91所高校中仅三分之一左右将大学语文设为必修课。

少数民族语言是国家的宝贵资源，它不仅是少数民族社会生活中重要的交际工具，同时也是民族文化的载体和民族认同的标志。少数民族语言和文化课程的空缺也会导致汉族学生对其他少数民族语言和文化认知的缺乏。

我国高校中英语独大的现状剥夺了少数民族大学生学习和继承本民族语言文化的权利，不利于培养少数民族学生对中国文化和中华文明的认同。这种语言教育政策不利于我国语言多样化的发展，也不利于少数民族学生在母语文化传承和语言群体认同等方面获得与"社会公平"有关的语言权利。

4.2　大学英语四、六级考试的终结性评价体系

大学英语四、六级考试的终结性评价体系是造成少数民族大学生学习焦虑和心理焦虑的主要因素。虽然越来越多的高校已不再将学位证和大学英语四、六级考试成绩挂钩，但是由于大学英语等级考试的强大社会影响力，英语四、六级考试成绩已经成为大学生寻求更好职业发展的重要条件之一。

由于大部分少数民族学生来自经济和教育相对落后的中西部地区，英语教育资源的相对贫乏导致大部分少数民族学生在进入大学前英语成绩比汉族学生的低。为此，政府针对少数民族学生在高考录取时采取了降分录取的政策。例如2014年的高考，湖南省关于少数民族学生的降分录取政策维持不变：少数民族聚居州、县、乡的少数民族学生降20分；少数民族聚居地区的汉族学生降10分；散居在汉族地区的农村少数民族学生降10分；散居在汉族地区的城镇少数民族学生降5分。但是，少数民族学生虽然在大学入学阶段有降分录取或优先录取的优惠政策，但在大学学习过程中和毕业时并没有优惠政策。这种教育政策的不持续性也造成了许多少数民族学生在以大学英语等级考试作为学业成绩评价体系的综合性大学中面临困境。

英语教学实践表明，英语水平较高的汉族学生在英语学习中获得学业成功的概率较高，英语成为了他们个体发展的积极因素。教育公平不只是探讨教育机会的公平问题，对多民族国家而言，促进文化背景各异的学生的学习成功才是教育公平的真正意义。

4.3　以汉语为媒介语的英语教学可能导致更严重的教育不公平

媒介语是指教学过程中传递知识的中介语言，它既不同于学习者的母语，也不同于目标语的中间过渡性质的语言。在现阶段我国高校的大学英语课堂中，英语教师大都是以汉语作为媒介语来讲授英语的。教材中所涉及的跨文化对比内容大都是汉语文化和英语文化的对比。虽然学校给汉族学生和少数民族学生提供了同样的教材、课程和教师，但这不等于公平待遇。国内外很多研究都有效地论证过媒介语言的选择是影响少数民族学生英语学习效果的重要因素之一。教师课堂媒介语和辅助语的选择在很大程度上会影响学生外语学习的效果。英语作为媒介语、

汉语作为辅助语是造成许多少数民族大学生英语学习障碍的主要因素之一。李月林(2003)指出:对学生而言,多种语言教学增加了学习过程、认知规律、语言转换、接受能力等方面的复杂性。

语言是民族的思维方式和思想情感的符号和载体。我国是一个多民族、多语言的国家,因此在教育发展中遇到的教师用何种语言教学、教材用何种语言编写等问题都是在制订语言教育政策时需要考虑和解决的问题。

5. 结论

对我国目前大学外语教育政策的分析可以看出,目前的大学外语政策在制定和调整时,不仅没有意识到少数民族学生在综合院校中数量增加的现实,更没有意识到汉族学生和少数民族学生在语言学习过程中的文化差异以及少数民族学生由于外语学业成就低下而产生的焦虑感所导致的与主流文化的疏离感。大学外语教育政策极大地影响了少数民族大学生获得有效的语言学习的机会,这对少数民族大学生融入主流文化、构建公平公正和谐的社会都会产生消极的影响。

目前大学外语教育的困境之一就是如何减少文化“边缘人”的数量,缩小语言教育的差距,使少数民族学生获得语言公平教育的机会和个人教育提升的机会。《国家中长期教育改革和发展规划纲要(2010～2020 年)》明确了教育优先发展的战略地位,明确了教育发展要向农村地区、贫困山区和民族地区倾斜。在综合大学中不但要增加少数民族学生的人数,更要继续实行针对少数民族的教育优惠政策,尤其是在全球化时代,要增强大学生的跨文化交流能力和对少数民族文化的认识和了解,实现少数民族教育的全球化。

参考文献

[1] Adamson, B. & Anwei Feng. A comparison of trilingual education policies for ethnic minorities in China. *Compare: A Journal of Comparative Education*, 2009, 3: 321-333.

[2] Cooper, R. L. *Language Planning, and Social Change*. New York: Cambridge University Press, 1989.

[3] J. Fishman. From theory to practice (and vice versa): Review, reconsideration and reiteration. In J. Fishman(ed.), *Can Threatened Languages Be Saved?* Clevedon, UK: Multilingual Matters, 2001: 451-483.

[4] Kaplan, R. B. & R. B. Baldauf, Jr. *Language Planning from Practice*

to Theory. Clevedon, UK: Multilingual Matters, 1997.

[5] Kaplan, R. B. & R. B. Baldauf, Jr. *Language-in-education Policy and Planning in the Pacific Basin*. Dordrecht, the Netherlands: Kluwer, 2003.

[6] Lam, Agnes. Bilingual or multilingual education in China: Policy and learner experience. In Anwei Feng (ed.), *Bilingual Education in China*. Clevedon, UK: Multilingual Matters, 2007: 13-33.

[7] Mohanty, Ajit K. Social justice through multilingual education. In S. Kangas & P. Robert (eds.), *Multilingual Education: A Bridge Too Far*. Bristol: Multilingual Matters, 2009: 3-15.

[8] Skutnabb-Kangas. Social justice through multilingual education. In Robert Phillipson & R. B. Phillipson (eds.), *Multilingual Education Concepts, Goals, Needs and Expense: English for All or Achieving Justice?* Bristol: Multilingual Matters, 2009: 320-344.

[9] 郭慧香:《语言政策与少数民族教育公平性研究》,《贵州民族研究》2013 年第 4 期。

[10] 教育部:《关于大学英语教学与考试改革的基本思路》,2002 年。

[11] 教育部:《大学英语课程教学要求》,上海外语教育出版社 2007 年版。

[12] 李月林:《少数民族学生英语学习的特殊性研究》,《西南民族大学学报(社会科学版)》2003 年第 8 期。

[13] 汝信、易克信:《当代中国社会科学手册》,社会科学文献出版社 1988 年版。

[14] 塔娜:《以教育公平视角审思当前少数民族英语教育中的两大问题》,《内蒙古师范大学学报》2014 年第 11 期。

[15] 王建新:《英语大班精读多媒体教学实验研究》,《外语教学与研究》2003 年第 5 期。

[16] 王守仁:《高校大学外语教育发展报告》,上海外语教育出版社 2008 年版。

[17] 王守仁、王海啸:《我国高校大学英语教学现状调查及大学英语教学改革与发展方向》,《中国外语》2011 年第 5 期。

[18] 吴汉平:《少数民族英语高等教育研究十年述评》,《中南民族大学学报(人文社会科学版)》2010 年第 5 期。

[19] 张诗亚:《我国高考招生中少数民族考生优惠政策的新思考》,《民族教育研究》2010 年第 5 期。

作者简介:

王丹(1977～),女,汉族,陕西咸阳人,哈尔滨工业大学(威海)语言文学学院讲师。研究方向:英语语言学与英语教学。

翻译社会学关键词:翻译场域与译者惯习

王军平

[摘要] 根据布迪厄的文化社会学理论,笔者认为翻译可以被看成是一个具有自身特点的特定场域。在翻译场域中,译者遵循特定的规则,进行各种"资本"积累,在此过程中形成译者的惯习。同时,由于受到各种社会因素的影响,译者的惯习反过来也会对翻译场域施加影响。此外,翻译场域与其他场域之间基于"权力差异"的互动关系能够对许多翻译问题和现象提供合理的解释。

[关键词] 布迪厄;场域;惯习;翻译场域;译者惯习

布迪厄(P. Bourdieu)是法国当代著名的社会学家、文化理论批评家和思想家。他打破了学科之间的界限,从跨学科的角度对社会学、人类学、语言学、教育学、哲学、史学、美学等多个学科进行了深入的研究,并取得了丰硕的成果。其社会学理论中的许多重要概念如"场域"(Field)、"惯习"(Habitus)以及"文化资本"(Cultural Capital)等在 20 世纪 90 年代被陆续应用到翻译研究中来,为翻译学研究提供了一个崭新的视角。

早在 20 世纪 70 年代,霍姆斯(J. Holmes)在他那篇翻译学奠基之作——《翻译研究的名与实》一文中就对"翻译社会学"这一发展途径进行了展望。此后,翻译学者如赫曼斯(T. Hermans)、图里(G. Toury)、皮姆(Pym)和彻斯特曼(Chesterman)等都围绕"翻译规范"等问题,在这方面做了非常有益的探索。不过,研究者们直接借用布迪厄的社会学理论来研究翻译问题,则主要发生在过去十年间。这一领域国外代表性的学者主要有西米奥尼(Simeoni, 1998)、安吉莱瑞(Inghilleri, 2003)、古安维克(Gouanvic, 1999, 2002, 2005)、赛拉-谢菲(Sela-Sheffy, 2005)、沃芙(Wolf, 2007)等;国内的则有杨柳(2003)、李红满(2007, 2008)、邢杰(2007)、邵璐(2011)、王悦晨(2011)等。有学者认为:"在目前参考社会学框架进行的翻译研究中,被学者们引用最多的是法国著名社会学家布迪厄的社会学理论。"(王悦晨,2011:5)学者们主要借用布迪厄理论的概念来"分析影响翻译的生产、传播和接受、具体翻译策略的各种社会制约因素;探究翻译活动与社会环境、社会状况和社会变迁的种种有机联系,从社会学的角度对各种翻译现象及其社会机制进行跨学科的综合性研究"(李红满,2007:6-7)。就目前的研究来看,学者们虽然借用相关的概念对翻译的相关问题进行了论述和探讨,也取得了一些成果,但在一些最基本的问题上也还存在争议,对于该理论在翻译研究中的应用和拓展还存在不少问题。限于篇幅,笔者主要针对以下问题进行探讨:首先,翻译实践活动是否能够构成一个独立的"翻译场域"?其次,该场域与其他场域相比,有哪些特点?界定该场域的关键问题是什么?再次,译者的惯习分析,以及其与翻译场域的互动关系是什么?最后,翻译场域与其他相关社会场域存在怎样的关系?

1. 翻译场域

"场域"(field)是布迪厄社会学理论体系中一个重要的基础性概念。在布迪厄的理论中,"场域"是指一个特定的、结构性的社会空间,参与者遵循一定的规则,对"资本"进行分配和争夺,彼此形成一种具有竞争性的关系。根据所涉及对象的不同,场域可以分成美学场域、法律场域、文学场域、宗教场域、政治场域、教育场域、权力场域等。但正如布迪厄所强调的那样:"一个场域不是死的结构,不是空的场所,而是博弈(game)空间,那些相信并且追求其所能提供奖励的个体参与了这种博弈。"(Bourdieu, 1992: 96)。场域具有以下一些特点:①场域有独特的规则;②场域中存在竞争;③场域既有自主性,也有开放性;④场域与惯习互相依存。

虽然笔者在这里用"翻译场域"作为标题,好像表明目前已经明确无误地存在一个"翻译场域",但事实上,对于到底存不存在一个"翻译场域",目前学界还有一定的争论。王悦晨(2011)对这个问题进行过探讨,他认为"翻译场域"是存在的,只是与其他场域相比,翻译场域是"一个特殊的场域,一个相对不独立的场域……在这样的一种场域中,周边场域和权力场域与它相互渗透"(王悦晨,2011:10)。而古安维克(J. M. Gouanvic)则对翻译场域的存在持否定态度,原因是布迪厄在谈及场域问题时并没有提及翻译场域,因此他认为翻译不能构成一个独立的场域。古安维克(2002:160)和沃芙(M. Wolf)认为翻译活动存在人际关系不稳定的问题,而且并没有相对明确和独立的规则,场域的独立性也比较差,时刻受其他场域规则的影响,处在不断的变化之中,所以场域的概念不适合用来解释翻译活动(Wolf, 2007: 118)。而在笔者看来,翻译场域的存在是不可否认的,之所以出现上面不同的意见,是因为我们对布迪厄场域概念本身的认识还存在一定的异议。首先,正如王悦晨所提出的,"翻译实践的跨语跨文化特征,还有翻译研究的跨学科特征,都说明翻译实践和翻译研究始终都越不过这样一个'跨'字……"(王悦晨, 2011: 9)这也是翻译生存的独特空间。布迪厄在提及场域理论时没有提到翻译场域其实正是该理论本身解释力不足的一个表现,正如王岳川所指出的那样:"他没能揭示出文化权力的跨文化语境,以及不同文化群体、不同国籍、不同民族之间的文化冲突的内在权力运作……他在从事文化话语的微观分析中,忽略了跨文化语境的宏观文化分析。"(王岳川, 1998: 44)可见,翻译活动赖以立身的"跨文化"特性并没有纳入布迪厄的考察范围之内。因此,布迪厄未将翻译场域纳入自己的研究也就不难理解了。其次,翻译场域中有没有相对独立的规则呢? 翻译场域的社会参与者,或者说翻译场域的核心圈层,应该主要包括译者、翻译评论家、译文出版商、翻译协会组织、国家翻译管理部门等。翻译作为一个涉及众多社会角色的独立行业,肯定有其运作的规则和机制。而译者作为一个社会人,他必须遵守翻译行业的规范、政策和法律,遵循翻译本身所形成的传统和习惯,这样才能更好地完成翻译任务,达到预期的翻译目的。图里就曾用描述翻译学的方法对翻译的规范进行了深入的研究,他将翻译看成是一种涉及两种语言和文化传统的活动,译者的翻译活动和翻译事件都受到规范的制约,他明确地将这些规范分成预先规范和操作规范(Toury, 2001: 56-58)。虽然这里所说的规范与社会学的规则存在差异,但其重叠的部分远远大于其差异。由此可见,翻译场域是存在其特有的规则系统的。最后是翻译场域的相对独立性问题。其实在上面的场域特点里我们已经谈到过场域的自主性和开放性存在程度的差别。所以,"场域的自主化只是相对的,没有彻底的自主场域"(李全生, 2002: 148)。布迪厄也曾提出了"大规模的生产场域的概念",这种场域是"社会场域的扩大,有更多的外在影响进入,社会力量和世俗力量更多的渗透,此种场域,边界往往模糊不清,特殊化程度不够"(李全生, 2002: 148)。由此可见,翻译场域的存在并没有被布迪厄完全排除在理论范围之外,所以借此来彻底否定翻译场域的存在是无法让人信服的。

作为一个特定的场域,翻译活动本身也有其自身的特点。首先就是翻译场域的开放程度较高,与权力场域中的其他场域紧密相关,时刻受到来自于其他场域的影响和制约。其次,翻译场域中的规则主要是由参与场域活动的译者们来遵循和贯彻,其他的代理人主要是根据权力关系制定翻译的规则,但译者群体之间的竞争关系会对翻译场域规则的形成与革新起到主导的作用。最后,翻译场域本身具有跨文化、跨学科的特性,这是不同于其他场域的一个突出特点,因此,对于翻译场域的考察,不能仅限于一种文化和单一社会结构,有时需要进行跨文化语境的考察,"象征资本"在翻译场域中的传播和流动有可能涉及权力差异下文化不平等等因素的影响。

2. 译者惯习

惯习(habitus)(也有学者译为“习性”或者“思维习惯”)是布迪厄提出的另一个与场域密切相关的概念。在布迪厄看来,惯习是参与者社会化的产物,具有历史性和累积性。每个场域中的参与者在长期的社会实践过程中都会形成一种“集体无意识”,成为每个成员在实践过程中的认知倾向和思维定势。在这样的情况下,个体在与场域内其他个体的互动交往中会形成一些彼此默认的规则,这些规则在参与者与场域的相互作用中形成,又反过来对场域施加影响,具有“被结构化”与“结构化”两种特征。简言之,“这种既被环境改造、又影响环境、不断与环境互动的思维和行为特点,就是布迪厄所说的‘惯习’”(王悦晨, 2011: 7)。惯习不同于习惯,后者是“外部社会使主体逐渐获得的适应性”(王岳川, 1998: 42),不具备反向改造外部环境的性质,因此是单向的;而惯习则强调主体的能动性和建构性,与外部社会呈现一种双向的互动格局。惯习也不同于规范(norm)。邢杰(2011)认为,二者的区别主要表现在:一是惯习与规范分别代表着主动和被动的概念;二是惯习与规范分别代表历时与共时的概念;三是惯习与规范分别代表人性化及非人性化的产物(邢杰, 2011: 13-14,原文中作者用的是“思维习惯”)。基于对惯习的了解,我们再来看惯习在翻译场域中的解释力。

就翻译场域而言,其参与者主要是译者群体,其他的参与主体,比如译文出版商、审查机构或翻译管理部门、翻译批评家则都是“跨域”的其他相关场域在翻译场域中的代理人,比如出版商主要从属于经济场域,审查机构或管理部门则是政治场域的代理人,翻译批评家则可能同时栖身文学场域。

从社会学的角度来讲,作为一个普通译者,由于没有足够的“象征资本”,其翻译行为必须遵循翻译场域已有的规则,否则就无法进入翻译场域。另一方面,作为一个社会人,译者也以自己的利益最大化为追求,也在追求自己的“资本积累”。(在布迪厄那里,资本被分成“经济资本”“文化资本”和“社会资本”)。当某些译者因为从事翻译实践或者其他原因而积累了或者获得了足够的社会资本和文化资本,成为能够影响该场域规则的权威之后,就可能会对场域的规则进行颠覆或者改造,创造出新的规则,导致场域结构的革新和新的建构,这就是“译者惯习”的体现。从翻译史上来看,译者获得文化资本和社会地位而影响翻译场域结构的渠道可以分成以下几种情况:①译者本身是其他场域中的权威或者拥有足够文化资本和社会地位的参与者,比如严复和林纾这样的译者,由于其在社会上或者文学圈内享有比较高的地位,本身就拥有相当的文化资本,在其进入翻译领域以后,就有可能对传统的翻译规范产生影响和革新,从而形成新的译者惯习。②译者的翻译实践获得了读者和市场的认同，而积累了足够的文化资本，成为了著名翻译家。比如许渊冲，因为其在翻译实践方面的突出贡献，在翻译界获得了较高的地位，进而提出了"翻译的文化竞赛论"等一系列新的翻译见解，在此基础上提出了相应的翻译标准，成为了翻译规范的一部分。③译者通过自身的不懈努力从而获得权力体制内的认可，比如参加翻译比赛、翻译培训，获得相应的翻译学学位等也是积累文化资本的渠道。④译者通过对原作的文化资本移植而获得读者的认可，比如斯皮瓦克就通过翻译德里达的解构主义思想而声名鹊起，积累了足量的"文化资本"。当然，需要说明的是，译者的文化资本积累也可能是上述几个方面共同作用的结果，而且这四种区分渠道也在某些方面有重叠之处，而非彼此处处界限分明的。

3.翻译场域与其他场域的互动关系

除了具备场域的一般特点之外，翻译场域自身还有一个突出的特点，那就是自主性差，具有高度的"跨域"的特点。这也是翻译场域不被认同的一个重要因素。那么，翻译场域和其他场域之间存在怎样的互动关系呢？下面笔者就从译者的翻译过程入手，来构建这样一个"域际"的互动系统。

由于翻译场域本身的"跨域"特征，因此其与别的场域呈现出一种彼此交融、渗透的错综复杂的关系。为了简便起见，笔者尝试用下图来进行说明。

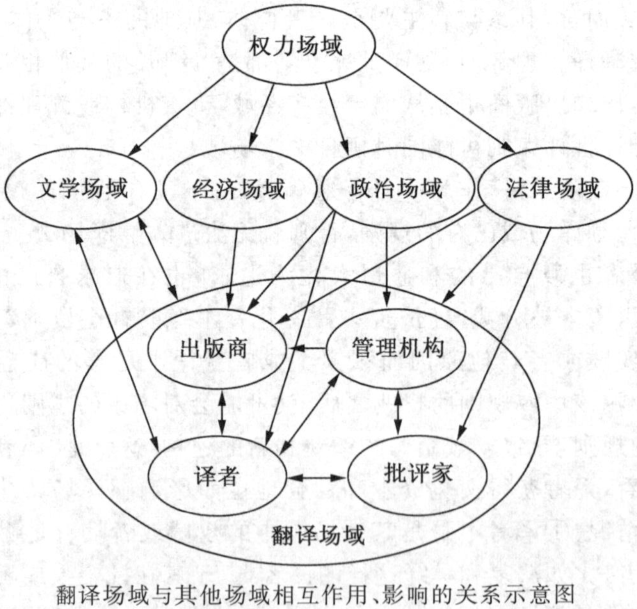

翻译场域与其他场域相互作用、影响的关系示意图

说明：这里所列的仅是几个具有代表性的场域，并不排除其他相关场域的存在。单箭头表示单向作用，双箭头表示互相影响。

如上图所示,在翻译场域中,译者群体受到诸多因素的制约,有的是直接作用于译者,比如文学场域中的诗人、批评家对翻译规范的强调和维护,管理机构对译者意识形态的把握和掌控,出版商对译者提出的各种出版要求等。译者在身份地位和文化资本积累不够的情况下,只能按照各个方面的要求和规范形成一种适应该场域的思维趋势和行动方式,这就形成了翻译场域的规则。但如果译者积累了足够的"象征资本"(symbolic capital),那么译者就有可能对翻译的规范产生影响,甚或颠覆以往人们对翻译的传统界定,比如此前我们提到的严复和林纾的翻译。翻译文学也会因为其中蕴含的各种外来文学样式而给现有的主流诗学带来影响。对于出版者而言,他们有时会因为面对的是"著名译家"而做出某种让步,比如钱锺书在说到刊物编者对林纾的翻译所采取的态度时就说:"连稿子上显著的'杜撰字'或别字都没有改正,而且无意中流露出刊物编者对名作家来稿常抱的典型的两面态度。"(钱锺书,2002:87)这就是翻译场域中译者惯习对场域产生影响的一个显著例子。

从上图我们也可以看出,翻译场域中的各个参与者都受到了外来场域的干涉,其实这些干涉归根到底都会间接地作用到译者身上,比如来自政治领域的意识形态、经济场域的出版规章和市场需求等。作为翻译场域的核心行动者,译者就在这样各种各样间接或直接的约束中慢慢形成对于这个场域的"共识",也就是对场域规则的内化。就如赫曼斯所认为的那样,翻译总是处在一个复杂的社会系统之内。翻译场域与其他场域的复杂互动关系,我们在此可以略见一二。

需要补充说明的是,前面的图表没有加上来自于跨文化语境的因素,例如原作者等。其实原作者首先是原语语境中文学场域的参与者,译者在翻译场域中选择哪位原作者、选择这位作者的哪部作品,都是翻译过程中译者需要权衡的问题,而这样的问题同样会受到来自翻译场域内外各种因素的影响和制约。一般来说,在翻译场域中,会发生原作者的"文化资本"向译者转移的情况,比如如果原作者非常著名,那就会让身份普通的译者的译文容易找到出版市场,也容易抬高译者的身份地位,使其获得作者转移的"文化资本";当然,在翻译史上,也存在相反的情况:一个本来没有名气的作者,因为一个著名译家的赏识,或有可能在另一个文化场域内获得极高的声誉。

通过翻译场域与其他场域的错综复杂的互动关系以及各个场域间权力的不均衡分布,我们还可以尝试着对翻译场域和译者的低下地位进行说明。

布迪厄指出:"各种不同形式的社会空间,如家庭和学校在作为一种生产'能力'的场所发挥作用的同时,也作为承认这种'能力'所具价格的场所之一发挥作用。而且可以断定,任何场域都会给自己的产品最高的价格。"(转引自朱伟珏,2006:91)而在翻译场域,最终的产品就是译作,高质量的译作在该领域可以获得

"最高的价格",这也是翻译领域能获得文化资本(象征资本)的主要产品。而在其他领域,比如文学领域,人们只把最高价格给予优秀的原创作品,翻译作品无论多优秀,在文学场域里头只能算是一种次生的产品,不能获得和原创相提并论的资格。因而有的人会说,不能写作的人才从事翻译。同样,在翻译场域从事翻译实践的译者,在作家面前总有低人三分的自卑。其实在整个社会的权力场域中,文学场域已经是处在非常边缘的位置了,而在通常的情况下,由于产品的次生性,翻译场域更是处在比文学场域还边缘的位置。这就不难理解在当前情况下,翻译场域以及译者地位低下的原因了。除此之外,对于翻译批评、翻译的标准、翻译的文化交流过程等许多方面的现象,根据布迪厄的社会学理论视角,都可以做出合理的解释,限于篇幅,笔者就不再赘述。

4. 小结

根据布迪厄的场域理论,笔者认为在各种社会场域当中,的确存在一个翻译场域,翻译场域中的译者惯习能够帮助我们更好地理解在翻译过程中,译者在各种因素制约的复杂情况下,作为一个社会人,如何一面遵循翻译场域规则,一面与翻译环境进行积极的互动。场域理论视角下的翻译研究对翻译中存在的许多问题和现象都具有很强的解释力。目前社会学视角下的翻译研究方兴未艾,这对翻译学的发展来说是一个有潜力的尝试,可以预见的是,只有采取跨学科的视野,翻译学这样一门跨学科的研究才能呈现出蓬勃的发展势头。

参考文献

[1] Andrew, C. *Memes of Translation: The Spread of Ideas in Translation Theory*. Shanghai: Shanghai Foreign Language Education Press, 2012.

[2] Bourdieu, P. The forms of capital. In J. Richardson (ed.), *Handbook of Theory and Research for the Sociology of Education*. Westport, CT: Greenwood, 1986: 241-258.

[3] Bourdieu, P. & L. D. Wacquant. *An Invitation to Reflexive Sociology*. Chicago: The University of Chicago Press, 1992.

[4] Gouanvic, J. M. The stakes of translation in literary field. *Across Languages and Cultures*, 2002, 2: 159-168.

[5] Hermans, Theo. *Translation in Systems—Descriptive and System-oriented Approaches Explained*. Manchester: St. Jerome Publishing, 1999.

[6] Holmes, James. The name and nature of translation studies. In Lawrence Venuti (ed.), *The Translation Studies Reader*. London and New York: Routledge, 2000: 172-185.

[7] Lefevere, A. *Translation, Rewriting, and the Manipulation of the Literary Fame*. Shanghai: Shanghai Foreign Language Education Press, 2004.

[8] Toury, G. *Descriptive Translation Studies and Beyond*. Shanghai: Shanghai Foreign Language Education Press, 2001.

[9] Wolf, M. The location of the "translation field": Negotiating borderlines between Pierre Bourdieu and Homi Bhabha. In M. Wolf & A. Fukari (eds.), *Constructing a Sociology of Translation*. Amsterdam, John Benjamins B. V., 2007.

[10] 布迪厄:《文化资本与社会炼金术》,包亚明译,上海人民出版社 1997 年版。

[11] 李红满:《布迪厄与翻译社会学的理论建构》,《中国翻译》2007 年第 5 期。

[12] 李红满:《探索翻译研究的社会学途径——评介 Michaela Wolf 与 Alexandra Fukari 的〈建构社会翻译学〉》,《中国翻译》2008 年第 6 期。

[13] 李全生:《布迪厄场域理论简析》,《烟台大学学报(哲学社会科学版)》2002 年第 2 期。

[14] 钱锺书:《林纾的翻译·七缀集》,三联书店 2002 年版。

[15] 邵璐:《翻译社会学的迷思——布迪厄场域理论释解》,《暨南学报》2011 年第 3 期。

[16] 王悦晨:《从社会学角度看翻译现象:布迪厄社会学理论关键词解读》,《中国翻译》2011 年第 1 期。

[17] 王岳川:《布迪厄的文化理论透视》,《教学与研究》1998 年第 2 期。

[18] 邢杰:《译者"思维习惯"——描述翻译学研究新视角》,《中国翻译》2007 年第 5 期。

[19] 杨柳:《文化资本与翻译的话语权力》,《中国翻译》2003 年第 2 期。

[20] 朱伟珏:《超越社会决定论——布迪厄"文化资本"概念再考》,《社会学研究》2006 年第 3 期。

作者简介:

王军平(1978～),男,汉族,陕西富平人,哈尔滨工业大学(威海)语言文学学院讲师。研究方向:翻译学。

《翻译的语言学理论》重要范畴概述

王淑东

[摘要] 作为英国翻译理论语言学派的代表作,卡特福德所著的《翻译的语言学理论》(*A Linguistic Theory of Translation*)一书在翻译发展的长河中扮演着举足轻重的角色。作者从语言学的角度来论述翻译,全书围绕着"等值"这一概念,深入探讨了翻译的几个核心问题,将翻译理论研究工作引上了规范的科学发展道路。本文将针对书中提到的重要术语对该书进行简要概述,包括翻译的定义、类型、等值关系、翻译转换以及语言和文化的可译性限度等几个方面。

[关键词] 卡特福德;翻译等值;翻译转换;可译性

英国翻译理论家卡特福德的著作《翻译的语言学理论》在1965年出版问世,在80年代初期由包振南先生介绍到我国。该书篇幅并不长,但在14个章节中言简意赅地介绍了翻译理论的几个重要范畴。

1. 翻译的定义和类型

卡特福德认为:"翻译是用一种语言中等值的文本材料替换另一种语言的文本材料。"(Catford, 1965)他同时强调,之所以用"文本材料"(textual material)而不用"文本",是因为正常条件下,译文并非是所译的原语文本的全部,即它只是被译语的等值成分(equivalence)所替代。而"文本材料"一词则更科学地描述了翻译在音位、字形、词汇和语法四个层面上的部分实现并非是完全的翻译。相比而言,传统译论中"文本"这个概念则指完全意义上的翻译,即原语的一切都可以翻译到译入语中。

正因为卡特福德认为原文的整体并不能被译语的等值部分所替代,那么他的意思是，有时在语言的一个或是多个层次，翻译中出现的仅仅是简单的替换，而并不是等值的话语材料，因此在某些情况下，翻译并不能称作是"完全的"翻译。据此，卡特福德对翻译的类型进行了分类。

卡特福德根据翻译的范围(extent)将翻译分为"全文翻译"(full translation)和"部分翻译"(partial translation)。在部分翻译中，原语中的部分话语材料不经过任何处理完全移植到译语中，这也就是我们所说的"零翻译"，这样的处理办法可以增加异国情调(foreign flavor)，而在当今各国的交流更加密切、文化互相渗透的情况下，这种 partial translation 也不会对读者造成太大的理解障碍；根据翻译的层次(level)，即语法、词汇、语音、字形等，翻译可分为整体翻译和局部翻译(这一分类对意义的传达、对等的不完全及翻译本质的阐述至关重要)；根据语言的"等级"(rank)，即词素、词、短语、分句或句子，翻译可分为逐字翻译、直译和意译。意译不受级别限制，而且经常发生在高级别中，字字对译受到级别限制，停留在"词汇"这一层次，而直译则介于二者之间。

其中，第二种分类方法颇有新意，正如林克难教授所言："整体翻译与局部翻译之分是卡特福德的首创，对翻译有着极其重要的指导意义。他之所以这样给翻译分类，主要目的就是为了告诉读者，翻译应该分为好几个层面进行研究，我们不可能做到各个层面同时完全对等。"(林克难，2006)

2. 翻译等值

卡特福德对于"翻译等值"(translation equivalence)的阐释也耐人寻味。他认为翻译对等并不意味着再现原文的全部内容或者说全部信息。他把对等分为两类：文本对应和形式对应。前者指在特定的语境中任何译语文本或部分文本成为原语文本或部分文本的等值；后者指任何译语的语法范畴在译语的机体中尽可能占有与该原语语法范畴在原语中同等的地位。简言之就是：文本对应是具体某组原语文本与译语文本；形式对应是发生在两种语言之间的，认为语言是以系统为基础的一种更普遍的概念(Munday，2001)。

其翻译等值关系的条件是：当原语和译语文本或其中的语言单位与相同的(至少部分相同的)实体特征相关时，就构成了翻译等值关系。我们所要寻求的对等是语境实体最大限度重合的对等词。那么什么样的情况才算是对等呢？卡特福德指出，先前人们谈及的对等只是凭经验，完全翻译的目的不是从译语中找到一个与原语"意思完全相同"的对等成分，而是要求这个对等成分与原语词重叠的成分越多越好，因为在语言学的意义上，原语与译语具有完全相同的意思几乎是不可能的，但是他们可以在相同的情况下起到同样的作用。原语和译语至少要含有部分的相同所指实体,在这种情况下,二者才能算作"对等成分"。

卡特福德认为翻译对等词是指原语和译语的文本或词项如要对等,必须与它们指称的实体(substance)中的(至少)一些特征吻合。言外之意是,翻译对等词与它们各自所指称的实体特征完全重合是不可能的。这是他在对意义进行推翻常理的阐释之后所做的又一次革新性突破。国内一些翻译理论学家从中发掘出了用以指导实践的方法。比如林克难教授在研究语言学翻译理论时就总结出"对等词不对等",认为从语言学的角度去研究,我们平时所说的"翻译对等词"其实是所谓的"语境对等词"(contextual equivalent),也就是在一定的上下文当中意义相当的对等词。而我们在翻译研究中往往忽视了词的概念意义(conceptual meaning),而且常常把一个词的语境意义误认为是这个词的概念意义,并在这个基础上建立起对等词完全对等的错误印象。我们翻译当中举不胜举的误译,或者僵硬的翻译,最后往往可以追溯到这个根本的原因上(林克难,2001)。

3. 翻译转换

卡特福德对翻译的另一个重要贡献就是他提出的"翻译转换"(translation shift)的概念。作者将"转换"定义为"从原语到目的语的过程中从形式对应的偏离"(departures from the formal correspondence in the process of going from the SL to the TL)。他将转换分为两大类:层次转换(level shift)和范畴转换(category shift)。范畴转换又可以分为结构转换(structure shift)、级阶转换(class shift)、单元转换(unit shift)和系统内转换(intra-system shift)。以层次转换为例,其指的是一种层次的源语项(比如语法)用不同层次的目的语项(比如词)来对应。语言有不同层次的分类,如音位、字形、语法及词汇等。当我们把"What's the time?"译成"几点了?"时,译语文本在语法上和词汇上与原语等值,但二者在字形和音位上却没有等值关系。卡特福德在翻译的定义中用到的"文本材料"这个词旨在强调:翻译绝不是(或者说不可能是)原语文本全部被译语文本中的等值成分所替换。

转换被很多人称为卡特福德理论的精髓,他通过系统中层次和范畴的转换手法,合理地解释了人们在翻译实践中的许多具体技巧方法,使这些实践有了理论依靠,不再是纯经验的了。转换概念的提出既是对翻译实践的总结提炼,也为实践明确了方向。

4. 可译性限度

在论述可译性限度(limits of translatability)的时候,卡特福德提出:"可译性的确是一个连续体而不是一个明确的二分体。原语文本和单位或多或少是可译的，而不是绝对可译的或不可译的"，"翻译等值关系取决于同一语境中原语和译语文本的互换性"，"取决于与语境实体相同的（至少是部分相同的）相关特征的关系"（穆雷，1991）。一般说来，翻译中存在着语言不可译（比如双关语的不可译）和文化不可译（比如书中日本既可供在室内穿又可以穿到室外或咖啡馆去，还可以用作睡衣的长袍的翻译）。前者指"译语没有与原语文本对应的语言形式特征。它主要来自：A. 原语中两个或两个以上的语法单位或单词共用一个语言形式；B. 原语单位一词多义而译语没有相应的一词多义"。文化不可译产生的原因是"与原语文本功能相关的语境特征在译语文化中不存在"。

翻译活动不仅是一种跨语言的交际活动，更是一种跨文化的交际活动，它面对的是语言和文化的双重障碍。可译性的限度问题，尽管其原因是复杂的、多方面的，但主要是语言和文化差异造成的。因此，要想深入研究可译性的限度，那些蕴涵在各民族文化中的因素绝对不能忽视，而且文化不可译性与语言不可译性对应的可译性限度不同。因此，我们必须注意到这两种不可译性在程度上的差异，才能使其对翻译实践起更大的指导作用。

5. 结语

尽管卡特福德提出了科学的语言学翻译观，在这一领域占有举足轻重的地位，然而美中不足的是他的研究从来没有跳出句子的范围把文本作为一个意义单位，正如有些学者所指出的那样："采取静态的语言对比研究，他举证的例子过于理想化、缺乏语境；而且，他研究的最大翻译单位就是句子，从不考虑篇章。"（黄焰结，2005）但他的理论却是为数不多的真正率先尝试从语言学的视角给了翻译一个系统的描述。

参考文献

[1] Catford, J. C. *A Linguistic Theory of Translation*. Oxford: Oxford University Press, 1965.

[2] Munday, J. *Introducing Translation Studies: Theory and Applications*. London: Routledge, 2001.

[3] 包振南：《开拓翻译理论研究新途径——介绍卡特福德著〈翻译的语言学理论〉》，翻译出版公司选编：《外国翻译理论评介文集》，中国对外翻译出版公司1983年版。

[4] 黄焰结:《卡特福德的有限翻译论》,国际译联第四届亚洲翻译家论坛论文集,2005 年。

[5] 林克难:《重新认识卡特福得翻译理论》,《天津外国语学院学报》2001 年第 1 期。

[6] 林克难:《从对意义认识之嬗变看翻译研究之发展》,《四川外语学院学报》2006 年第 1 期。

[7] 穆雷译:《翻译的语言学理论》,旅游教育出版社 1991 年版。

作者简介:

王淑东(1982～),女,汉族,山东淄博人,海军航空工程学院基础部讲师。研究方向:翻译理论与实践。

英汉翻译课学生汉语译文不规范问题调查与研究

颜英俊

[摘要] 《大学英语课程教学要求》对高等学校非英语专业学生的翻译能力提出了非常具体的要求。重视大学英语翻译教学不仅是社会发展的需求,也是贯彻教学要求的需要。然而,在英汉翻译教学的实际操作中,我们发现学生在翻译中出现违背汉语语言规范的现象非常普遍。本文以哈尔滨工业大学(威海)2013 级非英语专业 528 名学生的英汉翻译课程作业为语料,系统归纳整理了学生汉语译文中出现的不规范现象。通过与学生面对面的交流后笔者发现,产生上述翻译不规范现象的原因不仅在于学生本身,还有许多值得我们去思考的原因和亟待改善的问题。本文归纳出了一些常见的错误类型,通过调查研究分析其中的原因,提出了相关的对策建议,希望能给大学英汉翻译教学提供点滴借鉴。

[关键词] 英汉翻译;不规范译文;对策

1. 引言

国际全球化进程的发展对知识人才的英语水平提出了越来越高的要求,英语能力几乎已经成为商业、文化、政治、工程等领域从业者的必备技能。目前,在中国的这些领域中,翻译能力是衡量一个人英语水平高低的重要指标之一。国家对培养非英语专业大学生的翻译能力越来越重视,要求也越来越高。教育部 2007 年颁布的《大学英语课程教学要求》对高等学校学生的翻译能力提出了“一般”“较高”“更高”等非常具体的要求。重视大学英语翻译教学不仅是社会发展的需求,也是贯彻教学大纲的要求。在英汉翻译课程的教学中,教师往往通过对英汉两种语言的对比，分析各类文体的语言特点，介绍常用的翻译方法，使学生掌握翻译的基本理论，掌握词语、长句及各种语篇的翻译技巧，并结合大量的翻译实践提高翻译能力。然而，在翻译教学的实际操作中，我们发现学生在进行英汉翻译时在词语、句子结构等方面违背汉语语言规范的现象非常普遍。笔者在对哈尔滨工业大学（威海）2013 级 528 名学生英汉翻译课程作业进行批阅的过程中有意记录、统计了出现的错误，归纳整理了错误类型，并在此基础上调查研究了产生这一现象的原因，提出了相应的对策建议，以期给目前的大学英语翻译教学提供点滴借鉴。

2. 汉语译文不规范

通过对学生译文错误的整理，笔者发现汉译文中的不规范现象主要集中在标点符号、词语、句子结构等几个方面。

2.1 标点符号使用不规范

作为辅助文字记录语言的符号，标点符号是书面语重要的组成部分。正确使用标点符号可以帮助读者梳理语句结构，辨明句子语气，理解语句含义。目前汉语中使用的标点符号是参考借鉴西文的标点体系而制定的，它既保留了西文标点的主体特征，又带有与汉语语言特点相适应的特色。因此，中英文标点符号之间存在着一定的差异。学生译文的错误主要出现在这些中英文不一致的标点符号上。

2.1.1 句号

英汉两种语言中句号的功能一致，但书写方式不同：英语的句号是个实心点，汉语的句号是个小圆圈。在学生的第一次英汉翻译作业中，有近 90％的同学在汉译文中的句号使用了实心点。

2.1.2 省略号

汉语中省略号为六个实心圆点，而英语中省略号为三个实心圆点。为数不少的同学不注意此差别，译文直接按英语句中的三个点进行书写。举例如下：

英文：He stopped in front of another shop window and thought carefully for a few seconds. Now... what was the name of the hotel he had stayed in the last time he was in Cairo?

学译：他在另一家商店橱窗前又停下来，仔细思索了几秒钟。哦…他上次来开罗住的那家饭店叫什么来着？

改译：他在另一家商店橱窗前又停下来，仔细思索了几秒钟。哦……他上次来开罗住的那家饭店叫什么来着？

2.1.3　书名号

汉语中表示书刊、杂志等的名称时用书名号《》,而英语中没有此符号,通常用首字母大写、斜体字等形式来表示书刊、杂志的名称,有时也可用引号、全部大写或在书刊名下画线的方式来表示。举例如下:

英文:Most of the students in our class like *The Arabian Nights*.

学译1:我们班大部分学生都喜欢阿拉伯之夜。

学译2:我们班大部分学生都喜欢"一千零一夜"。

改译:我们班大部分学生都喜欢《一千零一夜》。

学译1的书名没有用任何符号标记,学译2用引号代替汉语书名号。这都不符合汉语书名的标记方式。

2.1.4　顿号

汉语用顿号来表示并列成分之间的停顿,但英语中没有顿号,而是用逗号起相同的作用。例如"He wrote a letter to his friend, full of thanks, regards, remorse and despair."译成汉语时我们应该把表并列成分的英语逗号转换成汉语的顿号:"他给朋友写了一封充满感激、关怀、悔恨和绝望的信。"但是,多数同学没有进行转换,而是直接照搬了英语原文的逗号。

2.2　汉语词语使用不规范

按照翻译"忠实、通顺"的基本标准,译文的语言应该"通俗易懂,合乎规范",在英汉翻译中的"规范"指的是现代汉语的使用规范,而在学生的译文中出现了很多不符合现代汉语规范的表达方式。

2.2.1　"的、地、得"不分

在学生的汉译文中这三个助词中的"地、得"似乎已经完全被"的"代替,而且这种现象非常普遍,举例如下:

英文:There were no servants present, and the gentlemen, with chairs closely approaching, seemed to be discussing some subject with great earnestness.

译文:身边没有服务员,他们的椅子挨得很近,似乎在非常认真地商谈什么问题。

在这一句的译文中出现了三个助词"的、地、得",有近一半的同学使用的都是"的"。问及原因,有的学生说高考阅卷已经不对这种错误进行扣分,所以可以不分。笔者查阅了国家语言文字网,并没有发现有这三个助词可以混用的相关规定,由此可见,这三个助词仍需要区分使用。

2.2.2　汉语译文中夹杂英语

学生作业中出现的人名、地名等专有名词不译或不按惯用译名翻译的现象非常普遍，举例如下：

英文：Charles Darwin was born on February 12, 1809, the same day when President Abraham Lincoln was born.

学译1：Charles Darwin 出生于 1809 年 2 月 12 日。这一天也是美国总统 Abraham Lincoln 的生日。

学译2：查理・达尔文出生于1809年2月12日。美国总统阿伯拉汉・林肯也生于这一天。

改译：查尔斯・达尔文出生于1809年2月12日。1809年2月12日(这一天)也是美国总统亚伯拉罕・林肯的生日。

我国自2001年1月1日起施行的《中华人民共和国国家通用语言文字法》第二十五条规定：外国人名、地名等专有名词和科学技术术语译成国家通用语言文字，由国务院语言文字工作部门或者其他有关部门组织审定。2005年9月1日实施的《翻译服务译文质量要求》中明确规定：人名、地名、团体、机构名、商标名使用惯用译名。无惯用译名的，可自行翻译，必要时附注原文。学译1的错误是保留人名原文的英语形式，而英语并不是我们国家的通用语言文字；学译2则没有根据规定按惯用译名译为"查尔斯・达尔文""亚伯拉罕・林肯"。

2.2.3 措辞不准，望文生义

在英汉翻译中，正确的措辞通常是指在正确理解英语词义的基础上，选择恰当的汉语词语来充分地传达原文的意义，且要符合汉语的表达习惯。翻译的措辞并不是简单地在词典中查找对应的词语，而是要考虑该词语在原文中的语境意义、语义范畴、用法以及感情色彩等多个方面。举例如下：

英文：Mr. Brown was a good eater and a good sleeper, but now he is not at all because of great responsibility for his leading position.

学译：布朗先生以前好吃懒做，但现在由于领导责任他不再那样了。

改译：布朗先生曾经能吃能睡，但现在由于领导责任重大吃不下睡不好(寝食难安)。

学生把"a good eater and a good sleeper"译成"好吃懒做"这个明显含有贬义的词语，既与原文的语境意义和感情色彩不符，又与"领导责任"这一形象矛盾。试想，一个"好吃懒做"的人如何能被赋予重大的领导责任呢？译文给人的印象是：一个好吃懒做的人当上了领导，并被赋予了重大责任，从此痛改前非，这完全偏离了原文的语境、语意。

2.2.4 不求甚解地胡译乱译

在笔者给学生布置的作业中有这么一句："A stream was winding its way through the valley into the river."本句可译为："一弯溪水(一条小河)蜿蜒流过山

谷,汇合到江里去了。"句子结构简单,并无生僻的词汇,如果一定要找难点的话,也只能说有些同学对"wind"一词可能会产生歧义,会把它理解为"风、刮风"等,但学生交上来的作业中出现的五花八门的译文让笔者目瞪口呆:

学译1:一个汽艇正在穿过一个隧道进入一条河。

学译2:这个风筝被风从山谷吹到河那边。

学译3:云儿自由飘然而小溪流如大河。

学译4:叫喊声绕着蜿蜒曲折的溪谷到达河流。

学译5:一场风暴正在村庄通过河流的路上侵袭着。

学译6:一颗水滴降落,通过小溪来到河流。

学译7:一条小溪已经淹没了这条从山谷流向那条河的路。

学译8:一阵暴风沿着它的路径袭来,穿过峡谷翻起河流。

学译9:激流将峡谷中的所有东西都卷进了河里。

学译10:蒸汽以它的方式流动,沿着管道,进入河流。

学译11:纵然村子已经被水给淹了,暴风雨仍然没有停止。

学译12:一股强风沿着它的路途吹过山谷吹向小溪。

学译13:暴雨改变了方向穿过平原进入了河流。

学译14:洪水冲过了村庄冲入了河流中。

学译15:一滴水滴从山谷飘向了河流。

有些学生自以为是地把"stream"理解为"汽艇、风筝、云、叫喊声、风暴、激流、蒸汽、强风、暴雨、洪水、水滴"等;把"valley"翻译成"隧道、村庄、管道、平原"等;对"winding"的处理,要么译成与风有关联的"吹过、飘向、流动"等,要么译为"沿着路途、改变了方向"等,还有的采用避而不译的策略。

再比如:"Hitler was armed to teeth when he launched the Second World War, but in a few years, he was defeated."

学译1:希特勒每次说起二战时都恨得牙根痒痒……

学译2:希特勒手伸到牙里了当他发动第二次世界大战……

学译3:希特勒抱着牙齿在发动第二次世界大战的时候……

学译4:希特勒露出了獠牙发动第二次世界大战……

学译5:当希特勒在发动第二次世界大战像一把利齿……

学译6:希特勒在二战征战期间是战争的爪牙……

改译:希特勒在发动第二次世界大战时"武装到了牙齿",可是没过几年就被彻底打败了。

从这些学生的译文中我们不难看出,有些学生根本不把翻译的标准"忠实、通顺"当回事,翻译变成了随意的再创作,不查词典,不分析句子结构,全凭自己的想象任意而为。同时我们也应看到，学生对待作业的态度不够端正，尽管这样的学生在528名学生中所占的比例不高，但这是一个不容教学工作者忽视的问题。

2.2.5 相关知识匮乏

有些词语的翻译不规范还体现了学生相关知识的匮乏。工科专业学生由于专业和自身条件的局限，往往对其其他学科的知识了解不够，因而造成了翻译不规范现象的产生。例如"During one four-year period about 600 years ago the Black Death killed at least 25 million people in Europe"这句话，对"Black Death"这个词，学生给出的译文千奇百怪，如：布莱克·戴斯、黑尸、黑暗史、黑暗杀戮、黑色屠杀、黑色恐怖、黑暗时期、黑暗势力、黑人奴隶、黑海溺亡、黑色军团、黑色杀人狂魔、黑色死亡组织、黑色死亡军团、黑色死亡危机、黑色死亡行动、黑人屠杀运动，等等，足见学生对此事件并不知晓。实际上，Black Death（"黑死病"）是人类历史上最严重的瘟疫之一，起源于亚洲西南部，约在1340年散布到欧洲，"Black Death"是当时欧洲对这场瘟疫的称谓。

2.3 句子结构不规范

英汉句子的构成要素基本相同，句式一般都是"主语＋谓语＋宾语"的结构，也都有定、状、补等成分，但在很多方面又存在着差异，例如：英语结构紧凑，汉语结构松散；英语句长复杂，汉语句短简练；英语多被动语态，汉语多主动语态；英语注重省略，汉语注重补充；英语重心在前，汉语重心在后；英语多替换，汉语多重复。尽管老师在讲课中已进行过汉英语言对比的讲授，但受汉语习惯的影响，有些学生在翻译中仍采用字对字的方式进行翻译，使译文带着浓浓的翻译腔，读起来非常生硬，举例如下：

英文：Now the integrated circuit has reduced by many times the size of the computer of which it forms a part, thus creating a new generation of portable minicomputer.

学译：现在计算机集成电路已经降低了计算机的尺寸很多次，它形成了一个部分，这样就创造了新一代的便携式微型计算机。

改译：现在集成电路成了计算机的组成部分，使计算机的体积大大缩小，从而产生了新一代的可携式微型计算机。

从学生的译文来看，其并未分析清楚句子的结构，不明白各个句子成分之间的关系，而是生硬地按照原句顺序进行翻译，使译文让人难以理解。本句是由一个主句、一个定语从句和一个分词状语组成的主从复合句，通过时态、逗号、关联词和现在分词短语把各句之间的关系表达得非常清楚。而汉语译文则需要在对各句进行简单陈述的基础上，通过调整语序和运用"使""从而"的词义把各句之间层层递进的因果关系表达出来。

3. 原因分析

通过与学生的探讨，笔者发现造成学生汉译文不规范现象的原因基本可以归为以下五个方面：

3.1 应试教育的影响

尽管有强调重视素质教育、培养适应新时代需要的复合型人才的要求，但目前高校衡量学生能力的指标仍然是各种各样的考试成绩。一旦没有了考试这个要求，学生对某些课程的学习动力自然不强。哈尔滨工业大学（威海）没有对工科学生开设与汉语言文学有关的课程，也没有相关的考试要求，所以，学生的汉语学习在高考结束后即告停止。相反，笔者在对学生的随机访谈中发现，由于大学英语四、六级考试成绩与毕业、就业等关系密切，因此绝大多数学生为了通过英语四、六级考试，在大一、大二两年每天在英语学习上花费的精力很多，而学习汉语的时间则几乎没有。

3.2 英语等外语对汉语的冲击

随着经济发展和国际交流的频繁，对外语的学习和使用越来越受到人们的重视。在访谈中笔者发现，大学生将双语交流作为一种语言能力的展现，不少学生表示采用双语交流方式对自己专业能力的提升和综合素质的展现有良好的作用。然而，因为不同语系在语言组织结构上的差异，英汉两种语言在表达和形式上有很大的不同，学生运用汉语语言的习惯或多或少会受到干扰，这也是影响学生语言规范化使用的一个原因。

3.3 媒体的错误导向

媒体是公众接受信息的主要渠道和途径，因此媒体语言文字对社会语言和民族文化的走向有着任何其他载体所不能比拟的影响力，媒体人必须树立语言规范意识。但在现实传媒领域中我们不难发现，不规范的语言使用现象比比皆是，其中最明显的就是某些综艺节目主持人夹杂使用英语汉语，像“某某某被 PK 掉了”“你 out 了”“他好 man 啊”等。影视剧、纪录片、访谈节目的字幕错别字现象较为严重，尤其是“的、地、得”的使用极其不规范。这些都在一定程度上削弱了人们的汉语规范化意识。

3.4 网络、软件的负面作用

与传统语言相比，网络语言更生动，更易理解，表述更简单高效。但是，网络语言有许多一味求新的生造词语，导致错字、别字和异样表达的出现，这对学生的用字用语规范化都有一定的影响。

电脑改变了人们的书写方法，越来越方便的文字输入软件在弱化学生的书写能力方面起到了推波助澜的作用。例如“The German invaders slaughtered the innocent civilians of the city to a man. Such atrocities were blamed throughout the world”这句话，不少学生将“such atrocities were blamed throughout the world”译为“这种残暴的行为受到了全世界人民的遣责”，将“谴责”错误地写为“遣责”。当问及缘由时，很多学生说，用电脑打字时软件会出现“谴责”和“遣责”二词，所以他们认为这二者皆可。笔者在电脑和手机上用相关输入法输入拼音“qianze”时，屏幕上的确出现了“1 谴责”和“2 遣责”，笔者一时也感到疑惑，遂查阅各种工具书，结果都未发现有“遣责”一词。上网发起提问得知，造成这一现象的原因可能是人为地打错了，并且因达到了一定次数而被电脑记录下来，就这样以讹传讹，慢慢变成了某些人认为是正确的写法。学生作业中的错别字多与这些仅仅输入拼音后就可选择可用字词的输入法软件有着十分紧密的联系。

3.5 学习积极性不高

在与学生就作业情况进行交谈的过程中笔者发现，相当一部分同学在大二时对学习翻译课的积极性不高，认为大一时已经考过四、六级，再学英语的动力不足，所以听课不认真，作业以应付公事的态度敷衍而为。还有的同学认为，英译汉只要把英文的意思翻译出来即可，汉语规不规范不重要，因为译文是给中国人看的，大家都看得懂。更有甚者，一些同学认为根本就没有必要学翻译，把要译的东西交给翻译软件就行，至于规不规范，那是软件的问题，与译者无关。

4. 对策建议

针对目前大学生在英汉翻译中存在的种种汉语不规范问题及其原因，笔者认为教师、学校乃至社会都应予以充分的重视，采取切实可行的措施来规范汉语的使用。

首先，要强化教师的评价作用。教师应在作业评改中严格评分制度，凡出现相关的不规范情况一律按错误处理，降低其作业等级。笔者在学生交作业前把详细的作业评价标准告知了学生，其中第一条就是：凡把汉语的圈状句号写成英语点状句号的，一律记F(不合格等级)；错别字(包括“的、地、得”)出现3个即降低一个作业等级。这样，经过几周，学生在这方面的错误出现率就几乎降为零。对词语使用不规范、句子结构不规范等问题，除了教师在课堂认真讲解理论知识和翻译方法外，严格的作业评价措施不失为一条更有效的措施。

其次，学校应重视汉语规范化的问题。学校可以充分利用校园文化阵地，有计划地引导学生开展汉语语言文字规范化活动，在高校内部形成良好的规范应用语言文字的氛围，增强学生规范应用汉语言文字的意识。

规范学生的汉语表达不仅仅是老师和学校的责任，管理好社会上语言文字的不规范使用现象必定会取得事半功倍的效果。如果电视广播传媒工作者能做好语言文字规范化使用的榜样，新闻出版部门能把好语言文字关，提高出版物的质量，政府职能部门能加强对公共场所语言文字使用的管理工作，那么大学生必将获得一个纯净、规范的语言文字使用环境。

参考文献

[1] 教育部高等教育司:《大学英语课程教学要求》，上海外语教育出版社2007年版。

[2] 李江:《论非英语专业大学生翻译教学中存在的若干问题》，《大学英语》2012年第3期。

[3] 张景华:《论大学生英汉翻译问题及其教学对策》，《当代教育理论与实践》2013年第7期。

作者简介:

颜英俊(1966～)，女，汉族，山东威海人，哈尔滨工业大学(威海)语言文学学院副教授。研究方向:翻译与英语教学。

国际市场营销的跨文化策略

于淼 扈珺

［摘要］ 随着世界通信的发展及国家间社会经济相互依赖性的加强，国家间的相似性不断增加，共同的市场行为和市场需求也将不断发展。在这一过程中，人们往往会更加依赖那些表面上的相似之处，而事实上那些相似之处或许并不存在。文化差异是无形的，营销者若是忽视这些差异，那么不仅会伤及公司，而且也将伤及营销者个人的事业。文化涉及的范围很广，包括某一社会内部行为的各个方面。开拓国际市场的任务就是要使营销策略、营销计划与目标国的文化需求相适应。

［关键词］ 国际市场营销；跨文化营销；营销策略

1. 引言

人类学家、商业顾问爱德华·霍尔(Edward Hall)说："我们的客户一而再再而三地撞到无形的墙上……我们心里明白他们撞上的是截然不同的生活和思维方式，以及对家庭、国家、经济制度甚至人本身的不同看法。"(Hall, 1959)霍尔的话语中最突出的一点就是：文化差异是无形的，营销者若是忽视这些差异，那么不仅会伤及公司，而且也将伤及营销者个人的事业。文化涉及的范围很广，包括某一社会内部行为的各个方面。开拓国际市场的任务就是要使营销策略、营销计划与目标国的文化需求相适应。

2. 既相似又相异的文化特性：以英美文化为例

对于缺乏经验的营销者而言，文化的这种既相似又相异的特性会引起错觉，导致他们对并不存在的相似之处信以为真。的确，几个国家可能使用同一种语言，拥有相似的民族构成和文化遗产，但是我们并不能就此得出它们在其他方面也相似的结论，认为一种文化所认可的产品一定能被另一文化所认可，或者在一个国家取得成功的促销广告在另一个国家也一定会成功。英美两国人民都说英语，但不断的文化借鉴和同化逐渐使他们形成了不同的文化。使用共同的语言并不意味着对词句的解释相同，文化差异使得同一词语在两国分别具有了不同的含义，有时甚至会引起误解。在英国，人们称电梯为"lift"，而美国人则用"elevator"来表示；美国人提到"pants"时通常是指"裤子"，而英国人却指"内裤"。类似地，用真空吸尘器吸尘，英国人用"hoover"，而美国人则用"vacuum"。最近流行的"iPad"这一产品名称在全球各地引起了争议。在美国，女性似乎会条件反射般地由"pad"联想到卫生护垫，爱尔兰消费者则抱怨"iPod"与"iPad"听上去完全一样。

英国人特有的"绅士风度"往往有这些表现：衣着体面、说话客气、行为礼貌、不急不躁、按部就班。民族文化也在时刻影响着该国生产的商品。英国的商品更加突出的是高端的、奢华的以及绅士的气质，而美国的商品则以标准化、大众化为代表。英国的劳斯莱斯与美国的福特，一个专注于高端精致奢华的享受，一个却面向大众消费者，让大家都能开上轿车。体育文化上，英国的足球运动完美地表现出了他们优雅的享受，而美国的 NBA 则是一个成熟的商业体系。美国的民族文化更多地表现出了商业化的特色，如好莱坞、肯德基、通用汽车等美国品牌，这些快餐式标准化的商品，体现出了资本主义生产力以及工业革命的特点。

在美国，拥有健康的牙齿被认为很重要，所以含氟防龋齿牙膏的销售形势很好，但是在有些国家，比如英国，这种产品的吸引力就很有限，因为英国人购买牙膏的目的是为了消除口臭。大卫·贝克汉姆在世界上大多数地方是出色的形象代言人，但是在美国，即使是最伟大的足球运动员也很少得到认可。因此，在美国用贝克汉姆做形象代言人就不太合适。

3. 文化的基础：历史、地理与气候环境

《独立宣言》标志着美国的诞生。1776 年 7 月 4 日，美国的开国元勋们摆脱英国的高压统治，建立了新国家。《独立宣言》及其理念说明了美国人的本质——独立精神，这也是美国人最引以为豪的观念。

在 20 世纪初，美国所强调的竞争似乎是最好的方法。但是，重要的一点是回想亚当·斯密对竞争的论断中那个关键词——"常常"(frequently)。有必要在此重复："通过追求个体的利益，一个人对社会利益的促进常常……"斯密用了"常常"(frequently)，而不是"总是"(always)或"大多数时候"(most of the time)，甚至也不是"经常"(often)(凯特奥拉等，2012)。在经济繁荣期，一种竞争的个人主义的

方式可以起到很好的效果。在 20 世纪 90 年代后期,美国公司在日本和欧洲企业面前占绝对优势地位,后者在全球经济中显得迟钝、保守、步履缓慢。

按照马克斯·韦伯的观点,今天美国人所享受的生活水平至少部分地应归功于新教徒的勤勉思想,而且美国现有的经营作风可能就起源于此。不同的文化是怎样权衡工作与个人生活之间的关系的?美国人的工作时间远高于欧洲,每周 40 小时,50 周就是 2000 个小时!大多数美国人只有大约 2 周的带薪假期,而在欧洲,人们有 4～6 周!在新加坡和中国香港,周六是工作日。但是,最惊人的数据显示,虽然几乎所有地方的工作时间都在减少,但美国的工作时间却在增加。

美国社会是时间观念很强的社会,对人们来说时间就是金钱。他们节省时间、浪费时间、花费时间、等待时间、错过时间,仿佛时间是有形的一样。美国人喜欢直截了当,切入正题。不拘小节和办事匆忙是美国人的特性,也是美国公司间往来的特点,同时这也是他国经营者既无法分享,也无法欣赏的。一位德国经理说道,有一次,印第安纳州一位客户的雇员对他直呼其名,他吃了一惊。他解释说,在德国,除非已经相识十年了,否则不会直呼其名。而且,一个人从来不会对处在更高层次上的人直呼其名。这种表面上的不拘小节并不意味着他们对工作缺乏热情。正如一个英国商人在对英美商人进行了比较后说的那样:“美国人对生意有着浓厚的兴趣,甚至把生意做到了鸡尾酒会或晚宴上。”(刘白玉、包芳,2014)

对于那些与中东有贸易往来的北美人来说,急于求成和缺乏耐心是他们最常犯的错误。一般情况下,只有与对方有两三次私下接触后,阿拉伯人才会把谈话转入正题。因此,会见时间很可能要被延长。阿拉伯人一旦做出决定,会变得很干脆。美国经营者的“短暂访问”,特别是“我只在此待一天”的工作方式,在西方人眼里象征着活力和精力旺盛,而在这些地方只会被视为粗俗无礼。

即使在同一个国内市场上,气候状况也会有很大的差异,因此就需要对产品进行大的调整。在加纳,如果要使产品能适应整个加纳市场,那么这种产品必须既能适应沙漠地带极端炎热干燥的气候,又能适应热带丛林地区的连绵阴雨。欧洲大陆的气候差异也迫使某品牌的洗衣机生产商对其产品进行调整:在德国和斯堪的纳维亚地区,因为天气晴朗的日子不多,所以在该地区适销的洗衣机的转速不得低于 1000 转/分,最高可达 1600 转/分。这是因为用户无法将衣物挂到室外去晾晒,所以在用洗衣机甩干衣物时必须比其他地方的人们甩得更充分一些。相反,在意大利和西班牙,由于阳光充足,洗衣机的转速达到 500 转/分就足够了。某公司曾推出大包装的洗衣粉,但是英国夏季过于潮湿,使得洗衣粉结块,不好使用。一次采购大量的纸巾和一次性尿布的想法也不太行得通。

4. 文化差异与审美价值

跨文化知识在英语教学中也常常被忽视(王俊菊，2015)。如果不了解某一国家的文化及其呈现方式,不了解其审美价值观,就会遇到许多营销方面的问题。产品风格必须给人以美感才能获得成功,产品广告及包装设计也同样如此。倘若对审美价值麻木不仁,则很可能会触怒消费者,产生不良影响,从而导致营销活动徒劳无益。如果对某一文化中的审美价值缺乏了解,就有可能漠视很强烈的象征含义。理解不同文化的隐喻性象征是成功的关键,比如“美式足球”弥漫着个人主义、竞争、拥挤以及欢庆胜利的正式典礼;西班牙斗牛意味着华美的入场游行,观众的参与和战斗仪式。任何出色的国际营销者会在对这些细节的描述中获取好的素材为广告活动服务。

“一种语言形式可以表达多种功能,一种功能可由多种形式实现。在实际的交往中,语境、人际关系、讨论内容、所用的代码等,对正确理解话语意义都有影响。”(刘润清，1999)成功的营销活动从文化敏感性开始,即关注文化间的细微差别以便客观地看待一种新的文化。养成文化敏感性有助于消除误解,增进交流,从而增加合作的成功率。

不管是初次开展国际营销,还是已涉足很深,对潜在市场进行评估都是计划过程中的第一步。公司的优势、劣势、产品、经营理念和目标必须与一国的限制因素和市场潜力结合起来考虑。文秋芳(2014)援引 Gardner 的话提出,学校需要培养学生未来所需的五种素质:学科思维、综合思维、创新思维、尊重之心和道德之心。其中尊重之心指的是能够对个体与群体之间的差异给予富有同情心的理解和积极的回应,并寻求与其进行有效的协同工作,这样可以避免美国著名家用电器经销商 Radio Shack 公司首次走向国际化时曾犯过的错误。该公司在荷兰开展了以 12 月 25 日为目标的圣诞节促销活动,殊不知荷兰人是在 12 月 6 日庆祝圣尼古拉节并互赠礼物的。

5. 文化多样性与质量定义

质量的概念包括很多因素,对质量的看法完全取决于顾客。反映在产品中的技术水平的高低,是否与反映顾客需求、支持服务和售后服务的标准相一致,与同类产品相比是否具有价格优势,这一切都构成了顾客评判产品质量的一部分。即使在技术最为先进的国家或地区,不同文化群体对产品质量的感知往往也并不相同。质量可以从两个方面来定义:市场感知的质量和性能质量。以汽车的混合动力系统为例,丰田公司的系统可在城市道路行驶时节省燃料,而通用公司的系统则在长途旅程方面性能更佳。哪种质量更好完全取决于消费者的需求。日本消费者常常会遇到严重的堵车,而美国消费者可能要面对的是长途旅行方面的事宜。与此类似,在商用喷气式飞机刚刚问世时,欧洲和美国的设计相去甚远:美国的制造商把引擎悬挂在机翼下方,而英国的竞争者却把引擎设在机翼里面。美国的设计易于维护,能够节省维护开支;英国的设计减少了阻力,节省燃料。当时美国的劳动力价格相对较高,而英国的汽油相对昂贵,在各自的市场,两种设计都是"高质量的"。

随着世界市场上的竞争日趋激烈,市场日趋全球化,在国际市场上以国内市场的销售方式销售专为国内市场生产的产品将越来越行不通。有些产品如果不经过改造,在国外市场上根本卖不出去;另外一些产品不经过改造也能销售,但是如果能根据当地市场的需要予以适当的调整,就会大受欢迎。在市场竞争中,以消费者能接受的价格提供优质产品和服务满足市场的需求,应该是每一个公司的目标。

6. 文化障碍与文化适应

国外营销者的目标是在最短的时间内,让该市场中最多的消费者接受产品。然而正如众多跨国营销案例所揭示的那样,新产品并不总是能被一种文化所接受,实际上,它们常常遇到阻力。

要想领略标准化与因地制宜的产品之间的复杂关系,就必须明白文化的影响和感知的价值及产品在市场上的重要性是如何交织在一起的。产品不仅仅是物品,它还是购物者获得的一系列满足和效用,包括商品的外形、滋味、色彩、气味和质地,使用过程中的功用、包装、标签、保证书,制造商和零售商的服务,品牌提供的信心或声望,制造商的声誉,原产地,以及拥有或使用产品时所获得其他任何象征性的效用。简言之,市场不仅仅涉及产品的物质形态和基本功能,一种文化的价值和习俗决定了这些其他益处的重要性。换言之,产品是其提供给使用者的物质和心理满足的总和,赋予某种产品心理特性的意义和价值随文化的不同而各异,或积极,或消极。为了给顾客提供最大的满意度,需要创造积极而不是消极的产品特性,产品的非物质性必须进行适应市场的改变。可口可乐虽然常常自称是全球产品,但是当它被引进日本时,却发现必须把"节食可乐"(Diet Coke)改成"苗条可乐"(Coke Light),因为日本妇女不愿意承认自己在节食,而且节食这一概念暗示生病或服用药物。因此,可口可乐强调"保持体形"而不是"减少体重"。

市场经济越不发达,往往也越需要对产品进行调整以使顾客便于接受。研究发现,仅有 10%的产品不需要调整就可直接在发展中国家进行销售。为了使在低收入国家的每一次购买都更容易为消费者所担付得起，每个包装里的产品数量也许应该比高收入国家里的典型数量少。刀片、香烟、口香糖和其他盒装产品往往不是像一般那样 10 个或 20 个一起卖，而是一盒只装 1 或 2 个。在中国，百事可乐有限公司的“奇多”(Cheetos)就是以 15 克的包装出售的，这样就可以定价 1 元钱，按照这个价格，即使是没几个零花钱的儿童也能买得起。

7. 结束语

适应文化是国际市场营销者所面临的最富挑战性、最重要的任务。我们必须把营销力量调整到我们尚不适应的文化中去。文化调适就像一座冰山——我们对它的十分之九都不了解。在对不同市场体系的历史地理、气候环境和其他文化因素的研究过程中，涉外营销者必须不断地防止以自身文化中的既有价值观和假设为尺度去衡量和评价市场。国际市场营销成功的关键在于适应不同市场环境之间的差异。适应就是国际市场营销者有意识地努力预测国内外不可控环境因素对营销组合的影响，并且调整营销组合方案，将影响降到最低程度。

营销者必须依据所提供的产品或服务对每一个国家进行全面的评价，而绝不能依据“在一个国家畅销的产品到了另一个国家也必定会畅销”的信条。随着世界通信的发展及国家间社会经济相互依赖性越来越强，国家间的相似性也在不断增加，共同的市场行为和市场需求也将不断发展。在这一过程中，人们往往会更加依赖那些表面上的相似之处，而事实上那些相似之处或许并不存在。营销者要意识到某一文化在向外部借鉴之后，必须与本文化的需要及其独特之处相适应。因此，表面上相同的东西很可能具有不同的文化含义。

参考文献

[1] Edward T. Hall. *The Silent Language*. New York: Doubleday, 1959.

[2] 凯特奥拉、吉利、格雷厄姆:《国际市场营销学》，赵银德、沈辉、张华译，机械工业出版社 2012 年版。

[3] 刘白玉、包芳:《领先国际商务礼仪》，高等教育出版社 2014 年版。

[4] 刘润清:《外语教学研究的发展趋势》，《外语教学与研究》1999 年第 1 期。

[5] 王俊菊:《英语专业本科国家标准课程体系构想——历史沿革和现实思考》，《现代外语》2015 年第 2 期。

[6] 文秋芳:《英语类专业实践多元人才观面临的挑战与对策》，《外语教学与研究》2014 年第 1 期。

基金项目:

本论文系山东省社科规划项目“鲁商文化比较研究及品牌战略对策分析”(项目编号:14CGLJ23)阶段成果。

作者简介:

于淼(1976～),女,汉族,山东蓬莱人,山东工商学院外国语学院讲师。研究方向:商务英语。

扈珺(1977～),女,汉族,山东工商学院外国语学院副教授。研究方向:商务英语。

霍米·巴巴的杂合理论与归化异化

——以《红楼梦》杨译本为例

于 园

[摘要] “杂合”是后殖民理论中一个常用的术语，对文学翻译有重要的指导意义。本文以后殖民主义理论家霍米·巴巴的杂合概念为视角，分析了翻译中杂合现象的必然性及其与归化和异化翻译策略的关系。笔者以杨宪益、戴乃迭的《红楼梦》译本中的杂合现象为例，探讨了杂合现象的文化意义，指出翻译没有完全的归化，也没有完全的异化，所有的译文都是“杂合”的，是翻译过程中归化和异化相互交融的产物，特别是以异化为主的“杂合”更有利于语言文化的交流。

[关键词] 杂合；归化；异化；《红楼梦》

1. 引言

杂合(hybrid)一词原为生物学术语，意为不同种属的动植物杂交后产生的新品种，后来自然科学、社会科学以及人文科学等领域均相继引入了这一概念，成为当前文学理论尤其是后殖民理论中一个常用的术语。后殖民主义理论大师之一的霍米·巴巴(Homi Bhabha)在其代表性著作《文化的定位》(*The Location of Culture*)中详尽阐释了杂合和第三空间两大概念，并在后殖民话语中把它们作为消解两极对立的有效策略。文学理论中所讨论的杂合翻译，对文学翻译产生了很大的影响。本文以霍米·巴巴的杂合概念为切入点，讨论归化和异化的翻译策略，通过分析杨宪益、戴乃迭的《红楼梦》译本中语言的杂合现象，探讨杂合理论对翻译策略的指导意义。

2. 霍米·巴巴的杂合理论

霍米·巴巴的"杂合"概念深受巴赫金杂合理论的影响。前苏联著名文艺理论家巴赫金(Bakhtin)曾将"杂合"定义为"单个语句界限之内、语句的范围之内两种社会语言的混合,两种被时代、社会差别或其他因素分开的不同语言意识之间的混合"(韩子满, 2005: 5)。霍米·巴巴将巴赫金的"杂合"与后殖民研究融合在一起。他反对传统理论范式中僵化的二元对立的方法论,认为异域文化的"他性"与本土文化的"同性"两极之间存在着一个"第三空间"。双方正是在这个"第三空间"互相交流,进行谈判和翻译的。语言和文化的杂合是指在这个"第三空间"里不同的语言和文化在交流过程中相互碰撞、相互影响而形成的具有双方语言文化特点的混合体(Bhabha, 1994)。在后殖民语境中,"杂合"是殖民地对殖民文化的霸权地位进行颠覆的一种策略。杂合理论在创造反殖民话语和支持一种积极的解构殖民话语计划中主张一种新式抵抗,即"它将抵抗定位于隐含在殖民矛盾本身之中的颠覆性话语实践,以此来瓦解帝国主义话语提出其优越性声明的基础本身"(生安峰, 2004: 65)。

3. 杂合理论视角下的归化异化

3.1 杂合的必然性

各民族文化都会与其他某种文化发生联系,而翻译是两种语言文化之间进行交流的重要渠道。在翻译过程中,用一种语言文化把另一种语言文化的文本再现出来,译文将不可避免地反映出两种语言、文化的特征,也就必然会出现两种语言文化的"杂合"现象。语言层面,纽马克(Newmark)曾列举了译者在翻译过程中所受的九种干扰,其中有两种就来自于源语,分别为"不恰当地把源语的句法结构叠加在译入语上"和"不恰当地复制源语的词序或短语顺序"(韩子满, 2005: 132)。在文化方面,不同的民族使用各自语言的背景不尽相同。从地理、历史、政治、经济、教育、文艺、宗教信仰、社会制度到生活方式、风土人情、民族心理、道德标准等,无不带有各自民族的特色。译文在方方面面都同时处于两种文化力的牵扯之中。"现实中有很多译者试图用地道的目的语进行翻译,并力图把原文中所有的差异性都化解掉,但在多数情况下原文的差异性是很难化解掉的,译文还是会带有原文的痕迹,读者还是会很快发现一些'杂合'的蛛丝马迹。不是译者能力不够,而是有些语言、文学和文化方面的差异是无论如何也化解不了的。来自不同语言文化背景的人们往往有着不同的思维方式、不同的记叙模式、迥异的语言结构、不同的文化源流,而这些差异不可避免地会在译文中反映出来。无论译者如何把地道的译文当做其追求理想,其译文又是多么的地道,人们还是能很快发现他们所读的是翻译作品而不是土生土长的作品。"(孙会军、郑庆珠,2003:297)语言文化的差异性决定了"杂合"是译文的重要特征和翻译的必然产物。

3.2 杂合与归化异化

翻译中杂合的处理涉及采用归化法还是异化法的问题。归化和异化是目前在研究翻译策略中普通使用的两个术语。这两个术语的内涵源于德国翻译理论家施莱尔马赫(Schleiermacher),他认为翻译有两种情况:一种是作者安居不动,让读者靠近作者;另一种是让读者安居不动,让作者靠近读者。异化和归化作为一对相互关联的概念是1995年由美国翻译理论家韦努蒂(L. Venuti)在《译者的隐形》(*The Translator's Invisibility*)一书中提出的。异化和归化突破了直译、意译所囿的语言因素的局限,将视野扩展到了文化因素。按韦努蒂的说法,归化法是"采取民族中心主义的态度,使外语文本符合译入语的文化价值观,把原作者带入译语文化",而异化法则是"对这些文化价值观的一种民族偏离主义的压力,接受外语文本的语言及文化差异,把读者带入外国情景"(Venuti,1995:20)。也就是说,归化策略倾向于用译入语文化的成分来取代原文中的异质成分,很少保留异质性成分,不利于译文的杂合,而异化策略则倾向于把原文中的异质成分引进到译文中来,通常使译文变得杂合。不可否认,只要异域文本进入本土文化,无论译者采用归化还是异化的翻译策略,其译文都不可避免地具有某种程度的杂合,归化和异化的差别只是杂合程度的不同而已。如果译者主要采用归化的策略,译文的杂合程度就低;反之,如果译者采用的主要是异化的策略,译文的杂合度就高。

4. 杨宪益、戴乃迭《红楼梦》译本杂合分析

《红楼梦》是中国古典小说发展的最高峰,是19世纪中国语言文化的百科全书。杨宪益、戴乃迭夫妇将向外国传播中国文化遗产和向英语读者介绍中国的传统文化作为自己的职责,主要用了异化的手法进行翻译。然而,任何一部文艺作品的翻译都不可能只使用一种策略来实现,所有的翻译都是归化和异化两端协调的结果。《红楼梦》是杂合的翻译,更确切地说是异化为主导的杂合翻译,只有当异化无法达到目的时才会使用归化。下面笔者就从习语、句法、诗歌三方面对杨译本中的杂合现象进行分析。

4.1 习语翻译的杂合

4.1.1 例1

原文:刘姥姥道:“这倒不然,‘谋事在人,成事在天’,咱们谋到了,靠菩萨的保佑,有些机会,也未可知。”(第六回)

译文:“Don’t be so sure,” said Granny Liu. “Man proposes, Heaven disposes. Work out a plan, trust to Buddha, and something may come of it for all you know.”

“谋事在人,成事在天”意思是自己已经尽力而为,至于能否达到目的,那就要看时运如何了。杨宪益在译文中使用了英语中的谚语“Man proposes, God disposes”,但是为了保留汉语的文化色彩,把“God”改成了“Heaven”。由此可以看出作者在翻译时,为了达到“文化传真”的目的,在不影响读者对目的语的理解的基础上,尽可能地保留了原文中习语所包含的文化个性和异域文化信息。

4.1.2 例2

原文:宝钗笑道:“我说你‘得陇望蜀’呢。我劝你且缓一缓。”(第四十八回)

译文:Bao chai laughed, “You’re like the famous general: one conquest breeds appetite for another. I advise you to take things more gently.”

“得陇望蜀”是汉语成语,本意是指取得陇后还想攻打西蜀,得寸进尺,贪婪不满。原文是指丫鬟香菱被允许入园和宝钗做伴后,又要求宝钗教她作诗,宝钗理解她求学心切,说她“得陇望蜀”。如果将这一习语所包含的典故全部直译出来,则译文会变得拖沓冗长。杨译本巧妙地避免了典故直译的困难,并且采用了符合英语读者口味的归化策略,语义、内容和原文完全贴近。同时出于传播中国文化的目的,还增译了此典故的主语“the famous general”,可见杨先生在使译文贴近读者理解的同时,还竭力保持了该典故的民族文化色彩。

4.2 句法翻译的杂合

4.2.1 例3

原文:“……不一时,只见三个奶姥姥并五六个丫鬟,簇拥着三个姐妹来了。第一个肌肤微丰,合中身材,腮凝新荔,鼻腻鹅脂,温柔沉默,观之可亲。”(第三回)

译文:“... and presently, the three young ladies appeared, escorted by three nurses and five or six maids. The first was somewhat plump and of medium height. Her cheeks were the texture of newly ripened lichees, her nose as sleek as goose fat. Gentle and demure, she looks very approachable.”

汉语和英语的区别主要在于前者强调意合而后者强调形合。汉语句子中没有主语或是中间没有连接词的并列结构很常见,但英语句子一定要有主语或连接词。译文按照原文的句子顺序翻译,但按照英语句法的要求把每个需要加主语的地方都一一加上了主语。

4.2.2 例4

原文:近因女学生哀痛过伤,本自怯弱多病的,触犯旧症,遂连日不曾上学。(第二回)

译文:Recently, grief had brought about a relapse in the delicate child's health, and for days at a time she had to abandon her studies.

与上面的例子不同,本例子中译者在译文里对原文中的"因"和"遂"这两个表示因果关系的连接词进行了省略,因为如果按照汉语的习惯保留它们,再加上对汉语中诸多动词的翻译,译文就会显得拖沓冗长。用"哀伤"(strain, grief)作主语,动词"触犯"(brought about)作谓语,再加上最后的时间状语从句,译文句子就会显得紧凑而简洁。

4.3 诗歌翻译的杂合

《红楼梦》在中国古典小说发展史上占有重要地位,其中一个原因是红楼梦中有丰富的诗歌,这些都是中国古代文化所特有的,在英语文化中缺乏相对应的体裁。在把诗歌翻译成英语时,译者采用了中国诗歌的结构,但在节奏上与英语诗歌保持一致,这样诗歌的翻译中就有了杂合的痕迹。

4.3.1 例5

原文:

世人都晓神仙好,
只有儿孙忘不了。
痴心父母古来多,
孝顺儿孙谁见了。(第一回)

译文:

All men long to be immortals,
Yet with getting sons won't have done.
Although fond parents are legion,
Who ever saw a really filial son?

4.3.2 例6

原文:

贾不假,白玉为堂金作马。

阿房宫，三百里，住不下金陵一个史。

东海缺少白玉床，龙王来请金陵王。

丰年好大雪，珍珠如土金如铁。（第四回）

译文：

The Jin ling Jia,
If truth be told,
Have halls of jade,
Stables of gold.
Vast O Pang Palace,
Fit for a king,
Isn't fine enough,
For the Shis of Jin ling.
If the Dragon King wants
A white jade bed,
He applies to the Wangs
Of Jin ling, it's said.
The Xues in their affluence
Are so rich and grand,
Gold is like iron to them
And pearls like sand.

例 5 中原诗被翻译成了由四个分句组成的两个完整句子，共分四行。例 6 原文中的诗歌是以四行的结构安排的，而在英文译文中被翻译成了十六行，分成了四个小节，每一节里有四行。四行诗是中国诗歌的常用形式，通常是在第一行、第二行和第四行的音节上押韵，而英文诗要求隔行押韵。以上的两个例子采用了英文诗的押韵风格，在结构上又符合中文诗的特点。

从上文可以看出，杨译本《红楼梦》在习语、句法和诗歌翻译上普遍存在杂合现象，特别是以异化为主的杂合。《红楼梦》是中国古典小说的巅峰之作，它能够走向世界，除了自身的文学价值外，在很大程度上也是由于英文译本的推广。杨宪益、戴乃迭译的《红楼梦》采用异化为主导的杂合，目的在于保留汉语语言文化所独有的特征，向西方传播中国的语言与文化，这有助于在英语多元文化中建立汉语文化的地位，推动解边缘化的进程。

5. 杂合的意义

杂合的译文对译入语语言、文化、文学的发展具有非常重要的意义，将为其源源不断地输入新鲜的养分，从而促进其不断发展。杂合译文中所包含的很多异质性成分最终都会被译入语文化所吸收，读者也可以通过杂合译文增加对其他文化的了解，开阔自己的视野，这就是杂合对于文学翻译的积极意义。跨文化交流中语言文化的交流从来就不是平等的，一个具体的表现是强势文化与弱势文化在翻译语言走向上的差异。强势文化译为母语（主要指英语）的作品远远不及自身作品译成外语的作品多；反之，弱势文化译为母语的外语作品数量大大超过了强势文化译入母语的外语作品。异化为主导的杂合能帮助解决强弱文化的两极对立，它为解殖民化、推翻殖民意识形态、反对文化霸权入侵提供了一种渠道。一直以来，学者们围绕归化和异化展开了激烈的讨论，然而研究表明，没有哪个译文是完全的归化，也没有哪个译文是完全的异化。所有的译文都是杂合的，是翻译过程中归化和异化相互交融的产物。偏向归化策略的译文是以归化为主的杂合译文，而偏向异化策略的译文是异化为主的杂合译文，两者的区别在于杂合程度的不同。在后殖民语境下，弱势文化可以通过异化为主导的杂合重写强势文化，由于这些杂合文本可以让殖民者觉察到殖民地语言文化的异质性。就像杨宪益、戴乃迭夫妇的《红楼梦》译本中以异化为主导的杂合能使英语读者在本国语言文化中了解到中国文化的异质性，有助于实现中国语言文化的解边缘化，推动世界多元文化的建立。在这样的大气候下，中国的翻译工作者既要忠实地表达源语文化，又要吸收外国先进文化，更多地采用异化策略，提高译文的杂合度。

参考文献

[1] Bhabha, H. *The Location of Culture*. London and New York: Routleclge, 1994.

[2] Venuti, L. *The Translator's Invisibility: A History of Translation*. London and New York: Routledge, 1995.

[3] Yang Xianyi & G. Yang. *A Dream of Red Mansions*. Beijing: Foreign Language Press, 2003.

[4] 曹雪芹、高鹗:《红楼梦》,人民文学出版社 1996 年版。

[5] 韩子满:《文学翻译杂合研究》,上海译文出版社 2005 年版。

[6] 孙会军、郑庆珠:《翻译与文化“杂合”》,《外语教学与研究》2003 年第 4 期。

[7] 生安锋:《霍米·巴巴的后殖民理论研究》,北京语言大学博士学位论文,2004 年。

基金项目:

本文系山东省高校人文社会科学研究项目“莫言作品译介中的翻译杂合研究”(项目编号:J15WD43)的阶段性成果。

作者简介:

于园(1979～　),女,汉族,山东潍坊人,哈尔滨工业大学(威海)语言文学学院讲师。研究方向:翻译理论与实践。

泄密的柠檬

——纳博科夫《威尼斯美妇》中的实验技巧

张德霞

[摘要] 纳博科夫的短篇小说《威尼斯美妇》写于1924年,发表于1995年。本文结合以往学者的观点,在细读文本的基础上,试图解读评论家普遍关注的"神秘的柠檬"这一谜团。通过分析,笔者认为"神秘的柠檬"是纳博科夫写作手法的奥妙所在,旨在制造混乱,达到模棱两可的状态。而"神秘的柠檬"背后隐藏的,很可能就是纳博科夫认为尚不成熟的首度实验的僭越技巧。

[关键词] 纳博科夫;内向僭越;《威尼斯美妇》;柠檬

《威尼斯美妇》是纳博科夫创作于1924年的短篇小说,但其在纳博科夫的有生之年从来没有发表过,直到德米特里·纳博科夫将其翻译成英文,该文才在1995年被收入纳博科夫的短篇小说集。

《威尼斯美妇》的故事背景是英国乡村的一处贵族古堡庄园。庄园主人被大家称为"上校",是一位艺术收藏家。上校的儿子弗兰克极具艺术天赋且风流倜傥,聪明、天性活泼,"不同寻常又广受欢迎"(Nabokov, 1996: 60),他这次约自己的大学室友辛普森到古堡过周末。两位客人——上年纪的画商麦克戈尔和他年轻貌美的妻子莫林——已经在古堡做客一月有余。他们以不菲的价格卖给了上校一幅15世纪的意大利油画臻品《威尼斯美妇》。五个人在古堡庄园的周末穿插着网球、茶歇、艺术讨论、父子矛盾以及弗兰克与莫林的暧昧往来。内向、拘谨、敏感的辛普森为莫林的美貌所倾倒,而且让他倍感惊讶的是,他发现《威尼斯美妇》画作里的女性与莫林极具相似之处,开始对画中的女子越来越迷恋,难以自拔。

在评论《威尼斯美妇》这部短篇小说时,安德鲁·菲尔德(Andrew Field)称其"毫无艺术趣味"(Field, 83),尼尔·康沃尔(Neil Cornwell)指其"缺乏纳博科夫成熟作品中的老练",不过他同时也提到了其中"对绘画与言语描绘的双重特写"和

"绘画与社会(画中与现实)"两个世界(Cornwell, 105)。巴顿·约翰逊(D. Barton Johnson)称赞其"(奉献了)精神食粮"(Johnson, 79),认为画中的世界神秘而脱俗。马克西姆·施瑞尔(Maxim Shrayer)相信"故事所包含的几个关键元素将是纳博科夫诗学的中心"(Shrayer, 29),而"纳博科夫对'进入另一个区别于人物所在的常规空间的时空'问题的关切"(Shrayer, 29)则是其中之一。施瑞尔所说的"异度空间",即"绘画世界"是与约翰逊"彼岸世界"相近的说法。施瑞尔提及了"纳博科夫对'进入另一个时空'问题的关切",但他似乎仅仅将其看成一种精神层面的越界:"辛普森在故事中入迷地盯着画像,以此阅读着另外一个世界的文本,不由自主地成为了它的一部分。"(Shrayer, 31)完全沉浸于书中这一体验对许多读者来说并不陌生,然而在故事中人物读的并非是一本书,而是一幅画。施瑞尔真正想要强调的是在言语文本框架下对绘画文本的阅读活动:"摆在我们面前的是一个故事,一个言语文本;它是另一文本——经由语言媒介诠释的、他世界的绘画文本——的框架,并由此凸显了一种特殊的阅读模式。"(Shrayer, 31)

本文将在施瑞尔教授的解读基础上展开进一步的讨论分析。首先,言语文本成为绘画文本的框架,这一模式可以视为一种框架叙述。需要指出的是,"文本"并不总是等同于"叙事"(对叙事本质的界定仍存在争议)。威廉·内尔斯(William Nelles)将叙事限定为"任何讲述一个故事的口语或书面文本"(Nelles, 102),但同时他也认同米克·巴尔(Mieke Bal)的观点,后者将"绘画与素描作为叙事"(Nelles, 101)。在后续的讨论中施瑞尔教授提出的"绘画文本"将被看作一种叙事,被嵌入的叙事。其次,论文将进一步探究"纳博科夫诗学的关键元素之一"——"进入另一空间",并视其为一种物理越界。经由这种全新的解读方式,不同叙述层次间的越界即"僭越"将会慢慢展现。

在《威尼斯美妇》中,纳博科夫并未直接描写辛普森的越界;看上去他在精心地引领(或误导)着读者,为最后一幕做着铺垫。在辛普森进入画中并探索其中的世界之前有两处完全假想的越界描写,抑或精神越界。第一处,辛普森进入了一个遥远的听觉世界。辛普森是一个敏感、神经质的年轻人,"有着一双温顺却疯狂的眼睛","既虚弱又笨拙"(Shrayer, 60),容易害羞而脸红,从孩童时代起就饱受"幻听"的折磨。在安静的地方,他会不自觉地由想象进入一个声音的世界:

> 在思绪的指引下,他渐渐开始真切地捕捉到那些声音。他听到了火车的嘎嚓声,即使铁轨远在千里之外;他听到了车轮的铿锵声,听到了车轮与铁轨尖锐的摩擦声;他玄妙的听觉变得越来越敏锐,他又听到了乘客的声音,他们的咳嗽,他们的笑声,他们翻报纸的沙沙声;最后,他已完全陷入了听觉幻想,清楚地听到了乘客们的心跳。心跳的声音,嗡嗡的声音,叮叮当当的声音——

它们渐渐变强，将辛普森彻底湮没。[①]

如此绘声绘色的想象把辛普森带入了一个完全不同的世界，那个世界是那样的触手可及，那样真实，他居然都可以觉察到人们的心跳。辛普森甚至发现自己难以从这种怪诞的经历中脱身。他很难控制自己进入幻境，这也让他极易受到外界暗示的影响，受到操纵。现在，面对着莫林·麦克戈尔难以拒绝的魅力，面对着画中威尼斯美女更难以抗拒的诱惑，辛普森变得比从前更加脆弱了。

另一处精神的越界描写出自画商麦克戈尔之口。麦克戈尔矢口否认画中人能够走出画框，觉得这是"瞎扯"，但他却确定地对辛普森说，他能想象自己走进画中，并与辛普森分享了自己的经历：

> 当我发现一幅特别喜欢的画作时，我会站在它的正前方，将所有的注意力集中到一个想法：走进去……最后，纵身一跃。我做到了。我摆脱了现实世界，走进了画中。无比奇妙的感官体验！清凉的感觉，宁静的微风中弥漫着蜡和香的气味。我变成了画作中鲜活的一部分，我周围的一切都活了过来。

麦克戈尔的经历（尽管他自称只是假想）给了辛普森继续深究的冲动，成为了他进一步探寻的基础。

事实上，绘画、故事与个人行为之间的互动关系在纳博科夫的作品里一再出现。在《说吧，记忆》（*Speak, Memory*）中，纳博科夫描绘了自己卧室里的一幅画："（它）高挂在墙上……一幅带画框的水彩画，（画中有）一条积满尘土的小路蜿蜒曲折，穿过那种密得可怕的欧洲山毛榉林。""我母亲曾经给我讲过一个英文童话故事，里面的小男孩下了床，走进了画中，骑着他的木马沿着小路在寂静的林中穿行"，所以"我（一直）想象着能爬进墙上的画框里，进入那片让人着迷的山毛榉林——后来，我终究是拜访了这片树林。"纳博科夫的儿时愿望在《荣誉》（*Glory*）的主人公马丁身上得以达成：马丁床边的墙上有"一幅水彩画，画中蜿蜒的小径慢慢消失在了密林深处"；马丁的母亲同样也给他讲了一个英文故事，一个像他一样的男孩"从床上走进了画中，踏上了消失在密林深处的小路"的故事。在小说的结尾处，马丁消失在了自己憧憬的理想世界里。在1957年的小说《普宁》的结尾处，普宁慢慢淡出了叙事者的视线，和他的小车一起，走出了叙述者的故事框架，进入了另外一片美丽且神秘的风景，抑或走入了另一个故事并与之成为一体。在《固执己见》中，纳博科夫强调说："……我作品的结尾应该是这样一种感觉：作品中的世界消失在远方，停滞在那里的某个地方，就像悬挂起来的一幅画中画——范·波克的《艺术家画室》。"同样，在这部1924年创作的小说里，遭受着不能接近现实世界的

① 论文中《威尼斯美妇》的片段均由山东大学外国语学院的赵睿智翻译，在此致以诚挚的谢意！

美女“莫林”的煎熬，辛普森转而渴望着进入那个神秘唯美的画中世界，进入另外一个故事，另外一个能让他放松的世界。

麦克戈尔的体验让辛普森的想象更加天马行空，无边无际。他热切地尝试，但第一次却失败了，某种程度上是因为弗兰克的意外闯入。那天晚上，他偷偷溜进画廊，爬上房间里的黑桌子，面对威尼斯美妇张开双臂，希望能飞进画中。但是，弗兰克的出现打扰了他的美梦——“辛普森笨拙地跌跌撞撞地从桌子上下来，就像一个受惊的精神病人。”不过在另一个午夜，辛普森从睡梦中惊醒，对画中美人奇特而又不可抗拒的欲望驱使他站到了画前，终于进入了那个神秘诱人的世界。他毫不费力地走进了画中，享受着美女的微笑，享受着温馨的感觉，接过她递来的柠檬，体验着内心的狂喜，回头看看自己走来的世界。可是很不幸：

> 迷人的幻梦破灭了。他试着望向在左边的女孩儿，可自己的脖子已无法转动。他像一只陷在蜂蜜中的苍蝇——猛地转动身体却被困住，自己的血肉，身穿的衣物好像正融入到画中，变成颜料，慢慢地在画布上干燥。

辛普森被冻结了，他凝固在了画上，可笑地困于其中不能动弹。他“变成了画作的一部分，在威尼斯美人身边摆着可笑的姿势……难以呼吸。”辛普森被囚于画中，无法逃脱。而且巧合的是，与此同时年轻的艺术家弗兰克在画廊里挥毫泼墨，将辛普森画到了《威尼斯美妇》之上。辛普森以荒谬的形象出现在了画中亦即内层故事中，同时也从故事世界神秘地消失了。第二天早上，再也没人能找到他，辛普森似乎已经成为了画作的一部分，成了艺术之魔力的猎物。上校发怒了：辛普森的出现，他蹩脚的姿态破坏了上校心爱的收藏。之后，麦克戈尔开始仔细地抹除弗兰克对画作所做的修改，“他正从颜料上刮除并擦掉辛普森黑色的身形与白色的面庞——他从未想过自己究竟在做什么”。可他突然间意识到了什么：

> 太奇怪了，他想，真是太奇怪了。这不可能——他看着带有油彩的碎片，突然将它们揉成一团，从手边的窗户扔了出去，眉头古怪地紧锁着。他抹了下额头，惊恐地看了上校一眼……然后一反常态匆忙地走出了大厅，进了花园。
>
> 窗下，墙壁与牡丹花丛之间，园丁正站在那里，抓耳挠腮地望着趴在草地上的黑衣人，不知如何是好。

麦克戈尔隐约地认识到那些带有油彩的碎片可能是辛普森，那个活生生的人；令人难以置信，可似乎确实是这样。但几乎所有的事情都可以解释为巧合。走入到画中或许只是辛普森的幻觉，而那天晚上弗兰克在与莫林私奔之前(猜测)，为了报复辛普森与不喜欢自己的父亲，把辛普森画进了父亲心爱的油画中。辛普森或许只是晚上梦游在窗下睡着了，碰巧睡在了窗下。布莱恩·博伊德(Brian Boyd)提出：“事实证明，所有都只是讲故事的花招，最后合情合理的解释出现了。”没错，合乎情理的解释也许存在，但并没有解释一切。那只从画中消失的干燥枯萎的柠檬，却被握在辛普森的手中。但是纳博科夫没有给出答案，“故事中唯一的谜”仍旧保持着它的神秘。巴顿·约翰逊强调：“要知道，所有的谜团看上去都有了合理的解释——除了威尼斯美妇篮中那个泄密的柠檬。这着实是双重打击。”

确实，从现实世界的常识来看，辛普森是不可能进入画中、拿走柠檬的。但值得注意的是，叙述者不止一次地强调自己所讲的只是一个故事：“因此，斗转星移，从早餐到晚餐再到早餐，世界就这样运行着，故事也这样进行着。”叙述者明确地表达了故事世界的虚构本质，而不是试图展现一个“真实世界”。通常，叙述者“相信一切都是真实发生的”，而读者“相信叙述者所说的一切都是真实发生的”(Booth, 430)，而纳博科夫的叙述者则一反传统，强调自己所述的故事是虚构的，同时不断提醒读者这一事实。正如 E. M. 福斯特所言，人物仅仅是“文字的聚合”(Forster, 44)。

由此，另一种解读就成为可能：辛普森穿越了故事边界，从叙述者的故事层进入到了油画所讲述的内层故事。虽然现世人物不可能进入画作，但是，辛普森仅仅是小说中的人物，一举一动都取决于他的创造者(作者)，而不是现实中的逻辑。弗兰克的画作，麦克戈尔对画作的修改，以及叙述者的总体布局，这一切都淋漓尽致地展现了艺术创作的魔力。麦克戈尔说：“四十年间他一直在研究那些(艺术)大师，(现实世界)生命的造物主只能算是他们的一个二流模仿者。”(Nabokov, 1996: 92)在小说中，在艺术魔力的帮助下，辛普森真实地拜访了画中的世界，即作为嵌入叙事的故事内层。杰拉尔·热奈特(Gerard Genette)将“从一个叙述层次到另一个的转换”“故事外层叙述者或受述者对故事世界任何形式的入侵，……反之也成立……”(234-235)定义为“僭越”(metalepsis)；黛博拉·玛琳达(Debra Malina)也认为“叙述层次间存在的越界”即“僭越”。僭越是越界的一种特殊形式，是对叙述界线的跨越，而这些叙述界线通常是不可逾越的。因此，辛普森走入画中是不同故事层之间的僭越，也完满地展现了威廉·内尔所谓的“内向僭越”：从他所生活的世界走入到画中，从故事层僭越到故事内层。内尔认为，此种“僭越”亦具有本体性，简单来说就是一种物理“僭越”(Nelles, 155)。

“僭越”固然可以解释辛普森手中柠檬的来源，然而我们还是不能忽视它的神秘性与歧义性。它是解读整个故事的关键，没有它，就不会有各种矛盾的解读。或许，神秘的柠檬就是纳博科夫写作手法的奥妙所在，旨在制造混乱，达到模棱两可的状态。而柠檬背后隐藏的，很可能就是纳博科夫认为尚不成熟的首度实验的僭越技巧。①

① 将纳博科夫发表于 1928 年的俄文版《王，后，杰克》和发表于 1968 年的英文版进行对比也可以看出，在 1968 年的版本中，纳博科夫偕夫人薇拉一起，昂首阔步地走进了故事层，进入了主人公弗兰兹的世界，但是在 1928 年的版本中，纳博科夫仅仅是做了暗示而已。

参考文献

[1] Allacher, Harald. *Crossing Borders: Metalepsis*. Saarbrucken: VDM Verlag Dr. Muller Akeiengesellschaft & Co. KG, 2010.

[2] Booth, Wayne. *The Rhetoric of Fiction* (2nd ed.). Chicago & London: The University of Chicago Press, 1983.

[3] Boyd, Brian. *Vladimir Nabokov: The American Years*. Princeton, New Jersey: Princeton University Press, 1990.

[4] Clancy, Laurie. *The Novels of Vladimir Nabokov*. London: Macmillan, 1984.

[5] Connolly, Julian. King, queen, knave. In Vladimir E. Alexandrov (ed.), *The Garland Companion to Vladimir Nabokov*. New York & London: Garland Publishing Inc., 1995: 203-214.

[6] Cornwell, Neil. Paintings, governesses and "publishing scoundrels": Nabokov and Henry James. In Jane Grayson, Arnold McMillin & Priscilla Meryer(eds.), *Nabokov's World* (Vol. 2). Basingstoke: Palgrave, 2002: 96-116.

[7] Field, Andrew. *The Life and Art of Vladimir Nabokov*. Macdonald: Queen Anne Press, 1987.

[8] Forster, E. M. *Aspects of the Novel*. New York: Harcourt, Inc., 1985.

[9] Genette, Gerard. *Narrative Discourse: An Essay in Method*. Jane E. Lewin(Trans.). New York: Cornell University Press, 1980.

[10] Johnson, D. Barton. Nabokov and de la Mare. In Jane Grayson, Arnold McMillin & Priscilia Meyer(eds.), *Nabolov's World* (Vol. 2). Basingstoke: Palgrave, 2002.

[11] Malina, Debra. *Breaking the Frame: Metalepsis and the Construction of the Subject*. Columbus: The Ohio State University Press, 2002.

[12] Nabokov, Vladimir. *Transparent Things*. Middlesex: Penguin Books, 1975.

[13] Nabokov, Vladimir. *Strong Opinions*. New York: Vintage International, 1990.

[14] Nabokov, Vladimir. *The Stories of Vladimir Nabokov*. London: Weidenfeld and Nicolson, 1996.

[15] Nelles, William. *Frameworks: Narrative Levels & Embedded Narrative*. New Yok: Peter Lang Publishing, Inc., 1997.

[16] Rimmin-Kenan, Shlomith. *Narrative Fiction: Contemporary Poetics*. London: Methuen, 1983.

[17] Shrayer, Maxim. *The World of Nabokov's Stories*. Austin: University of Texas Press, 1999.

[18] Xiao, Yi. On the metafictionality of Vladimir Nabokov's American novels. Diss. East China Normal University, 2006.

作者简介：

张德霞(1973～　),女,汉族,山东潍坊人,哈尔滨工业大学(威海)语言文学学院副教授。研究方向:英美文学。

从文化生态学视角反思英语专业教学中的中国文化输入

张 艳

[摘要] 本文从文化生态学这一新兴交叉学科的视角出发，探讨我国当前英语专业教学中中国文化输入存在的问题。针对由中国文化缺失所造成的中西文化生态失衡现象，英语教育者应当从宏观上树立母语文化与目的语文化并重的生态观，从微观上探寻教材编写、测试手段的生态思路，以及从主体上遵循多元文化教学生态观，为今后更好地改进英语专业教学提供参考。

[关键词] 文化生态学；中国文化；输入；英语专业

语言是文化的载体，学习语言的最终目的是为了在某种程度上进行交际(Kramsch, 2000)。由此可见，文化教学是语言教学的一个重要组成部分，是培养跨文化交际意识的需要。然而，我国英语教学在增大文化含量上存在一定的片面性，即仅仅加强了对英语世界物质文化、制度习俗文化和各层面精神文化内容的介绍，而对于作为交际主体的一方的文化背景，即中国文化的英语表达，基本上仍处于被忽略的状态。本文将从文化生态学的视角出发，探寻英语专业教学中的中国文化输入途径。

1. 文化生态学概述

文化生态学(Cultural Ecology)是20世纪形成和发展起来的一门基于生态学方法诠释文化学研究的交叉学科，其最初是作为美国人类学的一个研究领域而出现的。1955年，美国人类学家J. H. Steward发表了《文化变迁理论》(*Theory of Culture Change*)一书，这被普遍认为是文化生态学诞生的标志。Steward在书中提出，应集中研究文化与自然界关系最直接的部分，并认为文化生态学就是要研究环境对文化的影响，以及特殊类型的生态决定了作为文化载体的人的特征(Marquette，1998）。因此，文化生态学是研究某一环境背景中人类的行为和文化，探寻人类是如何适应周围环境以及环境是如何从某种程度上影响文化的；或者说，探寻人类文化在环境背景下生存、发展的内在秩序和规律是什么，而人类的生存或生产策略又是如何影响文化的其他方面的。文化生态学主张从人、自然、社会、文化的各种变量的交互作用中研究文化产生、发展的规律，用以寻求不同民族文化发展的特殊形貌和模式。每一种文化都有其独特的信仰和价值体系，文化生态学的目的是在顺应自然环境和社会发展的前提下，自觉地维护社会文化生态的平衡，保持文化的多样性。这对我们继承和发扬民族文化的优良传统，合理吸收外来文化的精华，建设符合新时代要求的社会文明有着积极的意义。

2.英语专业教学中的中国文化导入现状

2000年国家教委颁布的《高等学校英语专业英语教学大纲》（以下简称《大纲》）指出：要注重培养跨文化交际能力。在专业课程的教学中要注重培养学生对文化差异的敏感性、宽容性以及处理文化差异的灵活性。显而易见，在学习英语的过程中，必须将语言学习与文化学习结合起来。事实上，种种信息表明，增加外语教学的文化含量已然成为我国外语教学的一个重中之重。然而，在教学实践中，教育者往往更注重目的语文化的导入，却忽视了母语文化的重要性，认为这是语文教师的事情，以至于学生学习了多年英语却常常无法使用正确的英语表达中国文化，从而出现“中国文化失语”现象（从丛，2000）。究其原因，这是我国英语文化教学的生态失衡所导致的。文化生态学要求多元文化应当相互平衡，和谐发展，在充分理解自身文化的同时，了解并学习其他民族的文化，促进文化交流。而学生学习外语的目的一方面是为了交流、吸收外来文化；另一方面也是为了弘扬本民族文化。同时，外国人也希望通过英语这一世界通用语言来了解中国及中国文化。如果我们自己都不会用英语表达自己的文化，又何以让世界了解中国、了解中国文化呢？

《大纲》只是提到要求英语专业学生对中国文化有一定的了解，却未曾对中国文化的英语教学有任何明确的规定。现行教材中往往将西方文化各方面融入其中，而中国文化所占内容却严重缺失；各类英语测试主要考查学生所掌握的语言知识，所涉及的文化内容也以西方文化为主，因此教师在课堂教学中很难把握住中西文化学习的生态平衡点。教师由于受到教学要求、课程设置、教材限制以及自身汉语文化素养欠缺等因素的影响而将文化教学的焦点放在目的语文化的输入上，从而引起文化学习的生态失衡。其后果是英语学习者出现“中国文化失语”的现象，导致了跨文化交流中的多层面障碍。英语教育的目的之一就是满足中国社会发展的需要，而中国英语学习者最常态的语言环境就是母语环境。这种厚西薄中的做法违背了社会发展的规律，必然会导致文化教学的生态失衡。要真正克服上述缺陷，就应当把中国文化的英语教学贯穿到各层次的英语教学之中，使学生使用英语表达中国文化的水平与基础英语水平同步提高，“通过结合中国社会文化语境将英语本身和英语教育在中国自然化，使它与英语在中国的应用相适应，与中国人的身份相适应”(杜争鸣，1998：7-14)。只有这样，才能使我国的英语学习者在使用英语进行交流的过程中坚守文化主体性和文化操守，实现多元文化的平等交流。

3. 文化生态学与英语专业教学的中国文化输入

随着文化生态学研究在各学科领域的发展，我国教育界也注意到了“中国的文化生态教学严重倾斜，学习者在学习英语及日常生活中对英语国家的文化过分移情”(肖龙福等，2010：39-46)这一现象，并且意识到了保护本土文化生态的必然性和重要性。

从文化生态的角度看，英语专业教学中的中国文化输入过程就是我国社会文化这个宏观的文化生态系统下的一个微观生态环节。文化生态系统是由人、自然与社会环境构成的有机整体，其各要素之间密切联系、相互作用。由此可见，中国文化英语输入作为微观生态系统是由教师、学生、社会与教学环境组成的，其各要素之间同样是紧密相关、和谐发展的(范国睿，2000：34-63)。

强调文化生态平衡发展，首先要确立母语文化和目的语文化并重的生态观。由于近代西方社会的快速发展以及新媒体的迅速传播，英语的重要性越发凸显，学生在与英语接触增多的同时，不自觉地冷淡了母语文化。社会环境也影响了人们对文化的接受程度。因此，从宏观上看，我国相关教育部门应当在英语专业教学大纲中明确提出兼顾中西文化的思想，跨文化交际能力不仅应包含熟悉西方文化，也要包括用英语准确表达中国文化的内容。此外，现在国内高校英语专业都开设有英美概况、英美文学、西方文化、跨文化交际等专业课程，但是开设中国文化英语课的学校寥寥无几。有的学校虽然按照《大纲》的要求开设了有关中国文化的选修课，但也大多是由中文老师授课。尽管这些课程的开设在一定程度上能够提升英语专业学生的中国文化素养，但一方面由于是用汉语授课，学生无法学到中国文化英语表达的方式，另一方面由于课程设置比较单一，从而导致学生不能深入感知中国文化的精粹。因此，学校可以在课程设置时注重完善中国文化的英语教学体制，开设全英或者英语为主、汉语为辅的中国文化英语课程和中西文化对比研究等更为丰富的课程，同时做到选修课和必修课相结合的方式，创设相关文化环境，力求真正提高英语专业学生跨文化交际的能力。

其次，要探究在教材编写中补充反映中国文化的优秀英语素材的生态思路。

教材是教学活动的知识载体，是教师进行文化教学的媒介，是学生学习文化的渠道。教材的质量直接影响教学目标的达成。我国高校英语专业教材多采用原汁原味的英美原版资料，在课堂上大量引入英美国家的文化背景知识，这些对学生掌握纯正的外语、了解西方文化无疑是大有裨益的。然而，母语文化的缺失使教师和学生更多地注重西方文化的输入而忽视了中国文化输入在跨文化交际方面的重要性，这也是导致英语专业教学文化生态失衡的主要原因之一。因此，英语专业教材中的中西文化比例应当进行调整，在听力、读写等教材中添加反映中国文化的优秀英语文章和译文，以帮助学生更加深刻地理解文化差异，提高文化素养。这对教材编写者提出了更高的要求，因为素材的选取需要注重中国文化实质内容的渗透，而不仅仅是增加中国文化英语词汇的表达方式。例如，谈到中国传统文化的内核儒家文化时，除了知道孔子、《论语》的英语表达法为“Confucius”和“*The Analects*”以外，还要了解其中所承载的价值观，等等。这就要求教材编写者生态化地设计所选各类素材的内容和比例，使多元文化的生态平衡在教材中得到体现。

再次，要增强英语测试中的生态思想。测试作为教学的检查和促进手段，自然和教学的内容和目的密切相关。目前的专业四、八级考试是评判英语专业学生英语水平的重要方式。《大纲》中提到：“要注重训练学生批判地吸收世界文化精髓和弘扬中国优秀文化传统的能力。”然而，考试大纲与教学大纲并没有完美地衔接，专业四、八级考试对语言能力的测试已经形成了一套较为成熟的题型，而近几年才增加的人文知识方面的测试内容考察的是学生对于主要英语国家的地理、历史、现状、文化传统以及英语文学知识和英语语言知识的了解，未曾有任何涉及中国文化英语表达能力的题目，这也从另一方面导致了教师及学生对目的语文化的偏重和对中国文化输入的漠视。因此，将中国文化英语表达能力的考察纳入测试范围之中不但符合外语教学的生态发展规律，而且也有助于激发教师与学生在中国文化教学中的积极性，从而有助于恢复英语专业教学中的文化生态平衡。

最后，作为中国文化输入生态系统中主体的教师和学生要充分贯彻多元文化的教学生态观。作为教学的主导者，教师肩负着把学生培养成具有双向跨文化交际能力的社会文化人这一重要使命。因此，英语教师不但自身需要较深厚的英语语言功底，而且还应当具备较高的中国文化修养，这样才能够自如地在教学实践中进行双文化教学，正确地引导和激发学生学习中国文化的积极性，帮助学生充分认识中西文化生态平衡的重要性，树立民族文化身份认同感，进而最终做到双向跨文化交际能力的平衡发展，成为中国文化的弘扬者。然而，邓文英等(2005：58-61)的调查显示，当代多数英语专业教师的中国文化英语表达能力有所欠缺，这势必会影响到授课效果，更加不利于学生树立正确的文化意识。因此，英语教师要努力完善自身的中国文化素养，可通过自学、进修等方式有意识地提高自己的中国文化英语表达能力，为更好地开展多元文化教学奠定扎实的基础。

综上所述，中国文化输入在英语专业教学中的积极作用应该引起人们足够的重视。在文化生态学理论的启发下，外语教学工作者应当做到保持目的语文化与母语文化输入的平衡发展。只要有跨文化交际的存在，就会涉及母语文化输入的问题，这不单单是时代的需要，更是交际的本质需求（曹威，2009：68）。这使中国文化输入生态系统中各要素和内部关系呈现动态性。因此，英语专业教学中中国文化的输入应当与时俱进，从宏观与微观上树立全面的中西文化生态观，这样才能培养出具有健全人格的真正具有跨文化交际能力的人，使多元文化和谐发展的生态环境成为现实。

参考文献

[1] Marquette, Catherine. Cultural ecology. http://www.indiana.edu/～wanthro/eco.htm, 1998.

[2] Kramsch, C. *Language and Culture*. Shanghai: Shanghai Foreign Language Education Press, 2000.

[3] Steward, J. H. *Theory of Culture Change*. Urbana: University of Illinois Press, 1955.

[4] 曹威:《外语教学的“现代化”:文化的输入、重构与输出》,《黑龙江高教研究》2009 年第 5 期。

[5] 从丛:《中国文化失语:我国外语教学的缺陷》,2000 年 10 月 19 日《光明日报》。

[6] 邓文英、敖凡:《英语专业学生的中国文化失语症分析》,《兵团教育学院学报》2005 年第 4 期。

[7] 杜争鸣:《中国英语问题及其他》,《外语教学》1998 年第 3 期。

[8] 范国睿:《教育生态学》,人民教育出版社 2000 年版。

[9] 高等学校外语专业指导委员会英语组:《高等学校英语专业英语教学大纲》,上海外语教育出版社 2000 年版。

[10] 肖龙福、肖笛、李岚、宋伊雯:《我国高校英语教育中的“中国文化失语”》,《外语教学理论与实践》2010 年第 1 期。

作者简介：

张艳（1979～　），女，汉族，山东淄博人，山东理工大学外国语学院讲师。研究方向：英语教学与跨文化研究。

英汉颜色及颜色词的文化异同

邹佳新　陈忠良

［摘要］　人类的衣、食、住、行无不与颜色有着密切的关系。从理论上讲，由于人类产生视、色觉的生理机制和神经系统是相同的，因此不同的人对颜色刺激的感受并无本质上的区别，故不同语言中表示基本颜色的词语的产生和进化也具有共同之处。但是，由于风土人情、宗教信仰、地理环境、思维定势、历史演变、审美情趣、心理因素以及政治、行业、社会等因素的影响，各民族对颜色的感受、理解、表述和使用也大相径庭。也就是说，不同文化背景的人对颜色词语的使用在价值观念、联想意义及引申意义、语言运用等方面存在着很大的差异。本文旨在根据语言进化论和语言相对论这两种语言学理论模式，从文化角度对民族文化的差异对颜色词引申寓意的深刻影响进行了探讨，旨在揭示在相似的语言进化过程中不同语言在对颜色词的认知和使用方面的共性，总结了人类主观色觉感知与外部客观色彩世界之间的关系。

［关键词］　颜色词；跨文化交际；语言进化论；语言相对论

1. 引言

大千世界是五颜六色的，而人类对颜色的感知、理解和表述又与生理、心理和社会等多种因素有关。对颜色进行研究的历史可以追溯到远古时期，我国春秋战国时代就有关于颜色研究的记载，东汉时期的语言学家许慎在《说文解字》中描绘了由31种颜色组成的色谱。人类各种语言中对颜色的基本描述与引申意义既相同又有差异，因此对跨文化语言颜色词的研究是比较文化的重要研究领域。

美国语言学家Paul Kay和Chad K. McDaniel根据20世纪60年代神经生理

学的研究结果认为，人类语言至少有15个基本颜色范畴，这15个基本颜色范畴可分为主要范畴、综合范畴和派生范畴三类：主要范畴即黑白红黄绿蓝；综合范畴即暗冷色（黑绿或蓝）、冷色（绿或蓝）、亮暖色（白、红、黄）和暖色（红或黄）；派生范畴即棕（黑加黄）、紫（红加蓝）、粉红（红加白）、橙（红加黄）和灰（白加黑）。人类语言的发生顺序是由综合范畴逐渐合成派生范畴（Kay & McDaniel, 1978）。1969年，美国民族学家Brent Berlin和语言学家Paul Kay通力合作，通过实证研究与文献评述相结合的方法，在考察了98种语言的基本颜色词系统的基础上完成了题为*Basic Color Terms: Their University and Evolution*的专著。此书从跨语言比较的角度出发，揭示了色觉感知与语码匹配之间存在的普遍原则和进化过程，其最主要的结论可以总结为如下两点：① 11个基本颜色词语构成了人类语言色彩语码体系中的一种普遍性原则；② 这11个基本颜色词按照（white, black）＜（red）＜（green, yellow）＜（blue）＜（brown）＜（purple, pink, gray, orange）这一严格有序的进化步骤出现在不同的语言系统中。这对基本颜色词的研究有重大的理论意义，因为它准确描述了基本颜色词的进化过程，并使建立语言学普遍原则的努力成为可能。

20世纪以来，由于语言学家的加盟，使得语言规律普遍性的观点在色彩词汇研究中得到了重视与确认。回顾语言学意义上的色彩语码研究史以及有关知觉、色觉、色彩以及色彩词语方面的研究，色彩语码的研究可概括为语言相对论和语言进化论两种理论观点的对立与论争（杨永林，2003）。语言相对论的观点又可表述为文化决定论，它认为任一色彩语码系统都根植于其文化传统中，同其他语言很少相通。语言进化论的观点则从语言普遍原则出发，说明各种语言尽管类属不同，但其表示基本颜色的词势必要经历一个基本相同的发展演变过程（杨永林，2000）。近30年来，随着神经学、遗传学和认知心理学的发展，人类逐步揭开了色觉感知、色彩认知、色彩编码之间错综复杂的关系，极大地丰富了对自然语言色彩语码内部机制和外部功能的了解，促进了对色彩语码的研究。如果探讨研究颜色词，我们就要把色彩语码研究与语言使用过程中的文化差异和社会因素相结合，从整合角度出发，通过具体表象揭示其对立理论观点的丰富内涵，力求从跨文化语言比较的研究层面上形成有益的互补式讨论。

2. 颜色及颜色词语的文化异同对比及其文化根源

由于语言学自身的规律和文化对色彩语码系统的影响，颜色词语的使用在不同语言之中既有相同之处，又有较大的差异。颜色词使用的场合意义不同，特别是色彩词语具体使用的个体差异，并不单纯是颜色本身和颜色词的表层意义在起作用，而是民族深层文化中有关颜色词的某种联系在起作用。从科学的定义来讲，颜色是由物体发射或反射一定光波所引起的感觉形象，是人类视觉的基本特征。由于人类具有相同的生理机制和视觉神经系统，因此对颜色刺激的感受从生理上讲无质的差别，因此不同语言的基本颜色词语的产生和进化有着共同之处。人类思维的同一性和人类物质生产的一致性使得颜色和颜色词语的运用具有共性。某些颜色词包含着政治、法律、道德或警告的约束力，具有广泛普遍的意义，符合语言进化论的观点，表明在相似的语言进化过程中，不同语言之间存在对颜色词的认知和使用的共性。然而，由于风土人情、心理因素、宗教信仰、思维定势、历史演变、地理环境、审美情趣及政治、行业、社会等因素的影响，不同民族对颜色的感受、理解、表达和使用也大相径庭。因而，不同文化背景的人对颜色词语的使用在价值观念、联想以及引申意义、语言运用等方面也存在着很大的差异，这也是语言相对论即文化决定论所表达的观点。颜色词语蕴含着丰富的联想意义及文化根源，不同的民族有着固定的颜色偏向及颜色迷信。

2.1 汉英语言中表示颜色的词都可用作姓氏

英语中有许多人以颜色词作为姓氏，如 Black（布莱克，黑色），White（怀特，白色），Brown（布朗，褐色），Green（格林，绿色），Grey（格雷，灰色），Golden（戈登，金色）等。汉语中也有以颜色词作为姓氏的，如金、黄、白、黑、蓝等。

在中国的传统文化中，颜色的生成具有神秘主义的意味和丰富的文化内涵，这与中国的宇宙观、宗教、五行和五方说密不可分。中国古代基于天圆地方的观念将天地分为东、南、西、北、中五方，分属木、火、金、水、土五德，对应青、赤、白、黑、黄五色。对天地日月的原始崇拜深刻影响着人们的颜色取向：推崇黄色和红色，轻贱黑色和白色并视之为不吉（程裕祯，2003）。

2.2 红色词的文化含义及文化根源

古代中国人认为，主管东方、象征春季的太昊和主管南方、象征夏季的炎帝是远古先民崇拜的日神（古人也以炎帝为火神）。春在东，木色青；太阳位于南，其热如夏，烈日如火，其色赤红，代表了温暖与希望，被奉为尊位，给世界万物带来温暖和生机，是吉祥的象征。自古至今，红色象征着创造力、潜能、生命、光芒和快乐热烈等含义，并由此引申出兴旺、发达、顺利、成功等含义。汉民族在庆祝传统节日时以红色象征喜庆，如挂红灯、燃红炮等。结婚是红喜事，民间生孩子吃红喜蛋，开业、奠基落成典礼等以红绸剪彩，受欢迎、受领导重视用“走红”“走红运”“红人”等词语表达。在中国传统的京剧脸谱中，红色代表智勇、忠贞、品格坚毅的人物，如关羽等。

而在西方人眼里，"red"一词则从斗牛文化引申到血腥、恐怖和战争，进而成为激进的代名词，如 *Red Star Over China*，美国作家埃德加·斯诺的《红星照耀中国》就借用了这种寓意。"Red flag"(red rag) 被用来比喻"令人愤怒的事"，"in the red"(亏损)也成了英语中常用的颜色词的喻义。中国新娘表示吉祥的一袭红装会吓坏美国人，因为红色会让美国人联想到淫荡。表示成功、胜利和荣誉的颜色词组在英国是"blue ribbon"，"红人"在英语中表示为"fair-haired girl"，"红眼病"是"green-eyed"，汉语中的"红茶"在英语中为"black tea"，"red tap"指繁琐拖拉的办事态度，绝无褒义。

2.3 白色词的文化含义及其文化根源

古人认为，主管西方、象征秋天的少昊是月神的称号，"月到中秋分外明"，明月经常与秋季联系在一起。也有学者考证月神即西王母，由女娲演变而来，月中玉兔即虎神，古称"荼"，为司鬼之神，后演化为神兽白虎。总之，白色主"死""凶""鬼"，加之秋风萧瑟，万物凋零，总给人以悲凉之感，喻衰败和死亡之意。因此，代表秋天的白色(月白之色)和秋天所在的西方一并被视为不吉，白色成了禁忌之色。也有说法称白色跟洪水有关，对古人而言，洪水的白浪滔天意味着大祸临头。白色的"凶丧"意引申出"衰败、腐朽、反动、落后"等贬义，如"白色恐怖""白专道路"等。白色也象征着失败、徒劳、愚蠢、低贱、奸险和性无能等贬义。战争中失败的一方举白旗投降，愚蠢、智力低下的人被称为"白痴"。在中国传统的戏剧脸谱中白色象征奸邪阴险之徒，如曹操等。

德国文学家歌德(J. W. von Goethe)从美学角度研究了不同色调与情感变化之间的关系。他认为不同色调的冷暖搭配可以诱发不同的心理情感，暖色可以激发欢快活泼、积极向上的情感，冷色则给人以烦躁多虑、心境不安的刺激反应(Goethe, 1970)。歌德还试图在色彩基调与道德取向之间建立各种具有象征意义的感官联想。因而，白色明快无瑕，比喻庄重、纯洁和美丽，代表清白无辜、纯洁与高尚的品德。"White lie"表示无恶意的谎言，"white man"指忠实可靠的人，"white day"指黄道吉日，"white Christmas"的寓意为吉祥，"white ensign"不是表示投降的白旗，而是英国皇家海军军旗，"white caps"也不是"白帽"，而是有白色泡沫的海浪。另一方面，白色具有易遭受污染而改变其色彩的倾向，因而喻示着苍白无力、脆弱而不堪一击，此义与汉语文化观一致。

2.4 黑色词的文化含义及其文化根源

据中国古代的五行、五方之说，北方属水，具黑色。黑色与夜色相似，象征深沉、肃穆、神秘等；黑色与铁色相似，象征刚毅、严正、铁面无私等(程裕祯, 2003)。

中国戏剧中往往用黑色脸谱象征人物的刚正不阿、公正无私或憨直的性格，如包拯、李逵等舞台形象都是黑色脸谱。黑色也源于对土地的崇拜，代表着尊贵、庄严、深沉、神秘等褒义。屈原的《九章·怀沙》中曾有"变白为黑兮，倒上为下"的诗句，这大概是最早用黑白颜色词对举表示感情色彩的例子。传说中的阴曹地府也称"地狱"，暗无天日，所以黑色又象征黑暗、死亡、恐怖等，常构成富有政治色彩的贬义词语，如"黑五类""黑手"等。

语言学家马祖利(Ali Nazuri)曾通过英语文字材料来探讨"黑色"的意义，即罪恶、虚无和死亡。这种联想意义可以追溯到人类诞生的早期，当时人类对自己的生存环境缺乏了解和基本的控制能力，这种恐惧心理经过成千上万年的沉积，进入了人类的潜意识，并在人类用来交流信息、表达感情的语言媒体中反映出来。"Black"在英语文化中象征死亡、罪恶、污浊等，比如 blackmail(敲诈)，black sheep(败家子)，black box(黑匣子)。其实黑匣子并不是黑色的，而是明黄色的，且布满鲜亮夺目的反光条带，以便于寻找。称作"黑匣子"是因为黑色象征灾难和不幸，取其引申意义而非颜色，黑色词的文化含义是中西文化内涵中最趋同的代表。

2.5 黄色词的文化含义及其文化根源

黄色在中国古代是最尊贵的颜色，这主要是源自古人对土地的崇拜。《说文解字》云："黄，地之色也。"《淮南子》云："黄色，土德之色。"土居中央，其神为黄帝，黄色因此成为了中央之色，象征中央皇权和社稷。这种以自我为中心的文化观念非常符合封建统治者的需要，黄色因此受到历代帝王的推崇，独尊于诸色之上，形成了有中国特色的色彩序列和等级：黄、红、青、黑、白。古人也认为黄色代表永不变易的自然之色，班固在《白虎通义》中说："黄者，中和之色，自然之性，万古不易。"华夏民族生息繁衍的黄河流域也是汉文化的发祥地，可称为"中华民族的摇篮"。黄河又称"黄龙"，中华民族生活在黄河流域，耕种在黄土地，吃的是黄米，饮的是黄河水，生成黄皮肤，这一切均表明黄颜色与汉民族结下了不解之缘。黄色又与黄金同色，所以黄色又象征富贵、辉煌等。因黄金的珍贵性，人们又常把宝贵的时间称为"黄金日""黄金周""一刻千金"，人的青春年华被称为"黄金时代"。在中国的戏剧脸谱艺术中，黄色代表勇猛、干练的性格，比如三国中的黄盖等即为黄色脸谱。东汉时期的道家推崇黄帝老子之术，因而道士所着的道袍和所戴的道冠均为黄色。佛家法师的袈裟和藏传佛教的僧袍僧帽也缘同此因而呈黄色。

黄色的贬义色彩来源于美国。19 世纪，美国多用黄色纸张印刷出版色情淫秽的书刊，因此我们称之为"黄色书刊"。黄色在汉语文化里成了文化堕落的代名词，引申出了一批贬义色彩的词语，如"扫黄""黄色电影"等。黄色电影在英语中译为"blue film"，或用 pornographic(色情的)，obscene(淫秽的)，filth(淫猥的)，vulgar

(庸俗下流的)等词来表达。Yellow-bellied 是“胆小怯懦”之意,与汉语文化意义大相径庭。英语中的“Yellow Pages”是汇集商店、医院、航空公司、娱乐场所等信息的小册子,属于中性色彩。

2.6 绿色的文化含义及文化根源

在中国古代的民间神话中,主持科举文运的文曲星总是身着绿袍,给应试之人带来中举的希望和幸运,因而绿色表示希望和幸运。绿色是植物的生命色,因此人们也用绿色来象征青春和春天,如“春风又绿江南岸”是歌颂春天的名句。现代人把防风防沙而植树造林的工程称为“绿色工程”。绿色还有象征安全、希望、和平的含义,如用绿灯表示安全通行的信号,邮政部门也用绿色作为标志。绿色在中国古代也表示“低微、不名誉、下贱”等含义,如白居易的《琵琶行》中有“座中泣下谁最多,江州司马青衫湿”的诗句,因为当时白居易被贬为九品官,所以身着青衣,表明其官运不好。宋元时代绿衣、绿巾也是低贱人的服饰,伶人、乐工都穿绿服。元明时代规定妓女和歌乐男子必须戴绿巾,近代所谓“戴绿帽子”表示不名誉,可能源于此,所以青绿色在古代为贱色。清军入关后,地位低贱的汉人兵士举绿旗以区别于满蒙的八旗兵士。戏剧脸谱中,绿色多表凶恶,如阴曹地府的青面鬼等。不过,“green”在英语中却无贬义,如“greenback”指美钞,“on a green old age”指年老却精神好,“green house”指温室,“green room”不是指绿色房间,而是指演员休息室。

2.7 紫色的文化含义及文化根源

作为祥瑞的象征,紫色在中国古代多被封建帝王和道教所采用,比如帝王的宫殿被称为“紫禁城”“紫宫”,道经被称为“紫书”,神仙所居处被称为“紫台”,女仙人被称为“紫妃”。“紫云缭绕”“紫气东来”在中国古代都是祥瑞之兆。

在英美文化中,紫色多见于基督教,表示神权。西方帝王的御袍、主教和牧师的教袍都是紫色。紫袍加身意味着上升到显赫地位。“to be raised to the purple”有“成功、得志”之意,类似于汉语里的“大红大紫”。在西方人眼里,紫色有时会让人联想到悲伤,中国人所说的“青一块、紫一块”译为英语则为“black and blue”,表示青肿的淤血。

3. 结语

颜色词的象征、联想以及引申意义都是在历史的长河中逐渐形成的。颜色词的文化含义及其根源的相关性研究近年来不断涌现(邹佳新, 2002;廖正刚等, 2011;蒋丽平, 2012;薛亚红等, 2014)。中国文化中颜色词在使用时所表现出的吉凶、利害、忠邪等心理趋向和道德选择大多受到封建制度等文化因素对颜色界定的影响，它所表现的颜色偏向和颜色迷信已经随着封建制度的消亡而消亡，但不同文化中颜色词的使用是一种历史悠久的文化现象。颜色词在使用时存在差异这一现象的发生原因主要有两方面：一是语言本身在进化过程中所导致的。具体表现为英语词义灵活且一词多义，汉语则比较固定，讲究严谨精确；二是语言的外在因素，即文化因素所导致的。这也是语言相对论和语言进化论所探讨并致力于解决的问题。有关颜色词的心理和认知功能以及民族文化中的崇尚与禁忌不仅可以从长期争论不休的两大理论之争中得到启发，也可以从本文分析过的六大颜色词的含义及其文化根源中找到有力的证据：影响颜色词语的文化特征越明显，颜色词语本身的内涵就越丰富，其使用价值和研究价值也就越高。由此观之，对颜色词语的研究尤其需要采用两种理论并行互补、相伴而行的研究模式。语言相对论与语言进化论交相辉映，可以形成有益的互动式学术研究，更好地促进色彩语码的跨学科研究。

参考文献

[1] Goethe, J. W. von. *Theory of Colours*. Cambridge, MA: MIT Press, 1970.

[2] Berlin, B. & P. Kay. *Basic Color Terms: Their University and Evolution*. Berkeley: University of California Press, 1991.

[3] Kay, P. & C. McDaniel. The linguistic significance of the meanings of basic color terms. *Language*, 1978, 3: 610-646.

[4] 程裕祯:《中国文化要略》,外语教学与研究出版社 2003 年版。

[5] 蒋丽平:《文化差异视角下的英汉颜色词的联想》,《中南林业科技大学学报(社会科学版)》2012 年第 3 期。

[6] 廖正刚、杨思:《英汉颜色词跨语法范畴的对比研究》,《外语学刊》2011 年第 6 期。

[7] 薛亚红、杨忠:《认知语义视角的英汉非基本颜色词对比研究》,《外国语》2014 年第 1 期。

[8] 杨永林:《色彩语码研究》,《外语教学与研究》2000 年第 3 期。

[9] 杨永林:《色彩语码研究一百年》,《外语教学与研究》2003 年第 1 期。

[10] 邹佳新:《汉英颜色词的使用及文化探析》,《哈尔滨工业大学学报(社会科学版)》2002 年第 1 期。

作者简介：

邹佳新(1966～　),女,汉族,黑龙江宁安人,哈尔滨工业大学(威海)语言文学学院副教授。研究方向:英语教学和跨文化交际。

陈忠良(1970～　),男,汉族,吉林长春人,哈尔滨工业大学(威海)语言文学学院副教授。研究方向:英语教学。